L'industrialisation de la Grèce

La création d'une industrie moderne
1950 -2014

Historiques

La collection « Historiques » a pour vocation de présenter les recherches les plus récentes en sciences historiques. La collection est ouverte à la diversité des thèmes d'étude et des périodes historiques.

Elle comprend trois séries : la première s'intitulant « travaux » est ouverte aux études respectant une démarche scientifique (l'accent est particulièrement mis sur la recherche universitaire) tandis que la deuxième intitulée « sources » a pour objectif d'éditer des témoignages de contemporains relatifs à des événements d'ampleur historique ou de publier tout texte dont la diffusion enrichira le corpus documentaire de l'historien ; enfin, la troisième, « essais », accueille des textes ayant une forte dimension historique sans pour autant relever d'une démarche académique.

Dernières parutions

Jean-Marc CARON, *Sur les traces des rocailleurs. Un art rustique, populaire et séculaire*, série « Travaux », 2025.

Gaëlle AUDÉON, *1314, Philippe le Bel et l'Affaire des brus. Nouvelle enquête sur une affaire d'État*, 2025.

Philippe DIAZ, *Jean Meslier, curé, athée et anarchiste pour le XXIe siècle*, 2025.

Pol-Henri POIRRET, *Les officiers perdus de Louis XIV*, 2025.

Émilie TATTU CARVALHO, *Le jeu d'échecs, une allégorie politique dans la France des premiers Valois*, 2025.

Werner SCHOENFELD, *Les aumôniers allemands pendant la Grande Guerre*, 2025

Ecaterina OJOGA, *Le Parti communiste de Roumanie et le komintern, Tome 1, Les idéalistes et la Révolution mondiale*, série « Travaux », 2025.

Ecaterina OJOGA, *Le Parti communiste de Roumanie et le komintern, Tome 2,* Le Komintern contre ses camarades, série « Travaux », 2025.

João FABIO BERTONHA, *La Légion Parini, Le régime fasciste, les émigrés italiens et la guerre d'Éthiopie, 1935-1936*, série « Travaux », 2025.

Patrick VEDRENNE, *La troisième vie de la Garde républicaine,* série « Travaux », 2024.

Léon KONTENTE, *Itinérances judéo-espagnoles (1900-1925)*, 2024.

Ivan WALRAEVENS, *La reddition du Japon en août 1945*, 2024.

Marie-Noëlle SNIDER-GIOVANNONE, *Et le 12 novembre 1918 ? De l'utilisation des prisonniers austro-hongrois en Russie pendant la Grande Guerre*, série « Travaux », 2024.

Vincent GOUZI

L'industrialisation de la Grèce

La création d'une industrie moderne
1950 -2014

L'Harmattan

La première édition de ce texte a eu lieu en grec
aux éditions Kerkyra Publications-Economia Publishing en 2024.

5-7, rue de l'École-Polytechnique, 75005 Paris
http://www.editions-harmattan.fr
ISBN : 978-2-336-51697-4
EAN : 9782336516974

A mon épouse, Habiba,
qui m'a suivi infatigable sur les sentiers de la Grèce
et de cette étude.

« Je ne crois pas à cette image de ma patrie.
Je crois en une autre Grèce, celle des gens bien,
des ouvriers et des patrons. Je crois en outre
que cette Grèce l'emportera à la fin, et, de ce fait,
je suis optimiste pour l'avenir du pays. »[1]

[1]Varvaressos, Kyriakos : « Rapport sur le problème économique de la Grèce », Athènes,1952 (et Editions Savalas 2020, p. 371)

Il est rappelé ici que les mots et les citations grecs ou anglais ont été traduits en français par l'auteur et engagent sa seule responsabilité.

Liste des Abréviations

ACP Etats d'Amérique Latine, Caraïbes et Pacifique
AOC Appellation d'Origine Contrôlée
ATEΑγροτικήΤράπεζατηςΕλλάδος (BanqueAgricoledeGrèce)
BCE Banque Centrale Européenne
BIT Bureau International du Travail
CAEMConseil d'assistance économique mutuelle
CCF Consommation de Capital Fixe
CDD Contrats à Durée Déterminée
CEE Communauté Economique Européenne
CEI Communauté des Etats Indépendants (Κοινοπολιτεία ΑνεξάρτητωνΚρατών)
CEPIICentre d'études prospectives et d'informations internationales
CF Cash-Flow
CR Capital Ratio, ou coefficient de capital
CNCombined Nomenclature
CNRSCentre National de la Recherche Scientifique
CPA Classification des Produits associés aux Activités
CTCI/SITC Classification Type pour le Commerce Internationale (CTCI)/ Standard International Trade Classification
DEKO ΔημόσιεςΕπιχειρήσειςΚαιΟργανισμοί (Entreprises et Organismes Publics)
EAMΕθνικόΑπελευθερωτικόΜέτωπο (Front National de Libération)
EBITDA Earnings Before Interest, Tax, Depreciation, and Amortization
EESociété en Commandite(ΕτερόρρυθμηΕταιρεία)
EKTΕυρωπαικήΚεντρικήΤράπεζα(Banque Centrale Européenne)
EKKEΕθνικόΚέντροΚοινωνικώνΕρευνών (Centre National de Recherches en Sciences Sociales)
ELSTAT : ΕλληνικήΣτατιστικήΑρχή (Autorité StatistiqueGrecque)
ESA : European System of Accounts
ESPAΕταιρικόΣύμφωνογιατοΠλαίσιοΑνάπτυξης (Accord d'association pour le Cadre de Développement)
ESYEΕθνικήΣτατιστικήΥπηρεσίατηςΕλλάδος (Service National de la Statistique en Grèce)
EURL/IKE Entreprises Unipersonnelles à Responsabilité Limitée/ ΙδιωτικήΚεφαλαιουχική Εταιρεία
ETEAN/TEMMPE ΕθνικόΤαμείοΕπιχειρηματικότηταςκαιΑνάπτυξης Caisse Nationale de l'Entreprise et du Développement/ ΤαμείοΕγγυοδοσίαςΜικρώνκαιΠολύΜικρώνΕπιχειρήσεων, Caisse de Garantie des Petites et Très Petites Entreprises

ETVA/VIPEΕλληνικήΤράπεζαΒιομηχανικήςΑναπτύξεως/ΒιομηχανικέςΠεριοχές (Banque Nationale pour le Développement Industriel/Zones Industrielles).
ETEVAΕθνικήΤράπεζαΕπενδύσεωνΒιομηχανικήςΑναπτύξεως (Banque Nationale des Investissements pour le Développement Industriel)
FBCF Formation Brute de Capital Fixe
HCR Hôtels, Cafés, Restaurants
IAA Industries Agro-Alimentaires
ICAP : InterCAPital Group
IKA ETAMΙδρυμαΚοινωνικώνΑσφαλίσεων / ΕνιαίοΤαμείοΑσφάλισηςΜισθωτών (Fondation des Assurances Sociales-CaisseUnie d'Assurances des Salariés)
INALCO Institut National des Langues et Civilisations Orientales
INSEE Institut National de la Statistique et des Etudes Economiques
IOVE ΙδρυμαΟικονομικώνΒιομηχανικώνΕρευνών (Institut de Recherches Economiques Industrielles)
ISCO/CITPInternational Standard Classification of Occupations/ Classification International Type des Professions
ISIC/CITI International Standard Industrial Classification/Classification Internationale Type par Industrie
JO/FEKJournalOfficiel/Φυλλο της Εφημερίδας της Κυβερνήσεως
KEEM/PSE Κέντρο Εξαγωγικών Ερευνών και Μελετών/ Πανελλήνιος Σύνδεσμος Εξαγωγέων (Centred'EtudesetdeRecherchespourl'Exportation-SyndicatPangrecdesExportateurs)
KEPEΚέντροΠρογραμματισμούκαιΟικονομικώνΕρευνών (ΚΕΠΕ, Centre de Planification et de Recherches Economiques)
NACE Nomenclature d'Activités de la Communauté Européenne
OAT Obligations Assimilables du Trésor
OCDE/OOSA : Organisation pour la Coopération et le Développement Economique/Οργανισμός ΟικονομικήςΣυνεργασίας και Ανάπτυξης
OMC : Organisation Mondiale du Commerce/ΠΟΕΠαγκόσμιος Οργανισμός Εμπορίου
OAE/OOAE : ΟργανισμόςΟικονομικήςΑνασυγκρότησηςΕπιχειρήσεων (OrganisationdeRestructurationEconomiquedes Entreprises)
OPE : Ονομασίας Προέλευσης Ελεγχόμενης (AOC)
OVA : Οργανισμός Βιομηχανικής Αναπτύξεως (Organisme de Développement Industriel)
OXOA : Οργανισμός Χρηματοδοτήσεως ΟικονομικήςΑναπτύξεως (Organisme de Financement du Développement Economique).
PASOK ΠανελλήνιοΣοσιαλιστικόΚίνημα (Parti Socialiste Pan grec)
PATHEΠατρας, Αθήνα, Θεσσαλονική (Patras, Athènes, THEssalonique)
PIB Produit Intérieur Brut
PME **P**etites et Moyennes Entreprises (SME Small and Medium Entreprises)

SA/SARL Société Anonyme/Société Anonyme à Responsabilité Limitée. ΑΕΑνώνυμηΕταιρεία/ΕταιρείαΠεριορισμένηςΕυθύνηςΕΠΕ
SBASmallBusinessAct
SBS Structural Business Statistics
SCOP Société Coopérative Ouvrière de Production
SDN Société Des Nations
SEV : ΣύνδεσμοςΕπιχειρήσεωνκαιΒιομηχανιών (Syndicat des Entreprises Industrielles)
SEVEΣύνδεσμοςΕξαγωγέων Βορείου Ελλάδος (Syndicat des Exportateurs de Grèce du Nord)
SEEPE ΣύνδεσμοςΕταιριώνΕμπορίαςΠετρελαιοειδώνΕλλάδος (ΣΕΕΠΕ, Syndicat des Sociétés de Commerce de Produits Pétroliers de Grèce)
SNC Société en Nom Collectif/OE Ομόρρυθμηεταιρεία (partnership)
STAKOD ΣτατιστικήΤαξινόμησηοικονομικώνδραστηριοτήτων (Classification Statistique des activités économiques)
STAN STructuralANalysis
SYALS Systèmes Agro-Alimentaires Spécialisés
TAP Trans Adriatic Pipeline
TER Tableaux Emplois-Ressources
TIC Technologies de l'Information et de la Communication
TPE Très Petites Entreprises
TTEΤράπεζατηςΕλλαδος (BanquedeGrèce)
UE Union Européenne
VAB Valeur Ajoutée Brute

Présentation

VINCENT GOUZI CONNAIT BIEN LA GRECE. Le livre présent provient d'une incohérence tôt constatée au cours de ses déambulations sur les routes et les sentiers du pays, en ville et à la campagne. L'incohérence entre ce qu'il a entendu, en France et en Grèce, du faible niveau de développement de l'industrie dans ce pays et ce qu'il a vu de ses yeux. Produit d'une recherche de longue haleine, ce livre, qui se fonde sur sa thèse de doctorat, examine l'évolution de l'industrie grecque après-guerre, se focalisant sur la crise récente, période encore non explorée.

L'étude est d'abord calée sur le traitement minutieux des données statistiques. A partir d'elles, sont démontrées avec précision les tendances de base et leurs dates de changement, ainsi que les ressemblances et différences avec ce qui se produisait dans les autres pays européens. La comparaison est un élément central de la problématique de l'auteur et l'outil de base de sa méthode. Il met en doute les théories de l'exception grecque et permet de mettre les choses à leur juste place. En quoi et combien diffère le cas grec du modèle européen ? Une des conclusions les plus importantes de l'étude pointe en direction de la similitude -et non de la différence. Les changements observés dans le secteur de l'industrie, conclut Vincent Gouzi, changements dont il note le début dès la décennie 80 et la fin pendant la crise, s'inscrivent dans une procédure de refondation et d'adaptation, non de désindustrialisation. Il s'agit d'un recul ou d'un abandon des branches traditionnelles (textile, bois, cuir, etc…) et d'une concentration et d'une spécialisation sur les « points forts » de l'industrie grecque : aluminium, agroalimentaire, chimie, carburants. Il s'agit aussi d'un « déversement » de l'industrie vers les services à l'industrie, évolution particulièrement intéressante qui suit les changements technologiques dans le monde. Il n'y a pas ici de particularisme grec : s'il est vrai que le secteur industriel tient une place dans l'économie plus petite qu'ailleurs, cela ne signifie pas que ce n'est pas un ensemble industriel mûr et organisé, où les logiques qui président à son fonctionnement sont similaires à celles d'autres pays industriels.

Similitudes aussi dans les incidences de la crise, laquelle, comme partout, a fonctionné comme mécanisme de correction des « anomalies » et d'élimination des plus faibles : le nombre des entreprises a diminué, alors que l'on observe en même temps des tendances à la concentration, en termes de chiffre d'affaires et d'emploi en faveur d'entreprises plus grandes. Surtout un réel effondrement du secteur de la construction qui avait montré de manière répétée des signes d'hypertrophie en Grèce. L'industrie montre une tendance à l'amélioration de sa productivité, qui demeure cependant plus faible que celle des pays européens. Globalement, l'amélioration des rendements de l'industrie en termes de valeur ajoutée, tendance enregistrée dans la période précédente de développement 1995-2008, est réduite, mais pas abandonnée avec la crise.

Il y a bien sûr des différences. Pour les interpréter, on mobilise l'histoire et la géographie, mais aussi l'anthropologie. La géographie et l'histoire ont déterminé la morphologie du tissu industriel du pays, installé au début sur les rivages de la mer, en raison d'ailleurs de la préséance des transports maritimes, avec comme pôles principaux les grands centres urbains : Athènes/Le Pirée et Salonique. Contestant cependant le stéréotype du « gigantisme athénien », l'auteur découvre la vivacité de l'industrie régionale, ancrée aux lieux de production des matières premières, mais aussi l'extension de ce tissu industriel le long des axes routiers Athènes-Salonique jusqu'à Alexandroupoli et Athènes-Corinthe jusqu'à Patras. L'histoire et les facteurs géopolitiques expliquent de plus la structure des échanges extérieurs de la Grèce et, en particulier, la plus grande part des échanges avec les pays du bassin méditerranéen.

Les différences résident surtout dans la structure de l'industrie. Ici, derrière les chiffres et les statistiques, l'auteur questionne les composants spécifiques de la société et des données anthropologiques. Le goût de l'indépendance, la souplesse mais aussi la force de l'institution familiale expliquent l'entrepreneurialité diffuse et multiforme, avec un pourcentage plus élevé que n'importe quel pays européen de petites entreprises et des indépendants. Cependant, l'emploi indépendant change de forme : en place d'artisans ou micro-entrepreneurs indépendants, les indépendants sont désormais souvent d'anciens salariés spécialisés, licenciés ou installés dans le cadre de sous-traitances auprès de grandes entreprises -outsourcing- pratique habituelle aussi dans les pays industriels. Un rapport spécifique avec l'Etat, un Etat présent partout et en même temps indulgent envers les comportements anormaux, explique la propension au manquement et à l'évasion fiscale. Les dysfonctionnements et les insuffisances du système financier renforcent les tendances à l'indépendance des entreprises qui se réfugient de référence dans la contribution des familles et dans la thésaurisation d'encaisses pour des jours meilleurs, mais aussi dans la suspension de leurs paiements pendant la durée de la crise. Les liens personnels, les services mutuels et les transactions atypiques permettent souvent de dépasser les ankyloses de la bureaucratie. Tous ces éléments différencient le cas grec de la moyenne européenne et le rapprochent des pays méditerranéens.

Ce que je viens de dire n'est qu'un petit échantillon de la richesse des constats et des réflexions développées dans ce livre dense, qui constitue une contribution importante à la recherche, à notre problématique et au débat public sur le présent et le futur de l'industrie grecque.

Christina Agriantoni, décembre 2023

Avant-propos

SI JE ME SUIS INTERESSE A L'ECONOMIE DE LA GRECE, c'est comme tout le monde parce que débutait dans ce pays en 2010 une crise sans précédent. Tous les regards étaient tournés vers elle. Mais dix ans après, comment ne pas voir que la longue histoire du pays et ses nombreuses péripéties nous inclinent non pas bien sûr à minimiser la crise, mais à la relativiser et que l'analyse en profondeur de cette économie particulière présente un intérêt qui dépasse largement la circonstance de la crise.

Ce qui dès le début m'a accroché, c'est « l'invisibilité » de l'industrie grecque. Y avait-il seulement une industrie en Grèce ? Les Grecs en doutaient eux-mêmes autant que les Européens.

Il y a évidemment une Grèce industrielle avec ses produits et ses entreprises.

Ma conviction s'est nourrie d'une recherche attentive dans les bases statistiques d'ELSTAT et d'Eurostat et des lectures de la riche bibliographie historique, que j'ai complétées par des enquêtes de terrain rue du Pirée, dans l'Attique industrielle et en Messénie, et par l'étude des entreprises industrielles cotées en Bourse d'Athènes.

Comparer est un devoir scientifique qui fonde la plupart de nos institutions de recherche. Se comparer est un devoir moral, plus rare. Les sociétés rencontrent en effet des obstacles insurmontables à effectuer un retour systématique sur elles et à se comparer aux autres, et les sociétés méditerranéennes sans doute plus que d'autres, parce que,si l'on suit les anthropologues des années 50, centrées sur la famille. J'ai donc procédé à une comparaison systématique de l'industrie grecque et de ses agents avec celles et ceux d'autres pays de l'Union Européenne, dans le but délibéré de mettre en évidence leur différence.

En insistant sur elle, je prête sans doute à la critique. Et il est vrai que l'on ne se garde jamais assez de ses préjugés. Et de ses passions. Je crois cependant qu'il convient de prendre ce risque et de ne pas mépriser la réalité.[2] Les études sur les villages grecs n'ont pas éludé ces différences, elles les ont

---

[2] « La simple proclamation de l'égalité naturelle a quelque chose de décevant pour l'esprit parce qu'elle néglige une diversité de fait, qui s'impose à l'observation et dont il ne suffit pas de dire qu'elle n'affecte pas le fond du problème pour que l'on soit théoriquement et pratiquement autorisé à faire comme si elle n'existait pas. » Levi Strauss, Claude :"Race et Histoire" Unesco Paris 1952, p22

enregistrées au contraire de la manière la plus rigoureuse qui soit. Ces mêmes différences au niveau de l'industrie grecque, il m'a semblé légitime de les relier aux résultats de ces études.

Le livre proposé est la reprise d'une thèse de doctorat, écrite au cœur de la crise, entre 2012 et 2017 et soutenue en 2017 à l'Institut National des Langues et Civilisations Orientales. Ce travail a bénéficié du soutien constant de plusieurs qui ne partagent pas forcément mes positions économiques ou politiques, mais qui ont vu l'utilité à la fois d'une approche scientifique du sujet et d'un regard étranger. J'assume cependant seul la pleine responsabilité du contenu de cet ouvrage.

Et je remercie du fond du cœur ceux qui m'ont ouvert la route, mes chers Anita Tiraspolsky, Joëlle Dalègre, Michel Sivignon, Maurice Aymard et Christina Agriantoni.

Introduction

LE COURS DE L'HISTOIRE INDUSTRIELLE EN GRECE est enserré par deux « mains invisibles », celle de l'Etat clientéliste et celle du grand marché libéral. Mon point de vue est résolument libéral, en ce sens que je n'isole pas économie de marché et société de marché, mais au contraire, je considère que la grande transformation industrielle a reposé sur la liberté des agents qui la portent. En Grèce, le libéralisme dans l'industrie se déduit de la participation des agents à l'agrandissement de leur marché dans la deuxième moitié du XXème siècle, et des effets d'agglomération et de spécialisation qui lui sont propres. Il se déduit aussi de la position relative de l'Etat et de l'entreprise, qui se distingue du reste de l'Europe par des traits bien caractérisés, où le rapport de clientélisme s'accompagne d'une autonomie irréductible de la cellule entrepreneuriale. Je pense que l'industrie grecque, comme d'ailleurs d'autres pans majeurs de l'économie, l'armement naval et le tourisme en particulier, se développe malgré l'Etat, dans un mode dont l'indépendance est renforcée par l'interminable crise. L'agent à l'œuvre est en réalité l'entreprise et ses employés, qui manifestent, malgré d'innombrables difficultés, une étonnante liberté de mouvement dans la mobilisation des avantages naturels et culturels du pays.

Il faut replacer l'industrie grecque dans le cadre plus général de l'évolution de ce secteur dans l'économie occidentale et préciser le changement de perspective qui s'est produit au tournant des années 1970. Dans ce cadre nouveau, elle se présente comme un modèle original et vivant, par son histoire, par sa géographie, par son contenu et par le rôle de ses institutions.

Changements dans l'histoire industrielle

En premier lieu, l'histoire de l'industrie grecque se confond avec l'histoire de ce secteur dans le monde, dont elle épouse étroitement les contours et la structure, et dont elle suit l'évolution au cours des décennies qui suivent la 2ème Guerre Mondiale.

Cette histoire est marquée par le processus de la Révolution Industrielle initié à la fin du 18è siècle en Grande Bretagne et généralisé au continent européen au cours du 19è siècle. Ce processus a été si violent qu'il a bouleversé l'ensemble des activités humaines et des rapports sociaux. L'industrie, dans le droit fil des Lumières, est au centre de la philosophie de l'histoire. Comte, Marx et Saint Simon en font le moteur de la transformation sociale et culturelle. Elle est porteuse de l'idée de progrès dans tous les domaines, englobant toute production humaine, fondant les arts et la recherche qui alimentent indéfiniment le processus de production. L'ampleur du phénomène, la recomposition du tissu social et l'énormité des capitaux mobilisés expliquent que les contemporains en aient été vivement frappés.

Au XXème siècle, cette évolution s'est poursuivie. L'industrie a connu des révolutions technologiques successives (charbon et machines à vapeur, pétrole et moteurs à explosion, électricité et moteurs électriques ou turbines, physique nucléaire et chimie). A l'issue de la 2ème Guerre Mondiale, pendant la période de reconstruction, elle s'est généralisée dans les pays européens, prenant dans l'économie la place de l'agriculture. Dans le cadre de la décolonisation, elle s'est étendue au monde, provoquant la transformation radicale de nombreux pays. Après les ravages des deux guerres mondiales, dans le fil d'une croissance fulgurante de la production et des revenus, l'industrie portait les espoirs d'un progrès illimité et d'un rêve d'abondance, celui de *l'Affluent Society*[3].

Puis, dans les années 1980, l'industrie sort du champ de vision des politiques et des universitaires.

Les raisons en sont multiples.

En premier lieu, le rapport entre les trois secteurs de production, primaire, secondaire et tertiaire s'est profondément modifié. Un premier transfert massif s'est fait de l'agriculture à l'industrie, une partie importante de la première s'intégrant dans une agro-industrie, où l'agriculteur est le plus souvent sous contrat avec l'industriel, mais parfois se transforme lui-même en industriel. De même, l'activité minière est intégrée le plus souvent dans le secteur secondaire, ses produits étant transformés et conditionnés sur place.

Un autre transfert s'est fait au profit du secteur tertiaire. D'une part, les entreprises industrielles, qui avaient dans un premier temps étendu l'activité de leurs « cols blancs » dans la recherche, la publicité, la comptabilité, le financement des ventes pour assurer une meilleure efficacité de leur production, dans un deuxième temps ont externalisé ces fonctions pour se concentrer sur leur activité principale et alléger leurs comptes. D'autre part, si le secteur tertiaire s'est ainsi enrichi des rejets du secteur secondaire, il a, débordant l'industrie, créé ses propres produits : biens immatériels

[3]Galbraith, John Kenneth : « L'ère de l'opulence ». *Calmann Levy Paris*

marchands, comme brevets, logiciels, arts du design et produits de l'art tout court et de la culture. Nourri par l'impôt ou la cotisation, il a développé des activités libérales, de santé, d'éducation ou d'administration publique, non productives en elles-mêmes, mais essentielles à l'équilibre socio-économique. La dématérialisation des objets due à l'informatisation des processus de fabrication est une des causes de la croissance des services, mais il nous semble difficile d'exclure définitivement cette catégorie de l'activité productrice de l'industrie, dont elle est un complément direct.

On reviendra plus loin sur ces évolutions à propos de la détermination des produits industriels.

En second lieu, dans ce même espace de temps, les thèses keynésiennes sont contestées (thèses de M. Friedmann, école de Chicago) et la théorie économique change dans bien des domaines. Elle préconise le retrait de l'Etat du champ de l'économie, le libre fonctionnement du marché (thèses libérales de L. von Mises et de F. Hayek[4]) et le désarmement de l'arsenal des interventions publiques. Au niveau de l'action publique, les gouvernements Reagan et Thatcher mettent en œuvre les nouvelles solutions proposées. La planification économique disparaît, les privatisations se multiplient, les administrations de contrôle direct sont supprimées. L'Etat n'est plus un acteur de l'industrie, le patronat multiplie les initiatives de désamorçage des conflits sociaux, qui avaient été un des moteurs de l'intervention publique. Simultanément, dans les années 90, les économies de type soviétique, incapables d'assurer une répartition efficace des biens et des ressources, s'effondrent. Ces économies administrées avaient fondé leur succès sur leur industrialisation à outrance.

En troisième lieu, la révolution des instruments financiers aux Etats-Unis s'est traduite par l'accélération de la financiarisation des économies. En Grande-Bretagne, la City occupe la première place. En Grèce, après la guerre, le secteur financier (banques, assurances, services financiers) prend aussi une place importante dans le PIB. Au même moment, se produit un transfert massif de la fabrication des biens vers les pays en voie de développement en raison de coûts de main-d'œuvre compétitifs. Ce double transfert, caractéristique des deux économies anglo-saxonnes, a marqué la

---

[4]Friedmann, Milton : "*Capitalisme et liberté.*" Flammarion. Paris 2016. Von Mises, Ludwig : " La Bureaucratie" Institut Charles Coquelin, Paris 2003. Hayek, Friedrich : "*La route de la servitude*". PUF. Paris 1985.

science économique de ces pays, la déconnectant de l'économie réelle et nourri la thématique de la désindustrialisation.

Enfin, l'écologie industrielle interroge la nature même du processus de production. Le recyclage des produits et le traitement des eaux usées et des déchets font leur entrée dans les nomenclatures comme branches d'activité du secteur secondaire, à partir des années 70-80. En Grèce, leur contribution au PIB est significative et en plein essor. La notion de progrès indéfini dans un monde illimité était attachée à la révolution industrielle. Dans un monde limité, le progrès, pour demeurer indéfini, doit réinventer ses produits, réorienter ses procédés et diminuer son empreinte écologique.

Changements dans nos approches

Si l'étendue et le contenu du secteur ont changé, nos instruments d'observation et notre perception de l'industrie se sont aussi et en même temps modifiés, en renouvelant et en enrichissant les approches.

Par exemple, la science économique s'intéressait aux équilibres et aux cycles, aux modes de formation des prix et des revenus, à l'accumulation de capital, à la monnaie, à la modélisation des choix des agents économiques. Elle s'intéressait moins à l'activité industrielle en tant que telle, considérée comme un sujet trop spécifique. Mais dans les années qui entourent la 2ème guerre mondiale, les auteurs en relèvent le caractère structurant, comme David Landes et le « miracle » industriel en Grande-Bretagne. Joseph Schumpeter[5] fait de l'entrepreneur capitaliste l'agent de l'innovation à l'œuvre dans nos économies (processus de destruction créatrice) et le souffle qui l'anime fait penser à celui du bourgeois conquérant du Manifeste du Parti Communiste. Alfred Chandler voit dans la main visible des managers, au sein des sociétés de chemin de fer, puis des multinationales aux Etats-Unis, le substitut partiel de la main invisible des forces du marché. Ronald Coaseétablit le lien de substitution entre le marché et la firme dans l'analyse des coûts de transaction, que développe Williamson, tandis que Douglas North s'intéresse à la diminution de ceux de ces coûts liés au rôle des institutions, notamment publiques. Les économistes se rapprochent ainsi des historiens et des sociologues. Ils développent l'économie institutionnelle,

---

[5] Landes, David S : "L'Europe technicienne ou le Prométhée libéré. *Révolution technique et libre essor industriel en Europe occidentale de 1750 à nos jours." NRF Gallimard, Paris 2000.* Schumpeter, Joseph Alois, Capitalism, Socialism and Democracy. Harper & Brothers New York, London 1942.

retrouvent l'histoire culturelle de Weber et de Veblen[6], s'intéressent à l'anthropologie des institutions, voire à l'ethnographie économique.

L'historiographie s'attache pour sa part à préciser les dates de la Révolution Industrielle, ses points de transition et de rupture, et à délimiter ses espaces. Elle en minimise le « miracle », découvre l'importance de la micro-histoire et à travers elle, celle des processus artisanaux proto-industriels, antérieurs, comme à Ambelakia[7] en Grèce, ou postérieurs comme le travail à domicile des informaticiens, et leur substrat anthropologique. Les historiens écrivent des biographies d'industriels. L'anthropologie étudie les objets, artefacts de l'industrie, dans leur rapport à l'homme, donnant une vraie profondeur à l'industrie. Le choix des objets consommés, voire des moyens de production, est étudié sous l'angle du hasard, du désir, de la nécessité (et donc de l'économie), de l'écologie, de la culture. Les géographes enfin ont souligné l'importance des espaces de production dans l'histoire et dans la structuration des activités : climats, localisation des sources d'énergie, carrefours d'échanges, marchés ou foires, agglomérations industrielles.

Les nouvelles approches sont un autre moyen de réévaluer la place de l'industrie. D'abord pour mieux observer cette activité, à l'aide des outils modernes, interviews, photographie, cartographie. Mais aussi pour montrer que l'industrie est un objet incontournable. Comment penser l'espace urbain, rural, côtier, montagnard, la ville méditerranéenne, si l'on fait abstraction de l'industrie ? Comment interpréter aujourd'hui la notion d'Etat social ou d'Etat de droit, en dehors d'elle ? Que veut dire le temps, l'histoire, la période, en l'absence d'une réflexion sur l'industrie ? Comment penser l'homme, dans ses différentes dimensions, en oubliant une de ses principales activités ?

---

[6] Chandler, Alfred Jr : La main visible des managers, une analyse historique. " Editions Economica,
Paris 1988. Coase, Ronald : « La nature de la Firme." Revue Française d'Economie, volume 2 n°1 1987. Williamson, Oliver : « Les institutions de l'économie", Interéditions, Paris 1994. North, Douglas : "Le processus de développement économique", Editions d'Organisation, Paris 2005. Weber, Max : "L'éthique protestante et l'essor du capitalisme" Champs classique 2017. Veblen, Thorstein : « Théorie de la Classe de loisirs" Gallimard, Paris 1970.

[7] A Ambelakia, au pied de l'Ossa, à la fin du 18è siècle, fonctionne une activité de teinture et de filature de tissus de coton filés rouge (garance), exportatrice. Voir Felix de Beaujour, *Tableau du commerce de la Grèce* tome 1 p.274.

Réalité de l'histoire et imaginaire de la société

En Grèce comme en France, en 2010, l'existence même d'une industrie continue d'être mise en doute systématiquement, en dépit de statistiques suffisantes. L'existence d'une industrie en l'Allemagne de l'Est, où l'on en disposait de bien peu, ne l'a jamais été. Les effets de cet imaginaire sur la gestion de la crise récente n'ont pas été négligeables et ce n'est pas un hasard si l'industrie est absente des deux Mémorandum et du programme de Saloniqueprésenté en septembre 2014 par le Syriza, vainqueur des élections le 20 janvier 2015.

Les Grecs pensent d'ailleurs qu'une industrie n'existe qu'en tant que « grande industrie ». Elle a le visage des usines enfumées de la Ruhr ou des Appalaches, où l'on forge le métal et fabrique les machines, et de leurs foules ouvrières. L'agroalimentaire ou l'industrie du luxe ne sont pour eux presque jamais des branches de l'industrie. La présence dans leur pays d'aciéries, de trains de laminoirs, de raffineries est inconcevable, pas plus qu'il n'y a de place pour des multinationales. Ils ont enfin une image hyperbolique des Etats riches et puissants de l'Union Européenne, à la table desquels ils ne sont que des « invités », comme ils le furent en Allemagne en tant qu'émigrés. Les Européens de leur côté cherchent en Grèce une industrie de même nature, produisant machines et biens d'équipement durables, qui n'existe que de manière discrète.

Autre imaginaire : le regard très « orienté » sur le processus d'industrialisation exclut la Méditerranée de son champ. La Révolution industrielle qui se produit en Angleterre, puis en Europe du Nord, a longtemps absorbé l'attention des historiens et des économistes. L'Europe du Sud est donc restée à l'écart et sa révolution industrielle a paru aux chercheurs, tardive, imitative, limitée. Comme l'écrit Gérard Chastagnaret :« La croissance économique enMéditerranée entrait mal dans le prêt-à-porter conceptuel du développement »[8].

Ces représentations sont dépassées. Des industries rentables, en croissance forte, innovantes, ne manquent pas en Méditerranée. La fonderie carthagénoise (dont les techniciens vont nourrir celle du Laurion), la minoterie grecque ou le textile du Pirée, l'étonnant André Hatzikyriakos, créateur des premières cimenteries espagnole, grecque et turque, les réseaux

---

[8]Chastagnaret, Gérard : « *L'industrie en Méditerranée : une histoire en construction* ». Méditerranée, Tome 87, 3-4-1997

énergétiques du sud-ouest français, en témoignent largement pour le passé. Le mouvement ne s'est pas interrompu, comme le montrent récemment la fonderie grecque d'aluminium d'Aspra Spitia, les districts industriels italiens, l'automobile espagnole, l'électronique turque et sa construction navale.

Dans la Méditerranée, le Sud en général, les Grecs seraient des commerçants habiles et fraudeurs rusés, mais pas des producteurs ; ils seraient aptes, sous ces climats chauds, à accueillir le touriste, mais inaptes au travail « sérieux » ou organisé. Leur anarchie justifiait l'ordre bavarois. Aujourd'hui, ces perceptions « essentialistes », réductrices, sont affichées dans les médias populaires de l'ensemble de l'Europe. L'Union Européenne projette une vision d'empire sur sa périphérie et les Etats membres du Nord une vision « puritaine » sur ceux du Sud. La possibilité même d'une industrie, autonome et dynamique, n'existe pas dans ces rapports hégémoniques.

Les Grecs ont d'ailleurs d'eux-mêmes une vision pessimiste, misérabiliste et catastrophiste. Georges Charitakis écrivait déjà en 1928 : « Le Grec est entrepreneur du capital circulant, et de petites entreprises » et plus loin : « Le peuple grec est un peuple du Sud, au sang chaud, fantasque et susceptible »[9]. Il est surprenant que les Grecs aient ainsi effacé de leur vision l'industrie à laquelle ils avaient accordé une si grande place dans leur histoire. La modernisation de la société, pour eux, jusqu'aux années 1980, passait par l'industrie, peut être comme un moyen d'élever l'âme grecque.

Il s'agit là d'un véritable déni de réalité : les grands établissements industriels, appartenant à des entreprises multinationales, les Athéniens les côtoient tous les jours rue du Pirée, le long du golfe Saronique ou sur la route de Lamia. Ce déni résulte aussi de la désindustrialisation qui a caractérisé les années 1980-1990, plus précisément de la fermeture d'usines criblées de dettes, souvent nationalisées ou rachetées par l'OOAE[10], qui ont défrayé la chronique longtemps et en mal, au détriment de succès plus éclatants mais restés discrets. Peut-être faut-il remonter encore à la tradition bien ancrée dans les mémoires -et les monuments- des grands commerçants ou des armateurs évergètes du passé mais aussi du présent, ou bien aux réflexes du politique ou de l'administrateur qui ne voient dans l'économie

---

[9]Charitakis, Georges : *« L'industrie en Grèce (industrie, mines, emploi)»*. Estia1927 p.73 et 75

[10] Ou bien ont été inclues dans l'OOAE (Organisme de Restructuration Economique des Entreprises), créé le 07,06,1983 et dissous le 28,08,2002. Dès 1990, la prise de contrôle de nouvelles entreprises en difficultés a été arrêtée.

que la dimension qui sert à leur clientélisme. Peut-être faut-il remonter au sentiment de faute, plus répandu qu'on ne croit, attaché aux dérèglements des années 1980-1995, qui ont effacé les succès obtenus pendant les « 30 Glorieuses » de 1950 à 1980 ; attaché au dérapage des 6 années 2004-2010, qui a fait oublier l'effort remarquable des 8 années précédentes.

Un regard clair sur la crise suppose à la fois un effort de mémoire et l'analyse du présent. Défaire les lieux communs et les fantasmes, en France comme en Grèce, c'est la raison d'être et la motivation profonde de cette étude ; saisir l'industrie grecque à un moment critique de son histoire, à la fois parce que la crise la choque violemment et parce que depuis une quinzaine d'années la recherche est restée silencieuse à son propos ; la comprendre dans sa réaction, son autonomie, à l'aide des instruments de l'épistémologie, de l'économie, de la géographie, de la sociologie ; la resituer dans son contexte euro-méditerranéen.

Entre espaces et histoires, se dessinent ainsi des produits dédiés et une culture familiale et sociale particulière. Celle-ci structure les entreprises et l'emploi, leur donne à la fois un dynamisme créateur, une capacité de résistance et une souplesse d'adaptation particuliers, que l'on peut comparer au modèle italien. Elle a aussi généré, comme dans l'agroalimentaire ou la pharmacie, un tissu riche constitué d'une multiplicité de petites entreprises innovantes, calées sur des produits locaux, ouvertes aux marchés extérieurs, employant une main d'œuvre d'abord familiale. Elle a également forgé une conception particulière de l'Etat, qui n'est pas étrangère à la crise qui dure.

Plan de l'ouvrage

Dans ce cadre général, la Grèce, sans en faire pour autant un « animal de laboratoire », offre un bon exemple de la place de l'industrie dans l'activité économique générale après quatre décennies de désintérêt relatif et une crise profonde. Les phénomènes qui affectent les grandeurs économiques - production, consommation, investissement, commerce extérieur, mouvements de capitaux - y sont particulièrement intenses et, comme elle offre désormais d'une meilleure visibilité statistique, on peut aisément confronter au réel les points de vue théoriques évoqués plus haut.

Cet ouvrage essaie d'articuler les transformations du produit industriel à la relative stabilité des structures de l'entreprise.

La première partie décrit les transformations du produit industriel.

La fabrique du temps de cette transformation est un premier angle d'étude.

Le retard de la Révolution industrielle en Grèce par rapport à l'Europe du Nord est dû à la libération tardive de l'occupation ottomane en 1821 et à l'instabilité propre au pays, celle de sa population et de son territoire qui ne se stabilisent qu'après les traités de Sèvres (1920) et de Lausanne (1923).

Mais ce retard n'est nullement une incapacité à s'industrialiser. Au contraire. Ce petit pays des Balkans, qui s'ancre délibérément à l'Europe en 1821, suit de près la révolution industrielle, en rêve et l'importe très tôt. Comme cette révolution se produit dans des structures rurales, elles-mêmes archaïques, elle connaît sous Othon, le premier roi, un premier échec. Elle se développe ensuite timidement dans les décennies 1860-70, et ne trouve un premier élanqu'à la fin du siècle, en phase avec la 2ème révolution industrielle, celle de la chimie, de l'électricité et du moteur à explosion. Elle profite après la 1ère Guerre Mondiale des apports de main d'œuvre consécutifs à l'exode des populations d'Asie Mineure et de capitaux issus du réinvestissement d'une partie des profits de guerre et des indemnités de la marine marchande. La période qui suit la 2ème guerre mondiale, est l'objet de ce livre. Après les catastrophes des deux guerres mondiale et civile, le pays réalise, de 1951 à 1973, un effort puissant et remarquable d'industrialisation. Pourtant, de 1974 à 2009, cet effort semble se briser : on y constate une « désindustrialisation » ressentie autant que réelle, que nous essaierons de relativiser en détaillant ses caractéristiques et ses grandeurs et dont le premier résultat est sans doute « l'invisibilité » actuelle de l'industrie.

Un deuxième angle d'analyse a porté sur le contenu même de l'industrie.

En utilisant les données de la Comptabilité Nationale[11], on démontre d'abord la réalité du dynamisme de l'industrie, la résistance inégale de certaines branches d'activité aux crises et l'évolution extrêmement rapide d'autres branches, le tout dans le sens d'une très forte spécialisation. Si la Grèce se distingue d'autres pays européens par sa spécialisation -mais n'est-ce pas un phénomène commun à tous les pays européens lié à la mondialisation- elle les rejoint dans le glissement continu que l'on constate entre les secteurs de l'économie. Il faut ici relativiser les mouvements : la quasi-disparition du

[11]Les Tableaux Emplois-Ressources (TER) de la Comptabilité Nationale produits par ELSTAT décrivent la production par branches de produits et branches d'activité.

secteur primaire après la 2è guerre mondiale ne s'est pas accompagnée d'une baisse de production, bien au contraire. Il en est de même du secteur secondaire, dont les volumes comme les valeurs ont explosé. Et dans les deux cas, les améliorations de productivité ont été le moteur du glissement ou, comme l'explique A. Sauvy,[12]du « déversement » d'un secteur à l'autre. Si le secteur tertiaire a pris une place importante, c'est en valeur relative qu'elle s'apprécie et parce que son produit a crû encore plus vite que celui des deux autres secteurs. Une partie du tertiaire réalise de nouveaux produits culturels tandis qu'une autre partie se consacre à l'environnement immatériel de la production.

Une troisième dimension de l'industrie est son inscription dans des espaces. Ces espaces présentent en Grèce un intérêt particulier en raison de la géographie de sa péninsule d'une part et de celle de ses échanges extérieurs d'autre part. Ils sont l'objet des deux thèmes suivants.

A l'intérieur, l'espace est naturellement fractionné et longtemps on y a communiqué plus facilement par mer[13]. Unifié seulement depuis les trois dernières décennies, il a fait l'objet d'une recherche spécifique pour tenter de repérer l'échelle pertinente d'analyse, d'associer des caractères géographiques aux implantations industrielles, de localiser d'éventuels réseaux ou districts. On y retrouve de surprenantes et longues continuités (l'île volcanique de Milos en Egée produit des obsidiennes du VIIème au IIIème millénaire avant JC -Helladique ancien-du soufre et des pierres à meules pour les huileries au XIXème siècle, des argiles -bentonite et perlite-utilisées aujourd'hui pour le polissage des métaux ou les pâtes dentifrices) et des déplacements brusques (l'évolution des structures de coûts conduit au déplacement en Bulgarie de l'industrie textile de Salonique dans les années 1970). On y relativise la place de la capitale en notant la redistribution importante de l'industrie dans ses banlieues proches comme dans des espaces plus lointains du territoire.

A l'extérieur, les Grecs, peuple de commerçants et de marins, se sont projetés au-delà de leur territoire : les diasporas, qui ont résulté des vagues successives d'émigration, se sont installées d'abord dans les Balkans proches et en Méditerranée. Etablies ensuite aux Etats-Unis ou en Allemagne, elles ont sans doute favorisé des exportations industrielles. Pourtant l'étude

---

[12] Sauvy, Alfred : « *La machine et le chômage* ». Dunod, Paris,1980

[13]L'Atlas de Schräder (1891) mesure déjà la Grèce en km2 de surface par km de cote (en 1904,60 km2 pour 1km, aujourd'hui 10 km2 pour 1, contre 118 km2 pour 1 en France).

montre que d'autres espaces se sont ouverts, plus déterminants, ceux des marchés qui, trop étroits au XIXème siècle, s'élargissent en 1913 par la conquête de la Grèce du Nord et en 1919 et 1923 par les Traités de Sèvres et de Lausanne, avant de s'élargir à nouveau par les communications modernes qui relient la péninsule grecque aux Balkans et par l'adhésion au Grand Marché Européen. Ces ouvertures, facteurs et occasions d'une restructuration profonde de l'industrie, se caractérisent par la spécialisation des produits et par la proximité de leurs destinations.

La deuxième partie de cet ouvrage est consacrée à l'entreprise, à la fois moteur de l'organisation industrielle - et par voie de conséquence objet de sa transformation continue - et structure relativement stable assise sur un socle ancien, clairement distincte de l'ensemble européen.

En premier lieu, l'existence même de l'entreprise dépend de la réalisation de profits. Et de ce point de vue, par comparaison avec ceux réalisés dans d'autres secteurs d'activité ou dans l'Union Européenne, l'efficacité de l'entreprise industrielle grecque est notable, en particulier dans la période de crise récente. Cependant, sa mesure en termes de valeur ajoutée ou de profit par employé et surtout par entreprise trouble cette image et manifeste un net retard. Cela est dû principalement à la dispersion du tissu entrepreneurial, au grand nombre de moyennes et petites entreprises.

Les éléments quantitatifs qui décrivent le tissu des PME et les entreprises cotées en Bourse d'Athènes révèlent l'intensité de cette dispersion, atypique comparée aux données européennes, et la distance à parcourir sur le chemin de sa restructuration. Un premier pas a été accompli avec la chute dramatique de leur nombre dans les années 1990-93, puis au cours de la crise récente. Cependant, un moindre nombre d'entreprises ne les fait pas automatiquement plus rentables. Les PME ne sont pas toujours les moins efficaces et inversement, on a noté les difficultés de nombreux grands groupes à se restructurer.

Agent majeur du grand effort d'investissement de l'après-guerre, dont on donne la mesure, l'entreprise l'a financé principalement sur ses fonds propres, faute d'un système bancaire ou étatique capable de faire face à ses besoins concrets. Moins que l'insuffisance des prêts à l'industrie, c'est leur défaut de convenance aux besoins réels des PME qui est en cause, du fait de l'aversion des banques au risque et du clientélisme de l'Etat. L'entreprise s'est réfugiée dans son autofinancement, mais aussi dans des pratiques peu orthodoxes, cessant de payer ses dettes envers le public ou les banques, encouragée en cela par l'impuissance des institutions à faire appliquer les procédures de recouvrement forcé.

La restructuration de l'emploi tout au long de la période témoigne en même temps de la flexibilité de la société grecque et son profond conservatisme, centré sur ses structures familiales. L'adaptation conjoncturelle aux contraintes du marché, à travers le chômage et diverses formes de précarité du travail présente moins d'intérêt que l'évolution, à long terme, de ses constituants (statut professionnel, liens de subordination, genre, catégories professionnelles, niveau d'éducation). On découvre ici la persistance des soi-disant structures archaïques comme l'auto-emploi, l'aide familiale, le caractère genré des activités.

L'importance justement de l'auto-emploi a conduit à s'interroger sur l'entrepreneurialité dans la Grèce industrielle et à définir les caractères d'un dynamisme propre comparé à d'autres pays européens. Le nombre et la structure des entreprises, la nature de leurs emplois, les formes juridiquesdont elles se revêtent, définissent le particularisme du pays. On n'a pas évité non plus la question de l'identité méditerranéenne de la Grèce, que justifient aisément histoire et géographie. Il résulte de ces éléments une image vivante d'entreprises petites ou moyennes, productives, innovantes, exportatrices.

Pour expliquer enfin ces pratiques de l'entreprendre, comme l'indépendance, la petite taille, le statut personnel et familial et les spécialisations de genre, on a emprunté à l'anthropologie méditerranéenne. La famille échappe certes aux statistiques, elle contrôle cependant encore la plupart des entreprises et à travers elles, la plupart des choix économiques. D'un autre côté, la passion de l'indépendance, l'esprit d'entreprise, sont ancrés dans la culture méditerranéenne de l'honneur. Plus généralement, dans l'organisation de l'économie, les rapports d'affaires personnels transcendent les rapports abstraits du marché.

PREMIERE PARTIE

LES TRANSFORMATIONS DU PRODUIT INDUSTRIEL

Préambule

L'INDUSTRIE GRECQUE N'A D'HISTOIRE QUE DEPUIS PEU.[14] Ceux qui ont écrit sur elle, longtemps, ne faisaient pas acte de mémoire, mais militaient pour la modernisation de la société. Passionnés par l'industrie, ils enregistraient sa progression et rêvaient son développement.

A l'aube du 20è siècle, ces auteurs recherchent les preuves de sa possibilité et puisent dans les signes de son retard des forces pour y remédier. Les ouvrages de Georges Charitakis, d'André Andreadis, de Georges Anastassopoulos, de Nicolas Inglesis, d'AngelosAggelopoulos[15] et du plus célèbre, peut-être d'entre eux, XenophonZolotas[16], témoignent de cette volonté ardente. La Grande Idée a sa version industrielle dans la Grande Industrie. Un professeur de chimie, AnastasiosChristomanos, écrit : « Ici on se trouve tous déjà prêts à l'accueillir et nous verrons partout les hautes cheminées des usines chimiques, dressées comme autant de lampes de la science, chantant le dieu de l'industrie chimique grecque ». Anastasopoulos, citant Christomanos, commente de son côté : « L'Idée de la Grande Industrie était suggérée par le célèbre scientifique, à l'orée du XXème siècle... »[17] Les industriels eux-mêmes font propagande pour le développement de l'industrie, facteur non seulement d'enrichissement ou de rééquilibrage des comptes publics, mais aussi de paix sociale et d'intégration des réfugiés. C'est le cas de Léon Ikonomidis, Epaminondas Charilaos, André Hatzikyriakos, Nicolas Kanellopoulos, AristoboulosZannos. Ikonomidis, fondateur de Chropi (peintures), dont les cheminées, illustrant le rêve de Christomanos, sont encore visibles rue du Pirée, écrit dans le journal Acropolis : « Grâce à l'Industrie, non seulement nous retiendrons les populations émigrantes en Grèce, mais encore nous attirerons celles des pays voisins, facteur de repopulation du pays et de régénération de la race »[18]. Les

---

[14]Depuis la 2è Guerre Mondiale, une belle école d'histoire économique s'est développée en Grèce

[15]Charitakis, Georges : op.cit. Andreadis, André : « *Œuvres* ». Ecole de droit d'Athènes 1939. Anastassopoulos, Georges A : « *Histoire de l'industrie grecque 1840-1940* » Tome 2 : 1885-1922. » Société Grecque d'Edition, Athènes 1947. Nicolas Inglesis : « *Guide de la Grèce* », 6è année» 1920. Angelopoulos, Angelos : « Propositions de programme économique pour les deux années 1982-1983. Pour sortir de la crise économique internationale » Papazisis Athènes 1981

[16]Zolotas, Xénophon : « *La Grèce au stade de l'industrialisation* » Eleftheroudakis, Athènes1926.

[17]Anastasopoulos : op cité page 771 et pages 962- 963.

[18]Anastasopoulos, op. cité, pages 962-963.

banquiers, comme Tsouderos, Diomidis et Varvaressos, plus réservés, n'en participent pas moins au mouvement.

Dans les années 1945 à 1970, à l'image de la France, certains de ces hommes se retrouvent pour reconstruire le pays et y réaliser à grande échelle la révolution industrielle. DimitrisBatsis[19] pour la gauche communiste et Xénophon Zolotas pour la droite partagent au fond une même analyse des ressources et des buts, même si les voies empruntées divergent. Le cercle rapproché de Constantin Karamanlis, premier ministre en 1953, (Zolotas, Tatsos, Papaligouras, Angelopoulos) a intégré ces données pour installer une industrie lourde -lignite, électricité, métallurgies du fer, de l'aluminium et du nickel, raffinage pétrolier- complétant l'industrie plus traditionnelle de biens de consommation de l'entre-deux-guerres.

Cette mystique industrialiste inspire encore les hommes de la *Metapolitefsi.*[20]Pourtant, après les expériences malheureuses des nationalisations, ils ne tardent pas à s'en détacher. La crise, liée moins à l'entrée dans la Communauté Economique Européenne et au désarmement douanier qu'à une gestion démagogique de l'économie (nationalisations, politique des revenus sans lien avec la productivité, clientélisme), se traduit dans les années 1980 par la fermeture de nombreux établissements qui figuraient l'industrie dans l'imaginaire social. Tous les auteurs ont mis en évidence la perte de compétitivité et la désindustrialisation qui s'ensuit. Les établissements de la rue du Pirée se transforment en ruines, les cheminées de Christomanos en « tours abolies ». La Banque du Pirée finance, faute d'industries, un programme de musées d'industries, dont la remarquable briqueterie Tsalapatas à Volos. L'industrie s'efface lentement du champ de vision du public. Les services statistiques renoncent aux enquêtes sur l'industrie. Les derniers auteurs sont TasosGiannitsis qui travaille sur les recensements industriels de 1963 et de 1978, ChysaphisIordanoglou et Christos Bellas qui travaillent sur des archives ICAP[21] et Ion Sayas qui participe à l'Atlas de Sivignon. Kostas Kostis s'y intéresse par le biais des archives d'Aluminium de Grèce. Panos Kazakos[22] refait, en 2001, le point

---

[19]Batsis, Dimitris : « L'industrie lourde en Grèce » Editions Kedros Athènes 1947

[20]Metapolitefsi, ou changement de régime, est la période qui suit la chute en 1974 du régime des Colonels.

[21] ICAP Group Hellas : : Intercapital Group, propriété de Global Finance et, résiduellement, de la Coface est une société privée de recherche économiques.

[22]Chr. Iordanoglou et Chr. Bellas « L'évolution du capital des sociétés grecques 1963-2000. Considérations sur le développement économique de l'après-guerre, à partir des documents d'ICAP"EditionsParatiritis Thessalonique 2003. Panos Kazakos : Enyre l'Etat et le MArché. Economie et Politiquie économique dans la Grèce de l'après-guerre 1944-2000 », Editions

des rapports entre l'Etat et le marché dans l'histoire économique de l'après-guerre -et notamment avec l'industrie- pour mieux montrer les origines et sources profondes de la crise.

Le savoir statistique a évolué en même temps que l'intérêt pour l'industrie.

Vérités statistiques

La longue vie du service statistique en Grèce

Le Service Statistique en Grèce n'est pas nouveau dans la carrière. De sa création en 1910 jusqu'à la consécration de son indépendance en 2010[23], il connaît un long parcours, lié à la fois à l'intérêt tôt porté par les responsables du pays à l'industrie, et au progrès de la science statistique porté par les institutions internationales.

La statistique naît avec l'Etat grec. Capodistria[24] en 1828 lance le tout premier recensement. Un bureau de l'économie publique est créé le 22 mai 1834, « chargé de rédiger une description géographique et topographique précise de l'Etat, de dresser un tableau d'usage facile du nombre de ses habitants et de prendre connaissance précise des différentes sources de revenu de la nation... »[25].

La Grèce participe à la fois aux expositions universelles (Londres 1851) et à certains congrès statistiques. En 1855, le Secrétaire Général du ministère de l'Intérieur, Spilios A. Spiliotakis (anciennement directeur du bureau de l'économie publique de 1837 à 1859) participe au congrès statistique de Paris. Il est aussi commissaire de la Grèce à l'exposition universelle de la même année[26]. Il y présente les *Informations Statistiques sur la Grèce* publiées en 1859[27]. Son directeur du bureau de l'économie publique, à partir de 1860, l'économiste Jean Soutsos, entreprend le recensement de la

---

Patakis, Athènes 2001. TasosGiannitsis « L'Industrie grecque. Développement et Crise », Editions Gutenberg Athènes 1983.

[23]Chouliarakis, Michel : « *Evolution de la Statistique Publique en Grèce 1821 -1971* » p. 15-112 dans Etudes Statistiques, EKKE Athènes 1972.

[24] Jean Capodistria est le premier dirigeant de la Grèce, nommé en 1822 par les Grandes Puissances. Il est assassiné en 1831.

[25] JO n°18 du 22.05.1834 art 10. Le Bureau est dirigé d'abord par Gustave d'Eichthal, ensuite par Jean Soutsos, tous deux disciples saint-simoniens.

[26] Rapport sur l'Exposition Universelle de 1855. Gallica.

[27]Alexandre Mansolas : "Informations statistiques sur la Grèce" Athènes 1859. Voir aussi les Archives de Paris : Expo universelle de Paris, documents iconographiques pages 53-54.

population en 1861. En 1864, il publie un recensement de l'agriculture. Un autre de ses directeurs, Alexandre Mansolas participe aux deux congrès statistiques de Saint Pétersbourg et de Budapest. Il publie en 1867 un ouvrage sur l'ensemble de l'économie grecque[28] dans lequel il compare les 95 branches du catalogue de l'exposition de Paris avec les 41 branches d'activité industrielle et agricole où la Grèce est représentée.

Après cela, la statistique se consacre aux recensements de population : 1879, 1889, 1907. On note toutefois que Georges Chomatianos, exposant les travaux du recensement de 1907, se réfère aux travaux des congrès statistiques internationaux (« des Etats contemporains civilisés »), et au souhait des participants d'harmoniser les statistiques pour permettre les comparaisons. Il se réfère aussi à l'Institut International de Statistique, fondé en 1885 pour prendre le relais des Congrès.

Une deuxième étape se situe autour du coup d'état militaire de Goudi[29] en 1909. Cette même année, s'est tenu le Congrès Panhellénique de l'Agriculture, de l'Industrie et du Commerce. Celui-ci a proposé la création du Ministère correspondant, avec un service statistique spécialisé dans chacun des trois secteurs d'activité, ce que consacre la loi du 4 mai 1910. Le nouveau ministère comprend des sections responsables des « statistiques agricoles, commerciales et industrielles » de l'Etat. Ces sections sont bientôt regroupées en une direction centrale de la statistique, assistée d'un Conseil où siègent des universitaires et des représentants de l'industrie et du commerce. Sont réalisés en 1911 un recensement de l'agriculture et une enquête sur les prix, un recensement de l'industrie en 1920. Le Service Spécial de Statistiques devient en 1925 le Service Général Statistique de Grèce.

Les deux enquêtes sur l'industrie de 1920 et 1928, celle sur l'emploi de 1930, liées aux recensements de mêmes dates, sont le fruit de cet intérêt renouvelé pour l'économie. Si l'on manque de détails sur les rapports institutionnels entre les responsables grecs (Jean Michalopoulos, directeur de la statistique en 1920 et N.J. Svoronos, responsable statistique en 1928), et la SDN et plus particulièrement le BIT et l'Institut International de Statistique, les textes introductifs des recensements enregistrent bien, de manière explicite, les références. On note que le recensement de 1920 utilise la

[28]Mansolas, Alexandre : op.cit.

[29] Le coup d'état de Goudi (du nom de la caserne d'où il partit) était mené par des officiers réformistes. Ceux-ci font appel à Venizelos, qui accède au pouvoir en 1910.

technique moderne des cartes perforées et de la trieuse à compteurs, introduite en France par Lucien March.

Après la guerre, le service statistique reprend son activité dès 1951 avec le recensement de population, adoptant les standards internationaux (nomenclature ISIC[30]). La loi 3627/1956 crée l'ESYE[31] ou Service national statistique de Grèce, confié à Pierre Kouvelis, et réalise une première enquête sur l'industrie en 1958. A partir de l'entrée de la Grèce en 1981 dans la Communauté Economique Européenne, ce service harmonise sa production avec celle d'Eurostat. L'ESYE est transformé en Secrétariat Général ESYE en 1986. Les enquêtes sur l'industrie sont poursuivies jusqu'en 1988, mais elles sont ensuite abandonnées, peut-être parce que, en période de désindustrialisation, leur intérêt semble douteux et les études industrielles, fréquentes pendant les années 80, se raréfient.

Immeuble d ELSTAT, rue du Pirée

*L'indépendance d'*ELSTAT *et la disparition des « Greek Statistics »*

Les désordres de 2008 et 2009 font que la question de l'indépendance du service statistique, qu'impose l'Europe, devient brûlante. La réforme du Service figure en bonne place dans le programme du PASOK[32] exposé par le nouveau Premier Ministre, Georges Papandréou, le 14 décembre 2009, au

[30] Nomenclature ISIC : International Standard Industrial Classification ou Classification Internationale Type par Industries (CITI).
[31] Service National Statistique de la Grèce
[32] Mouvement Socialiste Panhellénique.

Zappeio[33] et c'est une des premières mesures de son gouvernement. Son institution en autorité indépendante est opérée par la loi 3832/2010 du 9 mars 2010. ELSTAT est une autorité collective, constituée de 7 membres dont 4 (Président, Vice-président et deux membres) sont élus par la Conférence des Présidents de l'Assemblée nationaleà la majorité des 3/5èmes sur proposition du ministre des Finances. Les trois autres sont nommés respectivement par le gouverneur de la Banque Centrale, par le ministre des Finances et par le personnel d'ELSTAT. Une nouvelle loi de mars 2012 renforce cette indépendance en créant un budget séparé et autonome et un Conseil des Bonnes Pratiques dans lequel Eurostat est aussi représenté.

A partir de 2004, les critiques s'étaient multipliées, ainsi que les misions d'enquête d'Eurostat. Elles provenaient de deux directions : de la Commission et de certains Etats-membres de l'UE qui mettaient en doute la fiabilité des statistiques, de certains Grecs, hommes politiques et fonctionnaires, qui, encore aujourd'hui, mettent en doute durement l'action du Président d'ELSTAT, Andréas Georgiou.

Les premiers pensent que l'indépendance d'ELSTAT est le remède à la fraude dont l'Etat Grec est accusé mais non le service statistique lui-même. Indépendance donc. Et depuis, en effet, disparition des « Greek Statistics » : depuis 2010, ELSTAT a communiqué régulièrement les données des comptes publics consolidés et de la dette. Elle a révisé celles de 2001 à 2008. Eurostat a validé tous les chiffres. L'Etat Grec ne les a jamais contestés.

Les seconds au contraire, se réfèrent à la manipulation supposée des données relatives au déficit et à la dette par le Président d'ELSTAT, avec le concours de Walter Radermacher, Directeur Général d'Eurostat. Les chiffres auraient été « gonflés », en y incluant à tort ceux des entreprises publiques (DEKO[34]), pour justifier l'aggravation des mesures de redressement financier. L'affaire est portée devant les tribunaux et se poursuivra pendant des années avant d'être classée. Dans le cadre du 3ème Mémorandum, l'UE a exigé du gouvernement grec la prise en charge des frais de justice de l'intéressé.[35]

---

[33] Le Zappeio (du nom de son donateur) est un lieu d'exposition de style néo-classique, dans le centre d'Athènes

[34] Entreprises et organismes publics.

[35] En 2022, la procédure n'est pas terminée : Mr Georgiou recourt à la justice européenne pour obtenir sa complète innocence.

Un riche fonds d'archive statistique

Le système statistique produit sur l'industrie des informations de Comptabilité Nationale normalisées et comparables, alignées sur les normes européennes pour la production, l'emploi, le commerce extérieur, de niveau national et en partie régional, par produit et branche d'activité. Ses informations sont cependant de moindre qualité en ce qui concerne l'échelon pertinent du département et l'agent essentiel de l'économie qu'est l'entreprise.

ELSTAT utilise depuis longtemps les classifications statistiques européennes définies et actualisées régulièrement par Eurostat. Les compatibilités sont totales et les regroupements conformes aux réquisits. La description de l'activité économique se trouve dans les Tableaux Ressources-Emplois, alignés sur le Système Européen des Comptes Nationaux et Régionaux (ESA 2010[36]), à son tour aligné sur les normes internationales. L'avantage de ces TER est de décrire la contribution au Produit Intérieur Brut (PIB) des différentes branches de l'industrie et de permettre la comparaison précise, sur des bases identiques, avec l'UE et ses Etats-membres. Ils permettent aussi de calculer la répartition du produit final (output) en consommation intermédiaire et valeur ajoutée, elle-même répartie en rémunération du travail, amortissements et profit. Ils permettent enfin de rapporter les coûts et produits par emploi ou par entreprise.

Les statistiques du commerce extérieur présentent de même des séries complètes jusqu'en 2014. ELSTAT utilise les enregistrements douaniers de flux de marchandises et la Banque de Grèce les transactions financières enregistrées par les banques. En période d'incertitude monétaire, les écarts entre ELSTAT et la Banque centrale, déjà significatifs, sont aggravés, les importateurs devant régler immédiatement, les exportateurs ne se pressant pas de rapatrier le règlement. L'Association Panhellénique des Exportateurs (PSE) et son centre de recherches KEEM[37], organisation professionnelle regroupant 1500 membres réalisant 80% des exportations, analyse le commerce extérieur par produit (CTCI) et par pays, marquant l'intérêt direct du système de production pour le développement extérieur.

Les séries statistiques de l'emploi fournies par ELSTAT couvrent branches d'activités, catégories d'emploi, statut professionnel et niveau d'éducation

---

[36]Système Européen de Comptabilité

[37] Association Pan grecque des exportateurs, Centre d'Etudes et de Recherches sur les Exportations

de 1995 à 2014. Pour les périodes antérieures on dispose des enquêtes sur l'industrie de 1958, 1963, 1973, 1978 et 1988. Les statistiques du chômage sont moins riches. IKA ETAM[38], la caisse d'assurances sociales des salariés du secteur privé, enregistre l'emploi « légal », les catégories d'emploi (temps partiel, temps plein, emploi immigré), les horaires, rémunérations de travail et cotisations payées. Même si elles ne couvrent qu'une partie de l'emploi (1,5 million de salariés), elles sont représentatives de l'emploi salarié, notamment dans l'industrie.

Les informations présentent cependant des faiblesses et des lacunes en ce qui concerne l'échelle géographique des activités et le tissu d'entreprises. L'entreprise, porteur essentiel de l'activité, mais aussi le département, où elle est établie, demeurent en effet des terres encore inconnues en Grèce.

La première lacune du système statistique porte sur les entreprises.

Dès le milieu du XIXème siècle, les organisations internationales avaient recommandé d'effectuer des enquêtes sur l'industrie. Mais ce n'est qu'en 1920, puis en 1930, en Grèce, que des recensements complets des établissements ont été effectués. Des enquêtes sur l'industrie ont ensuite été réalisées entre 1958 et 1988, dont les classifications sont à peu près homogènes et les données recensées comparables : activités (à 3 chiffres), répartition territoriale, établissements, entreprises, emplois, puissance installée en HP, formes juridiques et taille.

Mais cette activité s'est défaite à partir des années 1990 et l'on ne dispose plus que de fichiers imparfaits en 2002 et en 2005. La source en est semble-t-il fiscale, ce qui en limite l'exhaustivité. Celui de 2002 délivre des données, par branches et par département/ville. Aucun élément de taille ou de chiffre d'affaires n'a été trouvé dans le fichier 2005. La collecte des données d'emploi et de puissances installées des enquêtes de 1958 à 1988 n'a pas été poursuivie.

Eurostat de son côté, mais depuis 2007, coordonne les fichiers nationaux d'entreprises et développe des statistiques structurelles d'entreprises qui comprennent la forme juridique, la branche d'activité, la taille - exprimée en nombre d'employés ou en chiffre d'affaires - la localisation et la démographie (nombre, date de naissance et de décès). On y trouve également

[38] IKA ETAM: Institut des Assurances Sociales et Caisse unifiée d'Assurances des Salariés.

des données relatives aux investissements, au nombre d'employés et à la valeur ajoutée.

Le département ou nome est l'autre lacune du système statistique, alors qu'il semble bien être l'échelon le plus pertinent de l'analyse industrielle. La plupart des données, depuis les années 80, ne sont plus fournies qu'à l'échelon de la région, dont le découpage obéit à des considérations de nature politique, historique ou sociale plutôt qu'économiques. De plus, les données obtenues à ce niveau de détail peuvent contrevenir à la loi sur la protection des données personnelles ou au secret de l'entreprise. En conséquence, il est impossible de déterminer avec précision la présence ou l'absence de telle ou telle branche, ce qui constitue justement le but des analyses géographiques.

Enfin, les enquêtes « produit » demeurent imparfaites. Dans toute l'Europe, les informations sur les produits et leur commerce extérieur sont collectées au moyen d'enquêtes auprès des entreprises et stockées dans des fichiers dits Prodcom-Europrom[39]. L'information provient de questionnaires effectués auprès des entreprises de plus de 20 salariés, qu'ELSTAT a étendus aux entreprises de plus de 10 salariés. En pratique, en l'absence de fichier d'entreprises récent et structuré, il est difficile de couvrir par questionnaire une population représentative.

La comparaison détaillée des produits « informés » dans les tableaux Prodcom et les TER ajoute à cette incertitude. En effet, pour des branches renseignées dans les deux systèmes et les mêmes années, les valeurs révèlent des écarts importants, même si les tendances sont à peu près les mêmes. Pour cet ensemble de raisons, les statistiques Prodcom ne peuvent être utilisées qu'avec précaution.

Tout cela devait être dit sur le système statistique grec, qui nous fournit pourtant une image fiable de l'industrie. Mais l'utilisation des sources statistiques, comme celle des sources historiques, a ses limites, soit temporelles, soit matérielles, en ce qu'elles forment des images fugitives de la réalité. La réalité s'évanouit dans le temps ou se dérobe au regard imparfait de l'analyste. Il faut, par des outils nouveaux, explorer d'autres terrains.

---

[39]Prodcom est l'abrégé de Production Communautaire. Cette enquête annuelle auprès des entreprises porte sur la production et la vente de biens industriels.

Les lieux de l'Industrie

Il n'est jamais inutile de vérifier que les statistiques correspondent bien à une réalité et par exemple que les données de Comptabilité Nationale par branche se vérifient dans les comptes annuels des grandes entreprises, ou qu'elles trouvent confirmation au terrain.

La réalité de l'entreprise s'apprécie d'abord à travers ses comptes et son environnement professionnel.

Ses comptes présentent un intérêt majeur lorsqu'elle occupe sur son marché une place significative. Titan et AGET-Lafarge sur le marché des matériaux de construction, DEI et quelques énergéticiens sur le marché de l'électricité, Avax, GEK Terna, Hellaktor et Intrakat dans les travaux publics, Karelia sur le marché de la cigarette, fournissent des données de marché précieuses, fiables et suivies. Leurs données comptables permettent d'apprécier directement, pour le secteur auquel elles appartiennent, la rentabilité de l'activité, le niveau de production, le personnel employé. Leurs rapports d'activité ouvrent sur la réalité des unités de production, des investissements, des produits et des filiales étrangères. Deux banques de données privées, ICAP Group Hellas et Statbank Active Greece, donnent accès aux rapports annuels et aux sites des sociétés.

Leur environnement professionnel est riche aussi d'informations. Les organisations professionnelles auxquelles elles appartiennent délivrent des chiffres suivis, actualisés, détaillés sur l'activité d'une branche. Le Syndicat des entreprises minières, le Syndicat des Entreprises Pharmaceutiques de Grèce, par exemple, constituent des sources précieuses.

Les ministères, les caisses d'assurances sociales, les organismes de recherche publics ou privés, constituent des sources primaires ou secondaires complémentaires ou substantielles : ainsi, la balance énergétique du ministère de l'Environnement et de l'Energie, les rapports récents du KEPE, du IOVE[40] et de Mac Kinsey sur le redéploiement du pays, les données de l'IKA sur les entreprises affiliées et leur emploi, les rapports de la TTE et de l'EKT[41], les études d'Atradius, d'Intrum Justitia et de Price Waterhouse.

---

[40]Institut de Recherches en Economie Industrielle (IOVE) du Syndicat des Entreprises Industrielles (SEV, équivalent du Medef en France)
[41]Banque de Grèce, Banque Centrale Européenne

Il reste que ces sources sont de qualité inégale. De manière plus générale, les statistiques des différents organismes collecteurs présentent des disparités de nomenclature qui obligent à un reclassement fastidieux, afin d'assurer un minimum de comparabilité tandis qu'elles ne sont disponibles que sous des formes « protégées » qui nécessitent un retraitement manuel.

Enfin, le goût du secret reste largement répandu dans les entreprises grecques, plus enclines à confier leurs comptes à des sociétés privées de marketing qu'à répondre aux obligations légales. Il a été impossible de se procurer les comptes de Larko, 6ème producteur mondial de nickel. J. Boutaris& Sons Holding, producteur de vins connu, pourtant coté en Bourse, publie ses comptes avec trois années de retard. L'Etat lui-même ne diffuse les données relatives à l'énergie qu'avec précaution ou du moins retard.

Rien donc ne remplace le terrain, et le plaisir géographe, jamais lassé, de parcourir et d'identifier dans le paysage la réalité de l'entreprise.

Au fil de mes voyages, « touriste » industriel, j'ai photographié, visité, observé, interviewé. L'architecture industrielle est un prétexte pour réfléchir sur l'histoire d'une industrie. L'aménagement du territoire n'a de sens que visualisé, incarné dans un paysage et sous une lumière. La descente parfumée vers Zagora dans le Pilion m'a fait découvrir à la fois les micro-terrasses plantées de pommiers - la variété zagorine - et l'usine de conditionnement au bord de l'eau. En sillonnant en toutes saisons la plaine de Kalamata j'ai vu non seulement ce qui s'y produit, mais encore comment l'industrie s'insère dans un « tope » et un climat, j'ai vu un mode d'appropriation, un rapport entre la ville, son histoire et sa campagne. Remonter la rue du Pirée depuis ELSTAT est remonter le temps de l'industrie et de ses mutations.

L'industrie en Grèce a besoin d'être « vue ». Les chiffres, les rapports, les déclarations officielles ne voilent pas la réalité, mais ils ont besoin d'être lus à la lumière du soleil. La réalité grecque est relativement complexe, masquée en partie par le décalage d'une économie périphérique bien informée de sa situation par rapport au « centre ». Bien des questions ont été posées pour comprendre ce qui se cachait derrière telle assertion, telle pratique, tel comportement étrange.

Kalamata est une ville de tradition industrielle ancienne, excentrée, bénéficiant d'un climat subtropical. S'il existe une assez bonne étude historique de la ville[42], aucune étude économique récente n'a été faite. L'enquête de terrain en Messénie confirme la pertinence de l'échelle départementale. Elle confirme aussi l'existence de plusieurs problèmes de méthodologie : l'identification de l'entreprise au sens de son adresse et de sa localisation exacte, problème que l'on a retrouvé rue du Pirée ; la définition précise de l'activité, si possible dans le cadre de la nomenclature NACE[43] ; la collecte des chiffres et agrégats. L'enquête révèle le polymorphisme de l'activité, la vivacité du tissu industriel, l'absence de soutien réel et, par conséquent, la très forte autonomie.

En effectuant à plusieurs reprises le trajet du centre d'Athènes aux bureaux d'ELSTAT, l'enquête de terrain sur la rue du Pirée m'est apparue comme une évidence. Le paysage qui se déroulait sur ces 8 km, qui furent de 1850 à 1940 le poumon industriel du pays, est frappant. Le relevé méthodique des établissements, passés et présents, révèle des problèmes méthodologiques identiques à ceux rencontrés en Messénie. Il permet d'évaluer le processus de désindustrialisation, comme glissement de l'industrie vers les services à l'industrie, et comme décentralisation le long de l'autoroute Athènes-Lamia. Il permet aussi d'identifier la nature de la bulle immobilière, à travers les innombrables immeubles récents, vides et les pancartes indiquant « A louer » ou « Nous avons déménagé ».

Ces approches complètent le tableau de l'industrie grecque. Il est imparfait, incomplet sans doute, mais suffisant. Ce qui lui manque, c'est la cohésion, la direction d'ensemble, peut être faute d'un cadre conceptuel suffisant. Mon ambition est d'apporter une pierre modeste à l'édifice en reconstruction.

---

[42]Militsi-Nika, Anastasia et Theophilopoulou-Stefanouri, Christina : « Guide de Kalamata, Places et rues 1830-1940 », Mairie de Kalamata 2010.

[43]Nomenclature d'Activités de la Communauté Européenne, Stakod en grec. Stakod 3 correspond à NACE 1 et Stakod 8 à NACE 2

Chapitre 1
1951-2014 : L'achèvement de la Révolution Industrielle

Un marché libre dans le cadre européen

"Ce n'est pas de la bienveillance du boucher, du brasseur ou du boulanger que nous attendons notre dîner, mais du soin qu'ils prennent de leur propre intérêt. Nous ne nous adressons pas à leur humanité, mais à leur amour de soi et ne leur parlons jamais de nos propres besoins mais de leurs avantages "

"En dirigeant son industrie en sorte que son produit acquière la plus grande valeur, il ne cherche que son propre profit. Et il est en cela...conduit par une main invisible à promouvoir une fin qu'il ne poursuivait pas. »[44]

S'IL EXISTE AUJOURD'HUI UNE GRECE INDUSTRIELLE, c'est d'abord parce que les Grecs l'ont voulue.

Les historiens sont à peu près d'accord pour fixer les étapes de sa construction moderne : un premier essor dans les années 1860-1875, dont l'usine de première transformation du plomb argentifère extrait des mines du Laurion est l'exemple le plus significatif, accompagné par les ateliers plus modestes mais déjà denses d'Hermoupolis et du Pirée, minoteries, tanneries, filatures de coton, ateliers de mécanique. Un deuxième élan la soulève, peut-être plus conscient et plus innovant, dans les années 1896-1912, à l'occasion de la 2è révolution industrielle, lorsqu'un bel ensemble de grands entrepreneurs prend des initiatives dans la chimie des engrais et des peintures (Lipasmata, Chropei), dans celle du ciment (Titan, Aget), dans la transformation des raisins en vins et alcools (EEOO[45]), dans l'électricité (Sté Electrique Grecque). Entre deux guerres, de 1923 à 1939, nourrie de la main d'œuvre et du savoir-faire des réfugiés d'Asie Mineure, l'industrialisation franchit une troisième étape et se généralise, malgré les perturbations politiques. Un fil rouge relie ces différentes poussées, celui de la modernisation de structures sociales archaïques par l'industrialisation. La « Grande Idée » initiale se nourrit ensuite des échecs et désastres de l'entre-deux-guerres puis de la 2è guerre mondiale et de la guerre civile. Des deux côtés de la barrière idéologique, de semblables programmes d'industrialisation sont esquissés, qu'adoptent les experts des programmes d'assistance, anglais puis américain.

Cette évolution se déroule dans le cadre d'une économie libérale. La libre entreprise des agents économiques, décrite par les Classiques, est le ressort d'une division continue du travail et la raison d'un libre échange entre eux.

---

[44] Adam Smith: "Enquête sur la richesses des nations." 1776. Livre I, chapitre 2 et Livre IV chapitre 2

[45] Société Grecque des Vins et Alcools

En Grèce, dans le cadre de l'ouverture progressive au Grand Marché européen, les agents, exploitant les avantages naturels liés à leur localisation, se sont spécialisés dans leurs points forts et dans des modes de production liés (type travail à façon et sous-traitance). Ils ont participé ainsi à une construction toute libérale de l'économie.

Il ne s'agit évidemment pas d'ignorer le poids de la puissance publique dans l'économie et ses interférences dans son fonctionnement. Mais l'Etat Grec ne précède pas ici l'initiative privée. S'il se veut un acteur déterminant, affirmant son autorité face aux acteurs privés, il ne conteste jamais le principe d'une économie libérale, même dans ses rhétoriques extrêmes. Il signe et applique les traités d'adhésion à la CEE et d'union à l'UE et à l'Euro zone. Dans le grand changement idéologique des années 70, il désarme son bras économique et se plie à la mondialisation.

A vrai dire, L'Etat n'est libéral qu'en apparence. Il cède facilement aux intérêts privés qui cherchent à limiter l'accès à leur marché. De plus il est souvent détourné du sujet par les particularités de son rapport au citoyen et par son impossible réforme. Il peine à former une action réfléchie et volontaire en faveur de ce secteur. S'il n'y est jamais un obstacle dirimant, c'est bien lentement et avec retard qu'il en découvre les vertus.

Pour rendre compte de la réalité de la division industrielle du travail en Grèce, de la « main invisible » qui pour Adam Smith guide ses agents vers le produit actuel, on s'est attaché d'abord à situer l'industrie grecque dans sa profondeur historique, pour mieux en comprendre la structure et les conditions. L'ampleur des bouleversements intervenus depuis la 2ème Guerre Mondiale conduit à limiter l'analyse à cette période, 1950-2014, où s'est vraiment construite une base industrielle significative. « Entre l'Etat et le Marché », pour reprendre le titre du livre de Panos Kazakos, cette histoire épouse étroitement celle de l'industrie en Europe et dans le monde, celle d'un détachement progressif de l'emprise de l'Etat. Le choix des dates-étapes, 1950, 1980, 2008, 2014, résulte en partie des données disponibles.

Ce qui frappe, c'est d'abord la croissance considérable de ce secteur dans les 64 années passées, et, si l'on veut bien se placer dans la longue durée, la crise récente ne l'affecte qu'à la marge. C'est ensuite la transformation de son contenu par branche, caractérisé par le double effondrement du textile-habillement et de la construction, et par la montée régulière de l'énergie et de l'agroalimentaire. Cette transformation porte sur la moitié d'un PIB industriel dont le volume a *doublé* dans la période. Ce que l'on a perçu comme une désindustrialisation correspond ainsi plutôt à un renouvellement des produits dont l'évolution technologique fournit une bonne explication, celle d'un processus simultané de destruction et de création de richesses.

La Grèce industrielle de 1951

Quelle est la situation au début des années 50 ? A l'issue de la guerre civile, malgré une grande confusion, avec l'aide des Anglais puis des Américains (mission Porter, Plan Marshall, grands travaux, grands projets agricoles et industriels), le pays s'est déjà en partie reconstruit. La dévaluation de 1953 assainit pour trente ans la situation monétaire, cependant que Constantin Karamanlis, ministre depuis 1948 (Transports, Prévoyance jusqu'en 1950, puis travaux publics de 1952 à 1955), devient pour longtemps Premier Ministre, de 1955 à 1963, puis de 1974 à 1980.

Il est possible de dessiner une image statistique à l'aube des années 1950, mais presqu'impossible de la comparer soit aux années précédentes (1928-1930), soit aux années suivantes (1960-1980). Plus que l'état du savoir statistique, l'étendue des désastres de la guerre et les difficultés des recensements dans une période encore sensible, les variations extrêmes de prix et de change, en sont la raison. Aussi se contentera-t-on de quelques éléments indicatifs.

Le PIB de 1951 s'élève selon les Comptes nationaux à 53 milliards de drachmes[46]dont 28.8 % pour le secteur agricole, 20.1 % pour le secteur industriel et 51.1 % pour le secteur des services. Les commentateurs s'accordent pour dire qu'à cette date, il a retrouvé son niveau de 1937, mais on manque de données vraiment comparables. Si l'on analyse le PIB industriel par branche, on voit que les gros bataillons sont ceux de l'agro-alimentaire, du textile-habillement et de la construction. Matériaux de construction, métallurgie- mécanique et énergie comptent pour peu[47]. Les exportations sont essentiellement alimentaires ou minières. Le taux d'investissement est de 20 % du PIB, concentré à 58 % sur la construction. La base industrielle demeure bien modeste, la valeur ajoutée à des produits primaires est faible.

---

[46]ELSTAT, Annuaire de 1954

[47]Respectivement 16, 29 et 25 % pour les premiers et 4.5, 8 et 4% pour les seconds.

L'emploi est aussi un bon indicateur du niveau de développement industriel en 1951. Dans une population active en faible progression, l'emploi agricole a déjà décliné au profit de l'industrie et surtout des services. Le taux d'emploi féminin reste stable, si l'on tient compte du fait qu'il est sans doute mieux enregistré en 1951. Il croît surtout dans les services. La Grèce est un pays encore rural, mais le glissement vers l'industrie et les services est déjà amorcé.[48]

Dans le détail, la répartition par branche de l'emploi industriel montre une concentration forte dans le textile et l'habillement, qui s'accroît dès 1951 (près du 1/3 du PIB industriel), dans l'agro-alimentaire (dans lequel la transformation du tabac occupe une place encore importante), la construction (probablement sous-évaluée). Si l'on regroupe les mines, la métallurgie et l'industrie mécanique, la part dans l'emploi est faible mais n'est pas négligeable et croissante. La place des femmes est importante mais très spécialisée : 8.5 femmes sur 10 travaillent dans l'agro-alimentaire et le textile, branches dans lesquelles l'emploi féminin représente près de la moitié de l'emploi total.

Ces données sur l'emploi, comparées à celles du PIB, révèlent que la productivité par secteur est faible dans l'agriculture, moyenne dans l'industrie, plus forte dans les services, caractérisant une faible et insuffisante modernisation des équipements dans l'ensemble de l'économie.

La Grèce de 1951 est un pays d'entrepreneurs indépendants. Chefs d'entreprises, travailleurs indépendants et aides familiaux représentent encore 62 % de la population active, venant de 75 % en 1928. Le poids de l'agriculture l'explique sans doute, mais l'entreprise indépendante est bien présente dans l'industrie, même s'il faut y distinguer travail à façon du textile et artisans du bois, du cuir, de la pierre ou du métal. Le salariat prend une place grandissante dès 1951, surtout dans l'emploi féminin, et si c'est le cas de l'industrie, ce l'est encore plus des services. Les aides familiaux, en nombre limité dans l'industrie, sont évidemment importants dans l'agriculture et c'est dans l'emploi féminin que leur part décroît le plus vite.

---

[48]La population active passe de 2.415.078 en 1928 à 2.597.640 personnes en 1951 hors non dénommés et sans profession. La part de l'agriculture passe de 61 à 51 %, celle de l'industrie de 18 à 20 % et celle des services de 21 à 28 %. La fraction sans profession comporte un grand nombre de femmes, en particulier dans l'agriculture, ce qui fausse un peu les chiffres, d'autant que les sans profession de 1928 sont reclassées en inactifs en 1951. Le taux d'emploi féminin est de 28 %.

Les entreprises sont le moteur de l'industrialisation et l'annuaire de l'ESYE de 1954 décrit de manière relativement précise leur organisation. Hors mines, construction et services publics de l'eau et de l'électricité, on recense dans l'industrie en 1951 66.465 entreprises employant 296.169 personnes[49]. Les gros bataillons se situent dans le textile et le cuir (40 %) et l'agro-alimentaire (22.5 %), mais aussi dans la métallurgie et la mécanique (15.9 %). Bois papier édition, chimie et matériaux de construction se partagent le solde. Ce qui est intéressant, c'est que 9 entreprises sur 10, qui emploient chacune moins de 5 salariés, emploient plus du tiers de la force de travail industrielle, légèrement plus que celles (1 sur 10), qui emploient plus de 50 salariés : contraste fort entre les premières, dont 42 % n'emploient qu'un seul salarié et le petit nombre des secondes, 520, qui constituent le fer de lance de l'industrie.[50] Ces structures sont presqu'inchangées par rapport à 1930.

Enfin, en 1951, l'industrie demeure très concentrée sur ses territoires anciens, l'ensemble Athènes-Le Pirée, Salonique, Patras, plus généralement l'axe PATHE[51]. Cela ne fait pas du reste du pays un désert et bien des villes moyennes comme Volos (minoterie, mécanique, tabac), Kalamata (agroalimentaire, textile), Agrinio (tabac), Naoussa, Edessa (textile), Kastoria (fourrure), Kavala (tabac), Serrès (agroalimentaire, textile), résistent à l'attraction du centre. De plus, la petite entreprise, employant moins de 5 salariés, est diffuse sur l'ensemble du territoire, et c'est la grande qui se concentre sur l'axe PATHE et en particulier l'Attique.

Telle est, autant qu'on puisse l'appréhender, la situation de l'industrie grecque au terme des hostilités et au début des « Trente Glorieuses ».

Les Trente Glorieuses 1951-1981

A l'effort de reconstruction qui s'achève en 1951, succède une longue phase de croissance. Pendant trente ans, l'industrie grecque se développe au rythme des tigres asiatiques : elle réussit comme en France à la fois le rattrapage des retards et des destructions et la généralisation de la 2ème révolution industrielle. Elle construit une base industrielle solide et durable.

---

[49]En 1930, à peu près le même nombre d'entreprise employait 211.897 personnes

[50] Parmi elles, 90 sont cotées en Bourse et la plupart revêtent la forme de SA. En 1930, elles étaient 441, dont 70 cotées en Bourse.

[51]PAtras, Athènes, THEssalonique.

Elle participe au vaste mouvement européen de reconstruction et de croissance et ne s'en distingue que par sa vivacité.

Pour conduire cette croissance, les projets politiques sont nombreux. Les débats ouverts avant et pendant la guerre, qui opposent les communistes de la commission économique de l'EAM, dirigée par Dimitris Batsis[52], aux autres économistes socialistes ou libéraux progressistes, comme Varvaressos, Angelopoulos, Koubelis, Zolotas, Tsatsos, Papaligouras, les trois derniers conseillers proches de Constantin Karamanlis, n'ont pas perdu de leur intérêt. Ils s'organisent sur les lignes opposées du Communisme et du rapprochement avec l'Europe.

Ils partagent avant tout la conscience du retard de l'économie grecque, du sous-emploi de la population, notamment rurale, accablée par une grande misère, de la faillite des élites. Batsis s'appuie sur les analyses techniciennes de la production d'électricité hydraulique, de sa localisation (fleuves Achéloüs et Aliakmon) et de sa distribution et sur celles de l'exploitation combinée des ressources minières -bauxite, lignite et ferronickel. Karamanlis crée en 1950 l'Entreprise Publique d'Electricité, qui rachète progressivement les actifs des compagnies privées d'électricité. Il utilise cette source d'énergie pour fonder un ambitieux programme d'industrialisation, qui voit la création du complexe minier de Ptolemaïda en Macédoine occidentale, de l'usine d'aluminium d'Aspra Spitia sur le golfe de Corinthe et de celle de nickel de Larymna sur le golfe d'Eubée, en Phtiotide. Les parallèles avec le programme de l'EAM sont nombreux.[53]

Ils partagent aussi la vision de l'Etat comme acteur et organisateur de la croissance. Le parallèle avec la France, avec l'Union Soviétique, sont évidents. Leurs modèles inspirent l'organisation nouvelle du développement économique, la planification centralisée structurée par les nouvelles méthodes de comptabilité nationale (matrices inputs-outputs de Léontieff) et dirigée par la puissance publique, qui n'hésite pas à user de nationalisations ciblées des moyens de production. La divergence avec la commission de l'EAM, reflétant celle de la guerre froide, porte sur le régime des libertés et

[52]Batsis, Dimitris, op cité. EAM : Front de Libération Nationale, fondé en 1941 à Athènes, sous l'égide du Parti Communiste.

[53]Voir Bitros, Georges et Karayannis, Anastasios : « *Les origines socialistes du libéralisme en Grèce* ». Revue Science et Société, tome28 2011-2012, p.167, Edition Sakkoulas, Athènes. Dans ce texte, les auteurs rappellent la participation de Zolotas, Tsatsos et Aggelopoulos à la Société d'Etudes Socialistes pendant l'Occupation. Constantin Karamanlis et Georges Papandreou en ont été membres.

le niveau d'indépendance, sur l'étendue des nationalisations et du recours aux capitaux étrangers, et sur le caractère obligatoire ou indicatif de la planification.

Deux modèles d'industrialisation s'affrontent. Les communistes comme les membres de l'Union Socialiste affirment le primat de l'industrie lourde sur le développement agricole : métallurgies de l'acier, de l'aluminium, des autres métaux non ferreux (cuivre, plomb, nickel), chimie du pétrole (engrais, carburants), production d'électricité (grands barrages couplés à des systèmes d'irrigation et à des centrales électriques, construction de centrales thermiques alimentées par les gisements de lignite et le pétrole), cimenteries. Les seules réserves sur ce modèle viennent de Varvaressos et de Kouvelis[54]. Partant du sous-emploi, ils montrent que le développement de l'agriculture satisfait mieux l'élévation du niveau de vie en améliorant la productivité agricole et en ralentissant, sans le supprimer, l'exode rural, que celui de l'industrie légère permet mieux que l'industrie lourde d'absorber la main d'œuvre ainsi libérée, que la construction de logements satisfait un besoin immédiat, enfin que l'ensemble favorise l'équilibre de la balance extérieure. Ils penchent pour l'achèvement de la réforme agraire, les grands travaux d'assèchement et d'irrigation, les usines d'engrais, la construction de logements et le développement des industries légères (d'ailleurs existantes) qui leur sont liées - agroalimentaire, machines agricoles, équipement du ménage.

Les grands modèles aident sans doute à mieux concevoir l'action, mais celle-ci se développe en pratique de manière plus opportuniste : toutes les solutions sont mises en œuvre à la fois. La réforme agraire, processus ancien en Grèce, se poursuit avec l'expropriation de terres appartenant à l'Eglise ou à la société de Lesini[55] dans le delta de l'Achéloüs, et la répartition de celles issues des marais asséchés comme le lac Copaïs, avec le développement des coopératives et du crédit agricole. Karamanlis recourt aux capitaux étrangers pour installer des industries légères plus « *labor intensive* » (à forte intensité de travail) que l'industrie lourde et favoriser le retour au plein emploi. Il encourage la construction de logements, seul marché intérieur important à cette époque. Certes, la construction absorbe des ressources d'investissement

---

[54]Varvaressos, Kyriakos, op.cit. Kouvelis, Nikos : « *L'économie énergétique de la Grèce* ». Athènes, 1944 et « *Capacités industrielles et Politique énergétique en Grèce.* » Aetos, Athènes, 1945.

[55] La Société Agricole de Lesini, créée en 1932 par Epaminondas Charilaos et propriétaire d'environ 4000 ha le long de l'Acheloüs, est expropriée en 1952 par le gouvernement Karamanlis.

qui pourraient être mieux utilisées pour le développement d'une industrie mécanique lourde ; mais elle satisfait le besoin criant issu de l'exode rural et de la guerre civile et elle entraîne l'essor des produits de base non métalliques (ciment et autres matériaux de construction) et des biens d'équipement de la maison. L'important, c'est que l'Etat accompagne le développement et s'y intéresse.

Les données des enquêtes industrielles d'ELSTAT confirment un développement extrêmement rapide. La valeur de la production industrielle sextuple en 20 ans (aux prix de 1958). Celle de la production agricole double et celle des services triple dans le même temps. L'évolution des trois secteurs est conforme aux modèles habituels, baisse de la part de l'agriculture, encore élevée en 1979, montée rapide de la part de l'industrie, évolution plus lente des services, accentuée en fin de période.

Tableau 1. Evolution du PIB par secteurs 1950-1979, en millions de drachmes *(aux prix de 1958)* et en %.

	1950	%	1960	%	1970	%	1979	%
Agriculture	15250	28,80	22281	24,98	33173	18,92	54378	13,38
Industrie	**10629**	**20,08**	**23867**	**26,76**	**59984**	**34,21**	**138871**	**34,16**
Services	27066	51,12	43044	48,26	82183	46,87	213258	52,46
Total	52945	100,00	89192	100,00	175340	100,00	406507	100,00

Source : ELSTAT, comptes nationaux[56]

L'analyse par branche des valeurs relatives donne une image plus précise de la transformation profonde des structures de l'industrie en Grèce. Elle révèle le poids considérable du textile- habillement et de la construction en début de période (53 % du total), celui de l'agro-alimentaire, celui de la filière mines- métaux- produits métalliques. Elle révèle aussi la faiblesse des branches produits non métalliques, énergie électrique, industries du bois, papier, ameublement et celle de la chimie. Mais dès 1979, les industries traditionnelles du textile, du bois et de la construction sont en recul prononcé (de 15.3 points). L'agro-alimentaire enregistre le déclin rapide de l'industrie du tabac. La chimie poursuit son développement, ainsi que l'énergie. Les branches mines- métaux-produits métalliques et matériaux de construction représentent désormais presque le quart de l'ensemble.

[56] 1950 et 1970 sont exprimés aux prix de 1958, 1979 aux prix de 1970.

Les réussites de ce modèle sont incontestables et plusieurs sont durables : l'entreprise publique d'électricité, exploitante des complexes de Ptolemaïda (mines de lignite, centrales thermiques, usine d'engrais azotés Liptol) et de Megalopolis (lignite) et constructeur des grands barrages sur l'Achéloüs, l'Aliakmon et le Louros ; le complexe métallurgique et minier d'Itea (bauxite, alumine et aluminium) ; les usines d'engrais phosphoriques de Nea Karvalis et d'engrais azotés de la Lipasmata à Salonique ; les raffineries publiques d'Aspropyrgos et privée d'Esso-Pappas à Salonique ; les sucreries de Larissa et de Serrès ; les chantiers navals de Scaramanga (groupe Andréadis) et d'Elefsina (Niarchos) près d'Athènes, les usines sidérurgiques d'Elefsina et d'Aspropyrgos (Chalyvourgiki et Elliniki Chalyvourgia), et l'usine de nickel Larko à Larymna (groupe Bodosakis).

Tableau 2. PIB industriel, évolution des parts de branches entre 1950 et 1979 en %.

En %	1950	1960	1970	1979
Agroalimentaire	*16,3*	*14,6*	*11,7*	*12,1*
Textile, Habillement, Cuir	*28,8*	*19,5*	*13,9*	*17,4*
Bois, Ameublement	5,8	5,5	5,3	4,5
Papier impression	2,4	2,7	3,1	2,6
Chimie	*3,1*	*6,7*	*8,6*	*8,3*
Produits non métalliques	4,5	4,2	4,7	5,4
Mines-Métaux-Prod Métal	10,3	15,7	20,2	18,2
Production électricité-gaz	*4,2*	*5,4*	*7,6*	*9,4*
Construction-Trav.Publics	*24,6*	*25,7*	*24,8*	*22,0*
Pibindustriel	100	100	100	100
Pib industriel/PIB total	**20,1**	**26,8**	**34,2**	**34,0**

Source : ELSTAT, Annuaires

L'Etat est un acteur clairement déterminant, à la fois par la maîtrise et l'orientation des sources de financement (encadrement du crédit, taux d'intérêt, Banque d'investissement ETVA, avantages fiscaux, prix de l'électricité) et par l'intervention directe (Entreprise électrique DEI). Mais il ne remet pas en cause l'initiative privée et il encourage le recours au capital et aux techniciens étrangers pour favoriser la modernisation du pays, comme Pechiney, Saint-Gobain, Dow Chemical, Pirelli, Continental, Krupp, Siemens, souvent au moyen de joint-ventures. Plusieurs de ces entreprises passeront plus tard entre les mains d'investisseurs grecs.

Tasos Giannitsis[57] a souligné le taux annuel très élevé d'investissement (FBCF) qui caractérise l'économie de cette période, de l'ordre de 20 % de 1958 à 1980, avec un pic pendant la décennie 1964-1974. Ces investissements sont concentrés sur les branches énergie-transports-communications, construction et transformation.[58] L'industrie de transformation (hors électricité et construction) est alimentée par leur croissance rapide. Agroalimentaire, textile et matériaux de construction s'en partagent la moitié, les 2/3 si l'on inclut chimie et métallurgie. Les autres pays de la Communauté Economique Européenne concentrent au même moment leurs investissements plutôt sur la chimie, la métallurgie, les machines et matériels.

Iordanoglou et Bellas[59], à partir des bilans de sociétés stockés par la société ICAP, montrent entre 1963 et 1973 la diminution du nombre des entreprises déficitaires et la croissance forte des profits des sociétés industrielles, multipliés par 6 pour les industries de transformation, et par 11 pour la construction. Ils citent parmi les leaders Aluminium de Grèce, Petrola Hellas, Ellinika Diylistiria (Raffineries Grecques) et Chalybourgeia Voriou Ellados (Aciéries du Nord de la Grèce). Textile, chimie et matériels de transport cèdent la place à la métallurgie, au bois, aux matériaux de construction, aux produits métalliques et aux machines. Le rendement des fonds propres augmente dans le même temps de 13.5 à 19 % dans les industries de transformation, ce qui explique l'importance de l'autofinancement, essentiel aux investissements. Certes, les profits régressent des deux tiers dans les années 1974 à 1981, par l'effet des chocs pétroliers, mais ils restent positifs, sauf dans les branches du textile, du papier et des matériels de transport. La part des sociétés déficitaires augmente cependant de 18 à 30 % et leur endettement s'accroît considérablement. Les cas de Peiraïki et de Velka (textile), Pyrkal (armes et munitions), Larko, Nafpygia Elefsinas (chantier naval), Fix (bière), Chropi (peintures) et Athinaiki Chartopia (papier carton) sont emblématiques de ces déficits.

Ce modèle est considéré aujourd'hui comme périmé, alors que plusieurs fleurons actuels de l'industrie grecque en sont le produit. Il était relativement diversifié, reposant plus sur le coût de la main d'œuvre que sur sa qualité. Il palliait le niveau insuffisant de compétence des ouvriers par un recours

[57]Giannitsis, Tasos : op. cité
[58]Augmentations de respectivement 28 %, 30 % et 14%.
[59]Iordanoglou, Chrysaphis et Bellas, Christos : op. cité.

massif aux entreprises et techniciens étrangers, ceux-ci assurant la formation dans le pays d'origine (Péchiney à Saint Jean de Maurienne) ou sur le tas. Il ne palliait l'excédent de main d'œuvre qu'au prix d'une émigration forte vers l'Allemagne.

Ce modèle a subi le double choc de l'ouverture au grand marché européen et d'un rattrapage social indispensable mais peu soucieux des réalités économiques.

Les deux phases du processus de destruction créatrice, 1981-2008

La perte de visibilité de l'industrie dans l'espace économique, comme dans la théorie, coïncide avec le tournant libéral des années 1970 dans le monde occidental. Au cours de cette 2ème période, qui commence avec l'arrivée au pouvoir du PASOK et de son leader Andreas Papandreou en 1981 et s'achève à la veille de la crise en 2008, le pays semble dans un premier temps renoncer à ses acquis, préférant rattraper le retard social accumulé dans la période précédente. La perte de compétitivité liée à la montée des salaires et des charges sociales provoque un ralentissement de l'activité que l'on a qualifié de désindustrialisation. Mais le pays adhère en même temps au Marché Commun, puis à l'Euro zone et prépare les Jeux Olympiques. Il connaît de 1996 à 2008, à nouveau, une longue phase de croissance. Ainsi, cette période complexe, et, me semble-t-il, encore mal étudiée, se subdivise autour de 1996 en deux sous-périodes, avant et avec le gouvernement Simitis.

A vrai dire, les choses sont moins tranchées : les nationalisations effectuées par le PASOK à partir de 1981 ont été précédées par celles effectuées par Karamanlis à partir de 1974, et c'est le PASOK de Simitis qui, au-delà de 1996, reprend le mouvement de privatisation de l'économie amorcé en 1990 sous le gouvernement de K. Mitsotakis.

Il semble que le débat n'est pas encore ouvert sur la nature de la transformation que subit l'industrie grecque dans cette période. Les analystes évoquent plutôt un processus de désindustrialisation de l'économie grecque, là où je pense plutôt à un processus de « destruction créatrice » à l'œuvre dans l'industrie. Il est d'ailleurs commun à tous les pays de l'Union Européenne.

Ce processus s'est déroulé en deux temps. Dans un premier temps, de 1981 à 1996, on peut parler plutôt de désindustrialisation, résultat de la hausse brutale des coûts de production causée par les deux chocs pétroliers, des augmentations de salaires et de charges sociales, et de l'inflation galopante qui en résulte. Dans un deuxième temps, de 1996 à 2008, l'industrie liquide le passé - un bon nombre d'entreprises sont privatisées - s'adapte à l'évolution technologique et profite de la stabilisation financière et du grand marché européen pour renouveler ses produits.

Pour analyser ces évolutions, la Comptabilité Nationale ne fournit que des données discontinues. Les données de PIB et de FBCF en drachmes, à prix courants et constants ne sont disponibles qu'à partir de 1988. Et ces données sont difficilement comparables à celles de la période précédente en raison même de l'inflation et de la dévaluation continue de la drachme qui caractérise l'intervalle entre 1981 et 1988. On dispose en revanche de 1995 à 2014 de données, en euro, continues et cohérentes, révisées sur la base des recommandations d'Eurostat (ESA 2010), fruit des réformes engagées en 2010. Les données existantes sont cependant indicatives des évolutions, sinon en valeur absolue, du moins des poids relatifs des branches et secteurs.

Les années perdues : 1980-1995

Le régime social des années 1950-1974 avait été un régime de privation des libertés syndicales, culminant avec le régime des colonels de 1967 à 1974. Les années de la Metapolitefsi qui suivent, sont celles du changement politique (nouvelle Constitution, levée de l'interdiction du parti communiste, rétablissement des libertés syndicales), puis à partir de 1981 celles du rattrapage social.

Ces années sont marquées par la difficulté de maîtriser l'incohérence majeure entre adhésion au Marché Commun et rattrapage social. La première, décidée sous la présidence de Karamanlis, et mise en œuvre, souvent contre les dirigeants du PASOK, par les équipes de Kostas Simitis, successivement ministre de l'Agriculture de 1981 à 1985, des Finances de 1985 à 1987 et de l'Economie nationale de 1993 à 1995, conduit à l'abaissement rapide des barrières douanières. Le second conduit à une élévation des charges salariales et sociales des entreprises et à un déficit des finances publiques, qui aggravent le déficit des comptes extérieurs et découragent les investissements au moment où ils sont sans doute les plus nécessaires. La Grèce entre dans un cycle d'inflation à deux chiffres et le taux de chômage s'élève à 7%.

C'est un lieu commun de l'époque que d'attribuer aux contraintes européennes la cause de la désindustrialisation du pays. On le retrouve énoncé par Louka Katseli (directrice alors du KEPE), Andréas Papandréou, Tasos Giannitsis et Nicolas Kitsikis. Les entreprises grecques sont considérées comme fragiles, incapables de faire face au grand marché en raison de leur retard technologique et de leur petite taille. Dès 1962, Nicolas Kitsikis, affirme que « c'est une utopie que toute tentative d'assurer le développement et l'industrialisation de notre production au profit de la Grèce et non à celui des monopoles ». Remarques qui rappellent les discours, récurrents tout au long de l'histoire industrielle du pays, sur l'incapacité « congénitale » des entrepreneurs grecs à réaliser une activité industrielle.

Achilléas Mitsos[60], témoin et acteur des négociations sur la suppression des barrières douanières et des obstacles divers aux échanges intra-européens, a montré les réticences et les retards dans leur mise en œuvre. Il a montré aussi que l'augmentation des importations n'est pas la conséquence directe de l'ouverture à la concurrence européenne, retardée au moins jusqu'en 1985 et alors étalée jusqu'en 1990, mais de la détérioration de la compétitivité due à la relance de la demande, à l'élévation des salaires et des charges et au recul de l'investissement productif.

Comme en France au même moment, l'Etat entend accentuer son emprise sur le développement et construire un ensemble industriel autonome. Il va à contre-sens à la fois des deux « révolutions » reaganienne aux Etats-Unis et thatchérienne en Grande Bretagne et des principes d'organisation du Grand Marché Européen. Au moment où le néo-libéralisme anglo-saxon insiste sur le désarmement économique de l'Etat, considéré, dans la pure tradition d'Adam Smith, comme inapte à la prise de décision, Français et Grecs cèdent aux revendications syndicales et mettent en place des programmes sociaux (augmentation des salaires minimaux de 40 % en 1982, régimes de retraite, négociations collectives), et un vaste programme de nationalisations des banques et des grands groupes industriels. En Grèce, celles-ci concernent 230 entreprises et 208.000 employés, allant des reprises par l'Organisme de

[60]Mitsos, Achille : « L'industrie grecque dans le marché international » Editions Themelio Athènes 1985

restructuration des entreprises (OAE) et par ETVA[61], à la nationalisation du groupe Andreadis, et aux acquisitions par les filiales de la banque Agricole (ATE) et de la banque Ethniki. Ces nationalisations consistent souvent à maintenir à flot des entreprises non viables (Piraiki Patraiki, Chantiers navals de Scaramanga et d'Elefsina). Les structures administratives et syndicales qui sont créées étendent le système clientéliste, qui fait obstacle à toute adaptation. En résultent une inflation à deux chiffres, la destruction des capacités d'autofinancement et le ralentissement du rythme d'investissement.

La réalité, comme en France, rattrape l'illusion lyrique. La compétitivité des entreprises a été durablement dégradée. En 1985, la crise des paiements extérieurs contraint la Grèce à un premier plan de stabilisation, élaboré par K. Simitis, alors ministre des Finances. Le soutien de la drachme qui résulte des « paquets Delors » contribue certes au rétablissement financier, au prix toutefois d'une réévaluation de la monnaie. Mais le refus de la discipline budgétaire et monétaire conduit Simitis à la démission en 1987. En 1989, les incertitudes politiques liées au scandale Koskotas ramènent le pays au bord de la faillite. La Commission Européenne subordonne son soutien à la mise en place d'un nouveau plan de stabilisation. Aux élections de juin 1989, puis d'avril 1990, la droite revient au pouvoir, et, après une transition difficile, y installe Constantin Mitsotakis d'avril 1990 à octobre 1993, pour appliquer un programme libéral de stabilisation et de privatisation. De nouvelles approches économiques sont ébauchées dans le cadre du Comité d'experts présidé par Angelos Angelopoulos[62], auquel participent des keynésiens de gauche, comme Papadimos, Thomadakis et Giannitsis et un libéral comme Provopoulos. Son rapport est remis le 6 avril 1990 : programme appliqué partiellement et remis en cause par le retour de Papandreou au gouvernement en octobre 1993.

Les effets de cette politique économique sur l'industrie sont doubles. D'une part, le taux de croissance du PIB, et particulièrement du PIB industriel, décroche par rapport à la période précédente. Entre 1980 et 1994, le premier croît, en prix de 1970, seulement de 23 %, soit de 1,6% par an et le second n'augmente que de 6.6 %, soit de 0.4 % par an. Le résultat ne reste positif qu'en raison de la forte croissance de la production d'électricité et de la

---

[61]ETVA, Banque Hellénique de Développement Industriel, fondée en 1964 après fusion de OTΠ, OXOA και OVA, rachetée par la Banque du Pirée, qui gère encore ETVA VIΠE (Zones Industrielles)

[62] « Rapport sur la Stabilisation et le développement de l'Economie Grecque », Editions ETVA Athènes Avril 1990

branche gestion des eaux et des déchets. Des branches entières perdent de la valeur, comme le textile, l'habillement, le bois-ameublement, les matériaux de construction, les produits métalliques et électriques, les machines.

D'autre part, le niveau des investissements, mesuré par la FBCF aux prix de 1970, diminue de 1980 à 1987, de 21 %, celui des investissements privés de 26 %. A partir de 1988 et surtout de 1990, le niveau de la FBCF se redresse pour retrouver son niveau de 1981, grâce principalement aux investissements publics (+ 34 %), mais les investissements privés de 1994 demeurent inférieurs de 9 % à ceux de 1981. Dans le détail, les investissements dans les industries de transformation et les mines diminuent de 10 %, ceux de la construction de 39 %. C'est désormais dans les services que le pays investit (+45%).

Tasos Giannitsis observe cette phase, « dans laquelle la demande intérieure, en raison de l'amélioration des conditions de vie, s'éloigne des modèles anciens de consommation et où le marché international est marqué par le déplacement des industries traditionnelles vers des pays en développement à bas coûts de production »[63]

La « désindustrialisation » est le résultat de ce traitement social irréaliste de l'économie. La fermeture des grandes entreprises textiles, Piraiki, Lanara, Retsina, plus tard de nombreuses petites entreprises de confection en sous-traitance installées entre rue du Pirée et rue de Salonique, ou à Salonique (délocalisées en Bulgarie), ponctue l'effondrement de la part du textile dans le PIB industriel. Le mouvement de fermetures est plus grave dans les branches du bois, de l'ameublement, du papier (papeterie d'Aigio), de la chimie des engrais (Lipasmata à Drapetsona, AEVAL anciennement Liptol à Ptolemaida, absorption de Industries Chimiques du Nord de la Grèce par VPhL[64] créée en 1961 à Nea Karvalis), des explosifs (Pyrkal au centre d'Athènes) des couleurs (Chropei) et des constructeurs de machines (Koupas en 1989).

L'étude de Iordanoglou et Bellas confirme cette situation. Les rythmes d'évolution des actifs privés entre 1981 et 1992 sont négatifs dans le secteur secondaire, dans presque toutes les branches, sauf dans l'agro-alimentaire, l'énergie et la construction. En ce qui concerne les profits, le rendement des fonds propres et la part d'entreprises déficitaires, il faut distinguer deux

[63]Opus cité.
[64]Industrie d'Engrais Phosphoriques

périodes, 1980-1985 et 1986-1992, qui dessinent une courbe en U, la première aggravant la dégradation constatée depuis 1974, la deuxième enregistrant un net redressement. Globalement, en 1992, les profits et le rendement des fonds propres sont en hausse par rapport à 1981 et la part des entreprises déficitaires diminue légèrement. L'étude note toutefois la coexistence, dans les rares branches en progression, d'entreprises bénéficiaires et d'entreprises déficitaires, comme dans l'agro-alimentaire ou l'habillement, dualisme constaté aussi dans des branches en recul. En réalité, c'est une constante que confirment les études détaillées par branche, signe du renouvellement continu des activités et du tissu entrepreneurial, fondé sur le profit, qu'accélèrent les périodes de crise.

Au-delà de la « décennie perdue » et de la réalité des fermetures d'usines, ce qui est resté de cette époque, ce sont les friches industrielles qui jalonnent la rue du Pirée ou le bord de mer à Patras, et le sentiment d'abandon qui en résulte. La désindustrialisation est d'abord un paysage, que parcourent les habitants. Ce paysage nourrit l'imaginaire d'une mondialisation conçue comme une division nouvelle du travail qui opère au détriment du pays et jugée ruineuse.

Désinflation et rénovation industrielle : 1996-2008.

La nomination de K. Simitis au poste de Premier Ministre inaugure une nouvelle période, après une transition difficile ponctuée par le retour d'Andreas Papandreou aux élections d'octobre 1993, puis son décès en janvier 1996. C'est une phase d'expansion qui se poursuit jusqu'aux élections de 2004, et se prolonge jusqu'en 2008, au début de la crise. On y enregistre moins la disparition d'industries, qu'une transformation multiple du tissu industriel, par voie de décentralisation, de rénovation-reconversion, de création de nouvelles activités.

Cette transformation est en grande partie passée inaperçue, parce que l'intérêt de la recherche s'est déplacé vers d'autres sujets que l'industrie et parce que les sources se sont taries. De plus, la diminution de la part de l'industrie dans le PIB au profit des services a semblé justifier la désindustrialisation constatée sur le terrain.

Pourtant, d'une part, la baisse de la part du secteur secondaire est progressive et équivalente à celle constatée dans l'ensemble du monde développé et d'autre part elle n'est pas propre à une décennie perdue au cours de laquelle se serait aggravée la diminution en valeur absolue (et en volume) du PIB industriel. La part de l'industrie dans l'Union Européenne suit en effet une pente déclinante identique et la décroissance de la part relative s'accompagne à partir de 1996 d'une croissance des volumes et des valeurs de production. Enfin, ces mouvements sont inégaux, certaines branches décroissent en valeur quand d'autres connaissent un vif développement.

Pour analyser ces transformations de l'industrie au cours de cette période, on dispose de données pour le PIB de 1995 à 2008 qui semblent confirmer le déclin des deux premiers secteurs au profit du troisième, ce à quoi l'opinion commune s'est arrêtée.

Entre 1995 et 2008 le rythme de croissance en valeur absolue du PIB du secteur secondaire aux prix courants est très élevé. Il double passant de 24.7 à 55.6 milliards d'euros, et cela vaut tant pour la transformation au sens strict du terme que pour la construction. La VAB industrielle augmente au même rythme, mais à l'intérieur de la période, on observe un ralentissement entre 2005 et 2008, dû à celui de la branche énergie électrique. En réalité la VAB des industries de transformation croît de 11 %. En dehors du textile, du papier, de la chimie et de la production d'électricité, dont les rythmes de développement sont limités, toutes les autres branches doublent leur valeur ajoutée, ou la triplent comme celle du traitement des eaux et des déchets. Celle des produits pétroliers quadruple presque.

La structure de l'ensemble en est profondément transformée. Se confirme l'importance croissante de la construction (le quart de la VAB en 1995, le tiers en 2000 et 2005, 28 % encore en 2008), et son rôle d'entraînement pour toute l'économie dans toute cette période. Les parts des produits de base métalliques ou non (Mines, métaux de base et produits métalliques ou non), des biens d'équipement (produits électriques et électroniques, machines et matériels de transports, réparation), du traitement de l'eau et des déchets augmentent sensiblement. On constate au contraire le déclin des parts de l'énergie (les hydrocarbures relaient l'électricité) et de l'agro-alimentaire. Celui des industries chimiques et des industries traditionnelles (textile habillement, bois et ameublement, papier) semble continu et irrémédiable, même si certaines entreprises de la pharmacie et des matières plastiques connaissent quelques beaux succès.

Mais surtout une recréation du tissu industriel s'est produite : dans la comptabilité nationale, des branches nouvelles apparaissent et se développent : l'informatique et les services logiciels qui l'entourent[65], objet de la bulle boursière 1997-2000, le traitement des déchets et effluents qui correspond à l'émergence des préoccupations écologiques. Les industries de la pharmacie et des cosmétiques mettent sur le marché des produits nouveaux. Les investissements se multiplient, dans des formes différentes, dans les industries agroalimentaires et l'énergie. Les deux entreprises pétrolières, ELPE et Motor Oil, désormais privatisées et consolidées financièrement, développent leurs activités dans les Balkans et au Proche Orient. Le régime méditerranéen apparaît comme une construction innovante, exportatrice, culturellement créative. Le gouvernement intervient vigoureusement pour réorganiser la branche des travaux publics en 2002, dans la perspective des Jeux Olympiques, en demandant aux entreprises de se regrouper en vue d'accéder aux nouveaux classements. Il engage ainsi un processus de fusions qui, poursuivi jusqu'à aujourd'hui, aboutit à la constitution de 5 groupes de taille internationale, Hellaktor, Avax, Gek-Terna, Intrakat et Mochlos[66]. Dans les industries mécaniques, EAS (programmes d'armement) et Elvo (véhicules), un secteur vigoureux de réparation navale et Metka (constructions mécanique et ingénierie) développent des compétences variées.

L'étude de Iordanoglou et Bellas une fois encore confirme pour la période allant de 1995 à 2000 le rythme élevé de croissance du PIB (3.4% l'an) dû au freinage de la consommation et surtout à la croissance rapide des investissements (8% l'an pour l'investissement privé, 9 % pour l'investissement public). Pour les entreprises industrielles, sur la période 1992-2000, les auteurs notent la croissance des actifs, celle plus élevée encore des fonds propres, l'allègement de l'endettement externe, l'augmentation des profits et du rendement des fonds propres, enfin la poursuite de la baisse de la part des sociétés en perte. C'est l'époque de l'assainissement des entreprises industrielles relevant de l'OOAE ou des banques, par fermeture ou par privatisation. C'est l'époque aussi de la

---

[65]Voir l'étude du ΚΕΠΕ en 2011 (tome 3) des structures industrielles. Le champ des ΤΠΕ recouvre les codes NACE 26 (production), 46.5 (distribution), 58.2 (édition de logiciels), 61 et 62 (télécommunication et programmation), 63.1 (traitement des données) et 95.1 (réparation d'ordinateurs).

[66] Les dossiers de fusion déposés en janvier 2002 sont acceptés en septembre. Le nombre d'entreprises qui peuvent accéder aux 5 premières classes (sur 7) dans lesquelles il est permis de concourir aux principaux appels d'offres publics, est réduit de moitié, de 759 à 374. Seuls 15 groupes accèdent à la première classe.

transformation des grands groupes publics en sociétés par actions, une partie du capital de ces dernières étant cédée en Bourse[67] et de la dérégulation de certains marchés comme ceux des télécommunications et de l'énergie. C'est aussi le moment de la dérégulation du système financier : indépendance de la banque centrale (1997), privatisation des banques, suppression de l'encadrement du crédit, réforme du marché boursier et innovation financière (fonds communs, produits financiers, leasing et factoring). Cette transformation n'est pas remise en cause au départ de Simitis en 2004, et le mouvement de restructuration se poursuit jusqu'en 2008.

Tableau 3. Parts % des branches dans les PIB-VAB industriels grecs entre 1995 et 2008

	PIB		VAB	
	1995	2008	1995	2008
Agroalimentaire	17,5	17,5	12,9	12,7
Textile, Habillement, Cuir	6,9	5,5	6,6	3,7
Bois, Ameublement	3,6	4,2	3,5	3,8
Papier impression	4,6	2,5	5,5	3,1
Prod Pétroliers	7,2	10,5	2,5	4,7
Chimie	6,1	5,8	6,8	5,1
Produits non métalliques	4,2	3,2	4,6	4,5
Mines-Métaux-Prod Métal	8,2	9,2	9,4	11,7
Prod élect électron	3,4	3,0	2,6	2,7
Mécanique	6,4	7,8	3,8	4,6
Production électricité-gaz	8,1	5,0	10,5	6,0
Traitement eau déchets	4,1	6,5	5,6	9,2
Construction-Trav.Publics	19,6	19,3	25,8	28,3
Industrie	100	100	100	100
Industrie/Economie	26,6	23,0	21,6	17,7

Source : ELSTAT, TER

On peut ajouter que la FBCF entre 1995 et 2008 triple en prix courants (de 18.6 à 57.6 milliards d'euros) et que la part des équipements en machines et matériels de transports dans ces montants est passée de 24.6 à 39.1 %, témoignant de l'effort de modernisation consenti.

[67]A titre d'exemple : OTE (Télécommunications), Elpe (Produits pétroliers), DEI (Production et distribution d'électricité) et Eydap (Traitement des eaux d'Athènes)

Remontant la rue du Pirée, depuis les bureaux d'ELSTAT au Pirée jusqu'à la place Omonia à Athènes, on vérifie du regard la transformation d'un espace qui fut longtemps le haut lieu de l'industrie grecque. Elle est le décor remarquable d'un processus de destruction créatrice continue, son paysage en pleine mutation.

Les vestiges de nombreuses installations industrielles qui ont simplement définitivement fermé ou bien, fait moins visible, ont déménagé, y témoignent d'abord des destructions du tissu industriel.

Avec la cessation définitive de l'activité, tantôt le terrain reste en friche, en attente de règlement d'une succession ou d'une opportunité de réemploi, ou encore de montée du prix du foncier. Tels sont les terrains vides où fonctionnaient jadis l'usine Loux (lampes Osram-Siemens)au coin du boulevard Chamosterna, celle de tubes de Chalyvourgiki, anciennement Ellinika Solinourgia Angelopoulos, qui a déménagé à Elefsina après la guerre avant de fermer avec la crise, celle de Sanitas de produits pharmaceutiques installée juste après le Céphise, la tuilerie Keramikos, installée dans les locaux d'Elaïs, les usines textiles Bambax, Bellis, Aigion, Velka et Gabriil installées sur les terrains qui longent l'Elektriko à NéoFaliro.

Tantôt sur le terrain subsiste l'ancienne construction, abandonnée, parfois classée, comme Elvyn (chimie du pétrole) à Moschato, l'usine électrique de DEI à Néo Faliro, Ivi (boissons, dont le beau bâtiment appartient à la succession Finopoulos) et Chropei (peintures) au Pirée. La crise récente a ralenti le rythme de transformation, mais on sent depuis peu sur le marché un frémissement. La société hollandaise Krenke a racheté le terrain situé après le Céphise, tandis qu'en face d'ELSTAT le lycée professionnel Rallis est en construction (sur le terrain de l'ancienne Halle du Pirée) et que la société Téléperformance a élevé ses tours sur le terrain d'Elvyn.

Le déménagement de l'activité a un sens différent. De bons exemples sont ceux de Viochalko, (métallurgie, déménagée à Inofyta), Viosol (chauffe-eaux solaires, du groupe Unibios installée aujourd'hui à Volos), Vis (emballages en carton puis containers, aussi à Volos) et Vitex (peintures, du groupe Giannidis, aujourd'hui à Aspropyrgos). Elles sont encouragées par la montée régulière des prix du terrain, par les préoccupations environnementales (pollution chimique des eaux et de l'air) et par les incitations fiscales, qui les poussent à s'installer précisément au-delà des limites de la Région Attique le long de la route nationale vers Lamia au Nord et de l'autoroute vers Corinthe à l'Ouest. Ces sociétés laissent derrière elles un terrain vide ou un immeuble en ruines. L'important est qu'elles ont poursuivi, et développé leurs activités et valorisé ailleurs leurs produits, contrairement aux premières, qui ont disparu.

Parfois, les immeubles ont été rénovés, l'installation rénovée étant transformée en musée (le Fotoaerio de Gazi), en établissement éducatif (l'Ecole des Beaux-Arts dans la Filature Grecque Sikiaridis), ou affectée à un autre usage, comme la fondation Mélina Mercouri dans la chapellerie Poulopoulos (le Pilopio), en conservant l'ancien bâtiment. Le bâtiment d'origine est parfois remplacé par une construction moderne, comme le Hub Events (Usine de flanelle Palco), la fondation Cacoyannis (teinturerie Porphyra) ou le Centre du Monde Hellénique (anciennement Viosol), ou bien intégré dans la construction nouvelle comme l'usine de tissage Gavriil dans Factory Outlet.

Le souffle créateur inspire non seulement les sociétés qui ont déménagé pour développer leurs activités, mais aussi celles qui existent encore aujourd'hui à la même place ou qui ont été créées depuis 1950. Les exemples les plus notables des premières sont les deux chocolateries Pavlidis et Ion, l'huilerie Elaïs et les usines de produits de produits pharmaceutiques et de beauté Koper et Adelco. D'autres sont plus récentes comme Vido-Ferro (visserie), Tzavidas (distributeurs automatiques de monnaie), Olympic Shoe Engineering (machines pour la fabrication de chaussures), Malidakis (découpe de métaux au laser), de nombreuses sociétés d'impression (Image Works, Tzimis Printing, Vlandis Printing, Koskinidis Packaging) et de l'agroalimentaire, près de la Halle d'Athènes.

Enfin, la rue du Pirée se tertiarise surtout à proximité d'Athènes, avec l'implantation d'activités culturelles (parc de Gazi sur l'emplacement de l'usine à gaz, Musée Benaki, Fondation Cacoyannis), des grands distributeurs (Praktiker, Leroy Merlin, Kotsovolos, Metro, Sklavenitis, Veroukas), de services publics (ΕΛΑΣ, ΣΔΟΕ, ΕΛΣΤΑΤ, ΡΑΕ)[68] et surtout de services à l'industrie (Vodaphone, Cosmote, Téléperformance, CPI), reflétant ainsi l'évolution générale des structures économiques.

[68]ΕΛΑΣ : ΕλληνικήΑστυνομία (Police Grecque), ΣΔΟΕ : Δίωξης Οικονομικού Εγκλήματος (Cellule de Poursuite du Crime Economique), ΡΑΕ : Ρυθμιστική Άρχη Αποβλήτων, Ενέργιας και Υδάτων (Autorité de Régulation des Déchets, de l'Energie et des Eaux)

Pendant longtemps ce paysage marqua les esprits et il les marque encore aujourd'hui, de manière négative. Le « Manchester »[69] de la Grèce que fut le Pirée ressemble à un champ de ruines archéologiques, dont on conserve les cheminées comme des colonnes antiques et dont on restaure les restes. Mais le passé conservé ne doit pas masquer la réalité plus complexe du changement, la profonde transformation des structures industrielles, sur place ou en dehors des limites de l'Attique.

Au terme de cette période, l'industrie, loin de disparaître, a simplement subi les effets du rattrapage social et d'une gestion souvent anarchique des finances publiques. Au-delà des péripéties politiques, elle a répondu à l'évolution des techniques et des marchés et à l'ouverture à la concurrence induite par l'adhésion à l'Union Européenne, et aux injonctions de productivité qui en résultaient. De ce point de vue, l'entrée dans l'Euro zone n'est pas le fruit d'un artifice, mais l'aboutissement d'un long processus de modernisation et d'un désir réel de convergence.

Mais la maîtrise du mouvement échappe au pays dans les deux dernières années de la période. La faillite de la banque d'investissement Lehmann Brothers le 15 septembre 2008 bouleverse les conditions économiques. Le ministre des Finances, Georges Alogoskoufis (à l'image de Simitis en 1987) démissionne en janvier 2009 en désaccord sur la politique du gouvernement, qui n'allait pas dans le sens de l'équilibre des finances publiques. La crise s'étend progressivement à la consommation des ménages et des administrations avant de toucher l'industrie. Il faut en préciser les dates, l'impact sur la production industrielle, les formes et le rythme d'adaptation.

La crise financière 2008-2014

La Grèce entre au dernier trimestre 2008 dans ce qui va se révéler bientôt la crise la plus dure et la plus longue de son histoire. Si cette étude s'arrête à la fin de l'année 2014, c'est que le plus gros de la crise est alors passé.[70]L'industrie subit d'abord le contrecoup de la crise financière et adapte dès 2009 ses contenus et ses structures. Ce n'est que dans un

[69]Tsokopoulos, Vasias : « *Le Pirée 1835 1870. Introduction à l'histoire du Manchester Grec* », Editions Kastaniotis, Athènes 1984.

[70]Les évènements politiques postérieurs n'ont interrompu le redressement que provisoirement, pour quatre années de plus.

deuxième temps qu'elle enregistre l'effet des ajustements salariaux et fiscaux sur le volume du marché intérieur. Leur cumul entre 2008 et 2014 aboutit au total à un recul de 26 % du PIB industriel, en prix courants, mais comme le recul du PIB global est proportionnel, cela se traduit par une diminution faible de la part de l'industrie dans le PIB total (de 23 à 22.2%). La diminution de la part de la VAB industrielle est à peine plus accentuée (de 17.7 à 16.0 %).

Ce qui frappe dans cette période, c'est moins la perte de valeur, qui correspond en gros à l'ajustement de la demande intérieure, dont l'excès dans les années passées se reflétait dans déséquilibre de la balance commerciale, que l'accélération brutale de la spécialisation.

La perte est certaine dès 2009. PIB et VAB industriels sont affectés, alors même que le recul de l'économie demeure faible. Ils restent stables dans la branche construction comme dans celle du traitement de l'eau et des déchets. L'agroalimentaire croît. Dans la foulée des mises en activité des centrales électriques de DEI à Aliveri, d'Elpedison à Thisvi, d'Iron 2 à Thiva en 2007 et de Protergia à Agios Nikolaos en 2008, le PIB électrique et gazier augmente même de 43 %. Mais le reste de l'industrie de transformation enregistre une forte baisse de 15 % à la fois du PIB et de la VAB. Une partie de ce recul porte sur les produits pétroliers et la métallurgie de base, particulièrement sensibles à une conjoncture internationale (pétrole, aluminium, cuivre) commune à toutes les nations industrielles.

Entre 2010 et 2013, alors que la crise financière s'aggrave et que les gouvernements prennent la mesure des ajustement nécessaires, le PIB et la VAB de l'économie baissent de 7 % chaque année. Dans l'industrie, l'événement majeur, c'est l'effondrement de la construction dont le PIB et la VAB reculent aux rythmes de 18 % l'an. En revanche, agroalimentaire, produits pétroliers et chimie, mines et métallurgie restent stables. Les reculs les plus importants sont enregistrés dans le textile, le bois, l'édition et l'impression, les produits non métalliques, les produits électriques et électroniques, la mécanique et les transports, les services publics de l'eau et de l'énergie. Au total, le PIB des industries de transformation ne recule chaque année que de 5 % et la VAB correspondante que de 4 %. Dès 2013, un début de redressement se manifeste dans l'agroalimentaire, la chimie, les produits métalliques, le traitement des eaux et déchets et la VAB de l'ensemble des industries de transformation croît de 1 %.

En 2014, le PIB diminue de seulement de 1.1 %, les deux derniers trimestres enregistrant même une légère progression. La construction poursuit sa descente aux enfers, mais les industries de transformation augmentent leur PIB de 1 %. Par branche, agroalimentaire, chimie, mécanique, électricité croissent, produits pétroliers et matériaux de construction sont étales ; les autres branches ne reculent plus que de 5 %.

Perte de valeur sans aucun doute, mais en même temps accentuation de la spécialisation par branche. En valeur, l'agroalimentaire non seulement a résisté à la crise, mais il a augmenté, ainsi que l'énergie électrique et le gaz. Inversement, les industries de la construction, des matériaux de construction, du bois et de l'ameublement, ont reculé. Dans d'autres branches, on note une diminution limitée de leur VAB, comme dans la chimie, la métallurgie, la mécanique, ou la poursuite de leur déclin comme dans les industries du papier et des textiles. Dans celle des produits pétroliers, si la chute du PIB est limitée, celle de la VAB est impressionnante, 58 %. Dans les produits électriques et électroniques et dans le traitement de l'eau et des déchets, la chute du PIB est de l'ordre de moitié et celle de la VAB du tiers.

Il s'ensuit une transformation considérable dans la composition du produit industriel. Agroalimentaire, produits pétroliers, électricité et gaz, ces trois branches produisent désormais la moitié de la valeur ajoutée contre un peu moins du tiers en 2008. Il est intéressant encore de noter la part croissante de la chimie et de la mécanique. Alors que les aciéries et les installations de production d'engrais ont fermé, métaux spéciaux (aluminium, cuivre) et chimie fine (pharmacie, produits de beauté) se sont développés. Les industries traditionnelles comme le textile et l'habillement, le bois et le papier et surtout la construction et les matériaux de construction, régressent. Alors que les collectivités publiques, responsables du traitement de l'eau et des déchets, auraient pu soutenir cette activité en grand retard, qui par ailleurs est largement financée par l'UE, sa part décline.

Tout se passe comme si, sous le choc de la crise, les structures industrielles résistaient sur leurs points forts et pliaient sur leurs points faibles. Quelques filières solides et bien organisées, agroalimentaire, énergie, chimie, métallurgie, en sortent renforcées et des branches plus traditionnelles, détruites par la concurrence internationale, textile, habillement, cuir, bois et ameublement, ou saturées comme la construction, confirment leur déclin.

Tableau 4. Parts % des branches dans les PIB et VAB industriels Grecs en 2008 et 2014.

	PIB		VAB	
	2008	2014	2008	2014
Agroalimentaire	17,5	27,2	12,7	21,9
Textile, Habillement, Cuir	5,5	3,2	3,7	2,1
Bois, Ameublement	4,2	1,9	3,8	1,6
Papier impression	2,5	1,6	3,1	1,7
Prod Pétroliers	10,5	13,7	4,7	2,9
Chimie	5,8	6,7	5,1	7,2
Produits non métalliques	3,2	2,1	4,5	3,1
Mines-Métaux-Prod Métal	9,1	9,3	11,7	14,2
Prod élect électron	3,0	2,1	2,7	2,0
Mécanique	7,9	6,0	4,6	5,8
Production électricité-gaz	5,0	7,4	6,0	13,7
Traitement eau déchets	6,5	6,1	9,2	8,9
Construction-Trav.Publics	19,3	12,7	28,3	15,0

Source : ELSTAT, TER

Récapitulons.

La crise affecte toutes les grandeurs économiques. Les pertes subies dans la période 2008-2014 sont variables. Dans l'industrie elles sont à peine moins élevées. L'évolution générale est la même pour toutes les grandeurs : elles touchent le fond entre 2010 et 2012 selon le cas, leur redressement s'affirme ensuite et en 2013 ou 2014 un progrès succède souvent à la baisse.
La chute dans l'industrie dans son ensemble est due l'effondrement de la construction. Sans elle, l'industrie de transformation résiste. C'est particulièrement net pour la VAB. Les difficultés de 2012 la font replonger, mais dès 2013 un rebond est perceptible que confirment les chiffres de 2014. C'est bien en 2009 et 2010 que se fait l'essentiel de l'ajustement des coûts et marchés, puisqu'hors construction la valeur ajoutée industrielle a plongé dans ces deux années de 18 % sur les 22 % de baisse totale enregistrée entre 2008 et 2014.
Enfin, pendant ces années de crise, l'industrie de la Grèce aura précisé sa place dans la division internationale du travail.

Au terme de ces 64 années, il reste une base industrielle solide, que la crise a certes érodé, mais qui n'a pas effacé l'impressionnant développement antérieur. La part de l'industrie a décliné, mais ce déclin ne diffère en rien de la tendance générale en Europe. La crise a seulement poussé à la spécialisation de la production et au changement progressif du modèle initial. Tous ces éléments font de la Grèce un exemple particulièrement intéressant des changements intenses que connaît l'activité industrielle et de la redistribution profonde entre les secteurs en Europe.

novembre 1957 : Raffinerie de Scaramanga (Mai1964) et Centrale électrique de ΔΕΗ à Ptolemaida

Juin1965 : Inauguration de l'usine d'engrais phosphoriques de Néa Karvali en décembre 1967 et Aciérie SA :« Hauts Fourneaux en action »

décembre 1972 : Inauguration officielle du complexe de Motor Oil et septembre 1974 : Installations d'Alouminion de Grèce à Distomo en Béotie

Chapitre 2

La transformation générale du Produit industriel en Europe

Redistribution sectorielle et spécialisation

POUR PRENDRE LA MESURE DE L'INDUSTRIE GRECQUE, il faut d'abord la comparer à celle des pays de l'UE.

On a d'abord décrit dans ce cadre les spécificités et les similitudes du profil de l'industrie grecque, pour ensuite tenter mettre en évidence un modèle qui unirait les pays riverains de la Méditerranée. Si bien des produits y font penser, il reste difficile de trouver un dénominateur commun à tant de diversités et les biais de nomenclatures n'y aident guère.

On observe surtout dans l'UE comme en Grèce un déclin général du secteur secondaire au profit des services. Il ne correspond pas à un processus de désindustrialisation, mais plutôt à une transformation profonde des produits - et de leurs procédés de fabrication – que caractérisent innovation, dématérialisation et délocalisation. Dans un marché renouvelé et agrandi aux dimensions du monde, les produits se spécialisent et acquièrent une dimension culturelle qui les distingue de tout autre, distinction qui est le propre de la division moderne du travail.

Industries grecque et européennes : une première comparaison

La comparaison avec d'autres pays européens, certains de taille identique, montre que la Grèce dispose d'un appareil productif industriel sans doute moindre en valeur absolue, mais comparable en valeur relative et par-dessus tout différent.

Il n'est pas inutile de se former une idée de la taille relative de ces appareils et d'en donner quelques ordres de grandeur.

Le rapport simple des populations entre pays est d'un maniement commode. Par exemple, le rapport de la population grecque à la population française est de l'ordre de 1 à 6. Avec celle du Portugal, il approche l'unité, avec celle de l'Allemagne il est de 8 et avec l'Italie de 5.5.

De la population on peut passer au PIB. Les rapports respectifs du PIB de la Grèce en 2010 et de ceux de la France, de l'Allemagne, de l'Italie et du Portugal, sont de 1 à 8.8, 11, 7 et 0.8. Par habitant en 2010, le PIB grec ne représente que 2/3 du PIB français et un peu moins des 2/3 du PIB allemand, 3/4 du PIB italien. Celui du Portugal représente 83 % du PIB grec. Surtout, le PIB grec par tête s'approche de la moyenne de l'Union Européenne. La

France, l'Allemagne et l'Italie ont des économies certes plus avancées, ou plus anciennes, mais surtout plus diversifiées et plus « complètes ». L'intensité économique, ou productivité, y est plus forte.

La crise récente s'est traduite pour la Grèce, entre 2010 et 2014, par une forte baisse du PIB/tête, alors que ceux de l'Allemagne et de la France progressaient. Celui de l'Italie a stagné, celui du Portugal baissé un peu. Du coup les écarts se sont accrus : en 2014, le PIB/tête ne représente en Grèce que la moitié de celui de la France et un peu moins de la moitié de celui de l'Allemagne. Celui du Portugal désormais le dépasse.

Venons-en au PIB industriel. En 2014, il est notable que sa part dans le PIB de l'économie grecque n'est pas si éloignée de celles de la France de l'Italie ou du Portugal. L'analyse des VAB industrielles en revanche révèle des écarts beaucoup plus prononcés. La part de la VAB industrielle dans l'économie se situe en Grèce à une bonne distance de celle de la France, et à une distance nettement plus grande de celles du Portugal, de l'Italie et de la moyenne de l'UE 28. Elle est en Allemagne presque double. Les écarts se sont cependant un peu réduits en 2014 par rapport à 2010, tant au niveau des VAB que des PIB industriels. La dégradation des marges industrielles, on le verra plus loin, a été stoppée, premier signe de redressement.

Tableau 5. Part de l'industrie dans la VAB et le PIB en 2010 et 2014 (en %)

	VAB		PIB	
	2 010	2014	2 010	2014
UE 28	25,1	24,5	nd	nd
Allemagne	30,0	30,4	nd	nd
Grèce	15,7	16,0	22,0	22,2
France	19,6	19,6	24,7	24,7
Italie	24,4	23,4	28,8	28,0
Portugal	22,6	21,6	28,2	27,2

Source : Eurostat, comptes nationaux

Ainsi, la Grèce reste clairement en-deçà des économies développées que sont celles de la France, de l'Allemagne ou de l'Italie en ce qui concerne le PIB par tête, tout en se situant dans la moyenne de l'UE. Et si la place du secteur secondaire dans l'économie n'en diffère pas fondamentalement en termes de PIB, en termes de VAB l'écart est significatif.

Une part de l'explication se trouve dans l'histoire du pays : la Révolution Industrielle y intervient avec retard par rapport à la France et les catastrophes des deux guerres mondiale et civile ont sans aucun doute freiné son développement. L'industrie en Grèce peut être considérée comme « jeune » et « en développement ».

Une autre explication peut être trouvée dans la place particulière qu'occupent l'agriculture et les services, parmi lesquels le transport maritime, le tourisme et les services immobiliers. La part de l'agriculture est double de la moyenne européenne ou de celle de la France, tandis que la part des services[71] y est plus élevée de 5 points par rapport à celle de pays plus industriels comme l'Italie ou le Portugal. La différence de la part des services immobiliers oscille entre 3 et 5 points selon les pays. A parts identiques des autres secteurs pour un même PIB, la part de l'industrie serait plus élevée.

Il faut aussi se libérer des préjugés et des idéologies : la place des services au Portugal est plus faible qu'en Grèce. Cela veut-il dire que le Portugal demeure dans des structures industrielles dépassées ? Et que dire de l'Allemagne dont la VAB des services ne représente en 2014 que 68.8 % de l'activité économique totale ? De même, la comparaison des parts des PIB agroalimentaires agrégés (Agriculture + Agroalimentaire) entre le Portugal (6,5%) et la Grèce (9,6%) signifie-t-elle que le premier est moins rural et donc plus développé que le second ? Le dynamisme des cultures industrielles et de l'industrie agroalimentaire ne fait sûrement pas de la Grèce un pays « en retard ».

Tous ces chiffres apportent en tout cas un démenti sérieux à ceux qui pensent que la Grèce n'a pas d'industrie.

Elle a une industrie différente. L'étude détaillée de la valeur ajoutée par branche en Grèce révèle en effet une forte spécialisation de ses activités industrielles par rapport à d'autres pays de l'Union Européenne. Elle dessine en 2014 un profil bien affirmé pour chaque pays et en particulier pour la Grèce.

[71] Elle représente en 2014 4/5è de la VAB et 2/3 du PIB

Le poids relatif de l'industrie agroalimentaire, tabac inclus, est en Grèce double de celui constaté au Portugal et triple de celui constaté en Italie, quadruple de celui constaté en Allemagne. Il en est de même du poids de l'énergie (produits pétroliers et production d'électricité) qui représente deux fois la moyenne européenne et plus de deux fois et demie celui de l'Allemagne. A ces branches bien représentées, il faut ajouter les mines-métallurgie-produits métalliques et le traitement de l'eau et des déchets, où le pays surperforme les autres pays européens. Notons encore que le poids des matériaux de construction est légèrement supérieur à ce qu'il est dans les pays cités (sauf le Portugal) et à la moyenne européenne. Celui du textile équivaut à la moyenne européenne. Celui de la chimie est relativement proche.

Tableau 6. Parts des branches industrielles dans la VAB industrielle en 2014 (en %)[72]

	UE 28	Grèce	France	Portugal	Allemagne	Italie
Agroalimentaire	8,5	21,9	12,0	11,4	5,2	7,3
Textile, Habillement, Cuir	2,2	2,1	1,3	11,6	1,0	6,8
Bois, Ameublement	4,0	1,6	2,5	5,7	3,7	4,9
Papier impression	2,6	1,7	2,2	3,6	2,3	2,8
Prod Pétroliers	0,6	2,9	0,5	0,6	0,5	-0,2
Chimie	10,8	7,2	10,4	6,9	11,7	8,6
Produits non métalliques	2,2	3,1	2,0	3,7	2,1	2,7
Mines-Métaux-Prod Métal	10,9	14,2	7,3	8,8	9,9	12,1
Prod élect électron	6,4	2,0	4,5	3,0	9,8	5,4
Mécanique	18,4	5,8	15,4	8,7	29,7	17,6
Production électricité-gaz	7,8	13,7	8,9	11,6	5,9	7,6
Traitement eau déchets	3,9	8,9	3,6	5,3	3,5	4,0
Construction-Trav.Publics	21,7	15,0	29,3	19,2	14,8	20,6
Total	100	100	100	100	100	100

Source : Eurostat, TER 2014

[72] On a regroupé les branches en grands ensembles, pour faciliter la lecture. L'Agroalimentaire regroupe l'alimentation, les boissons et le tabac, le Textile regroupe filature et tissage, habillement, cuirs et chaussures, Bois et ameublement sont regroupés, de même que la chimie (parfumerie cosmétiques), les plastiques et le caoutchouc, ou les produits électriques et électroniques, ou le traitement de l'eau et des déchets. Produits pétroliers, matériaux de construction et électricité sont analysés à part. Mines, métallurgie et produits métalliques forment une filière relativement cohérente, bien que les carrières et les salines devraient relever soit des matériaux de construction, soit de l'agroalimentaire. La mécanique regroupe les machines, les matériels de transport, l'entretien réparation. Enfin il faut rappeler que la construction inclut les travaux publics, branche importante en France comme en Grèce.

Aux angles saillants, s'opposent en revanche des angles rentrants : produits électriques et électroniques, machines et matériels de transports pèsent 5 fois moins qu'en Allemagne, 3 fois moins que la moyenne européenne. L'industrie grecque ne concurrence manifestement pas les points forts des pays européens.

La construction est une branche intéressante : les valeurs présentent des écarts sensibles entre différents pays, le poids en France étant double de ce qu'il est en Allemagne. Il faudrait tenir compte du prix à la construction, (coût des terrains, des matériaux, de la main d'œuvre) et du degré d'équipement de chacun qui peuvent varier considérablement et aussi du poids des travaux publics, sous-secteur bien représenté en France ou en Grèce par des entreprises vigoureuses. Ce qui est frappant dans le cas de la Grèce est le vif recul du poids de cette branche qui passe de 28.4 % de la VAB en 2010 à 15 % en 2014. Ce recul est le résultat de la crise mais aussi de la saturation des deux marchés du logement (si l'on en croit l'évolution des permis de construire, elle remonte à 2005) et de l'immobilier commercial (la formation de la bulle immobilière est plus récente).

Il reste que l'industrie grecque concentre les deux tiers de son activité dans quatre branches (agroalimentaire, énergie, métallurgie et construction). Les trois quarts si l'on y rajoute la chimie. Cette concentration est exceptionnelle en Europe. L'indice de dispersion des VAB de branche industrielle en 2014 (écarts à la moyenne des 23 parts de branches hors construction) est de 3.05 pour la Grèce et de 1.74 pour l'UE - 2.35 au Portugal et 2.54 en Allemagne, 1.94 en France et 1.98 en Italie. Effets de crise, et sans doute de libéralisation des marchés internationaux, sur lesquels il faut s'interroger. L'Allemagne en 2010 (réformes Harz) a fait des choix de compétitivité qui ont favorisé la spécialisation de son industrie. Choix que n'ont peut-être pas fait la France et l'Italie. Choix que l'entrée tardive dans l'UE 28, puis la crise ont obligé la Grèce à faire.

La comparaison avec le Portugal est aussi éclairante. Ce n'est pas seulement par le poids du secteur secondaire que ce dernier pays se distingue. Mais par une diversification plus grande et une meilleure répartition de l'industrie entre ses différentes branches. Le textile, le bois (le liège, dont le Portugal est le premier producteur mondial), le papier, les matériaux de construction (verrerie, porcelaine et poteries), les meubles témoignent de cette variété. Le pays a augmenté aussi sa participation dans le secteur automobile européen, possède une industrie de moulage de niveau international et accueille des industries électriques et électroniques.

Ces différences de profil entre pays ont-elles quelque chose à voir avec la géographie, avec une localisation particulière des activités économiques ? Si les branches principales de la Grèce sont bien liées à leur localisation, ce lien ne fonctionne pas aussi bien pour la France et le Portugal, en dehors de l'agroalimentaire. La qualification méditerranéenne ne paraît pas évidente à ce stade. Les données Prodcom aident en partie à la préciser.

Analyses Prodcom : une spécialisation méditerranéenne ?

Le traitement des données Prodcom[73] complète l'image d'une hyper spécialisation de l'industrie grecque par rapport à celle d'autres pays européens et montre l'importance des facteurs géographiques, sans toutefois consacrer une forte « localité » qui, par exemple, opposerait par nature le Sud au Nord.

En premier lieu, on observe une concentration par branche, en valeur, encore plus forte que celle des PIB, qui ne s'explique qu'en partie par l'exclusion de certaines branches d'industrie de l'analyse. Les différences de profils industriels sont impressionnantes.

Les pays méditerranéens se caractérisent par une proportion remarquable de produits agro-alimentaires et la Grèce s'y distingue, avec une part proche de la moitié de sa production totale. D'autres produits, ceux de la branche papier-presse-édition, de la chimie au sens large, pharmacie et matières plastiques incluses, les produits non métalliques et la métallurgie de base présentent des parts supérieures à la moyenne de l'UE, voire à celles de l'Allemagne.

En revanche, la part des produits métalliques, électriques et électroniques, des machines et véhicules est plus de 5 fois inférieure à leur part dans l'UE 27 et 6.5 fois inférieure à leur part en Allemagne. Le Portugal, comme l'Espagne, se distingue ici nettement de la Grèce par son industrie automobile et ses produits métalliques, mais aussi par ses industries traditionnelles déjà citées. On note aussi la place remarquable de l'Italie dans

[73]Le système Prodcom exclut construction, énergie et produits immatériels

le domaine des machines et équipements, proche de celle de l'Allemagne. La Grèce ne profite pas de ses coûts de main d'œuvre plus bas pour attirer une industrie délocalisée, ce qu'elle avait réussi à faire dans le passé, pour les pneumatiques Pirelli ou les lampes Osram, par exemple

En examinant de manière détaillée dans chaque pays les produits qu'il fabrique dont la valeur dépasse 10 % de leur valeur totale dans l'UE 27, on constate que la Grèce détient cet avantage pour 21 produits, le Portugal pour 132, l'Espagne pour 609 la France pour 998, l'Italie pour 1690 et l'Allemagne pour 2054. Ces chiffres fonctionnent comme une loupe qui grossit la spécialisation relative des activités industrielles de chaque pays. De manière générale, les pays riverains de la Méditerranée sont plus spécialisés dans les industries agroalimentaires et les industries traditionnelles (textile-habillement, cuir bois), alors que l'Allemagne l'est plus dans l'électricité-électronique, les machines, les matériels de transport. Mais la chimie et ses dérivés, les produits métalliques et non métalliques ont un poids équivalent ou très significatif dans les pays riverains comme l'Espagne, l'Italie et la France. Le profil qui se rapproche le plus de l'Allemagne est celui de l'Italie.

En second lieu, ces spécialisations ont pourtant une dimension clairement géographique. Dans des économies mondialisées et soumises à une pression accrue de la concurrence, les industriels spécifient le produit pour conserver leur marché, jouant sur l'effet de localisation pour établir une sorte de monopole : par exemple la filière métallique grecque (bauxite aluminium), le régime méditerranéen dans ses variantes grecque, espagnole, italienne, arabe ou turque, le régime germanique (bière charcuteries), mais aussi le positionnement à un carrefour géopolitique emprunté par les flux pétroliers et gaziers. Cette spécialisation de la production du fait de la localisation, élément structurant de l'économie industrielle, constitue un des intérêts de l'étude de l'économie industrielle de la Grèce.

Mais si l'agroalimentaire, la branche Mines-Métallurgie, les matériaux de construction (cimenteries) distinguent sans doute les pays méditerranéens, ces branches, du moins à première lecture, sont les seules vraiment localisées, dépendantes des conditions naturelles du lieu. Et si les produits « traditionnels » textiles, bois cuir papier, peuvent être rattachés à cette aire, c'est sans doute plus par une sédimentation historique et par le maintien de savoirs faire anciens que par la localisation actuelle des matières premières. Donc, si la position géographique est un élément important de la formation du profil industriel, il semble que le stade d'industrialisation est un élément tout aussi important, en rapport avec l'histoire industrielle et avec les modes d'organisation de la production.

Mais n'est-ce pas aussi que les nomenclatures Prodcom donnent une image infidèle du produit industriel ? Toute nomenclature reflète en effet le regard de celui qui la construit. Celle de Prodcom est faite pour des pays industriels avancés et calée sur leur production, au détriment des pays périphériques.

Ainsi, les industries agro-alimentaires représentent 10 % des 3.939 lignes de produits, la chimie 19 %, les industries traditionnelles (matériaux de construction, mines, textile, habillement, cuir, bois ameublement, papier et presse) 21 % ; les industries modernes comme métallurgie, produits électriques et électroniques, machines et matériels de transport, outillages divers et réparation en représentent la moitié. De plus, les nombres de lignes attribuées à chaque ensemble ne correspondent plus guère à leurs valeurs relatives. L'agroalimentaire grec est décrit par 10 % des lignes quand cette branche représente 47 % de la valeur de sa production. Il y a là une sorte de prime aux pays les plus anciens de la révolution industrielle, mais aussi une certaine ignorance de l'évolution très rapide des produits alimentaires et des produits immatériels ou « culturels ». Les nomenclatures sont d'ailleurs en cours de refonte.

En outre, la distribution des produits par branche signale des économies bien précises. On ne fabrique pas, on ne consomme pas les mêmes produits dans des pays différents. Mais la comparabilité des divers produits ne peut être effective qu'à un niveau suffisant d'agrégat, ce qui est précisément incompatible avec la description détaillée qui rend visible leur différence.

La nomenclature grecque dite « onomatologia » de 2008 est à ce propos intéressante parce qu'elle spécifie la Grèce : le commerce de détail (à 8 chiffres il est vrai) représente 1.036 items contre 202 dans la nomenclature européenne CPA (à 6 chiffres) et le commerce de gros 1.635 contre 106. Inversement, l'industrie est nettement mieux représentée dans CPA (59%) que dans l'onomatologia grecque (11%). Comment les nomenclatures pourraient-elles saisir les SYALS, les AOC ou les labels[74] qui ont précisément pour but d'établir un monopole à partir de caractéristiques « incomparables » ? Comment décrire ces produits inimitables que sont les *glyka koutaliou*, les dérivés du mastic, les *pasteli* ? [75]

---

[74] Systèmes Agroalimentaires Localisés Spécialisés. AOC : Appellation d'Origine Contrôlée
[75]Glyka koutaliou: fruits au sirop. Pasteli : pâte de nougats au sésame. Le mastic est une résine utilisée comme calfat de tonneaux de vin (résiné), dans l'ouzo et dans des produits de beauté. L'onomatologia est un catalogue fiscal de dénominations de produits, reclassés dans la nomenclature NACE.

L'aptitude des nomenclatures à représenter la réalité industrielle est ainsi contestable sur un plan méthodologique, au sens où elle ne parvient à décrire les particularités qu'en descendant au niveau le plus fin d'analyse, qui la rend justement « incomparable ». Ce qui distingue les produits alimentaires dans le monde distingue sans doute nombre de produits industriels et de processus de production : la « méditerranéité » se loge sans doute à ce niveau.

Désindustrialisation ou Mutations industrielles ?

La Grèce est un pays industriel : les données étudiées, le développement continu des exportations de biens depuis la crise le prouvent. Pourtant, en Grèce comme en France, en Europe et dans le monde, l'industrie semble en perte de vitesse, au regard de la montée en puissance du tertiaire. Ce dépérissement a justifié un discours sur les effets néfastes de la mondialisation, sans pour autant apporter d'analyse plus précise de ces effets. En observant de plus près la réalité, on voit que, bien plus qu'un étiolement de l'industrie, il s'agit d'une transformation profonde des économies et des entreprises, au bénéfice d'une division plus poussée du travail et de la création de produits immatériels et culturels[76].

Précisons tout de suite que le secteur secondaire est défini différemment selon les auteurs. On a longtemps considéré que les produits des mines et carrières étaient extraits du sol comme les produits agricoles, et devaient donc être classés dans le secteur primaire. On considère aujourd'hui que mines et carrières transforment aussi leurs produits et qu'elles appartiennent donc au secteur secondaire. On exclut souvent la construction, qui recouvre, dans les nomenclatures, aussi bien la construction de logements et de bâtiments industriels que les travaux publics. Ceci n'est justifié ni du point de vue de la technologie, ni de celui de l'exportation, ni de celui de l'entrepreneurialité. L'exclusion des travaux publics priverait d'ailleurs l'étude de l'industrie grecque d'une branche particulièrement dynamique.

La notion même de répartition par secteur doit être interrogée. La division sectorielle des activités a perdu de sa vertu en raison notamment de la diversification des branches d'activités et des produits. Ainsi la frontière entre agriculture et agroalimentaire est de plus en plus floue, les filières par produit étant organisées par contrat entre producteur et transformateur et

[76]La complexité croissante des activités économiques rend la division en 3 secteurs trop simple. La division du travail suit la même pente et par conséquent, prend des formes très différentes de produit à produit.

bien des coopératives les regroupant dans des structures mixtes. Il en est de même pour le marché du logement et de l'immobilier commercial dont les services encadrent la production et dont le loyer détermine l'utilité. Les technologies de l'information et de la communication lient indissolublement le support et le contenu, et s'étendent irrésistiblement au domaine des activités culturelles. Enfin, la distribution, détaillée par produit, pourrait faire l'objet de tels reclassements. La plupart des analyses par branche devraient en réalité procéder à ce type de reconstruction pour rendre compte des réalités. Le secteur est un niveau d'analyse trop général.

La théorie de son côté a noté la montée des services et tenté de l'expliquer. Clarke, Fourastié, Sauvy[77] estiment que les gains de productivité produisent le « déversement » d'un secteur dans l'autre, dans un ordre chronologique précis, de l'agriculture dans l'industrie (XIXème siècle), puis de l'industrie dans les services (XXème siècle). Comme partout en Europe, le processus de création de richesses se diversifie : accroissement vertigineux du tourisme, développement des services à la personne, émergence des biens culturels. Suivant la loi empirique d'Engel qui régit les élasticités relatives des demandes à l'élévation des revenus, le marché exploite une demande plus diversifiée, plus culturelle, sensible à l'élévation générale des revenus. Cette définition nouvelle du produit implique le transfert de l'activité industrielle (et agricole, si on rapproche agriculture et tourisme) vers les services, qui ont « capturé » une bonne partie de la valeur ajoutée.

Ce processus ne doit pas être interprété comme défavorable à l'industrie. En effet, le contenu détaillé des services invite à des analyses plus nuancées (Guershunny, Gadrey)[78]. Il permet de prendre la dimension du changement intervenu dans cette période et de le rattacher à l'évolution générale observée dans l'ensemble de la production de biens et services dans le monde. Ce qui change, c'est le contenu technologique des produits, leur design, leur environnement culturel-créatif, leur caractère immatériel, leur définition en fonction des marchés d'exportation. Dans leur prix de revient, la part « intellectuelle » s'élève rapidement. Elle est classée, sans doute à tort, dans les services alors qu'elle est le constituant indissociable des produits et leur confère la plus haute valeur ajoutée.

Les formes du déversement sont multiples.

---

[77] Fourastié, Jean : "Le Grand Espoir du XXe siècle. Progrès technique, progrès économique, progrès social". Paris, Presses universitaires de France, 1949. Colin Clark :"Les Conditions du Progrès économique". PUF Paris 1960. Sauvy, Alfred :"*La machine et le chômage «* , Dunod, 1980.

[78] Jean Gadrey : "L'économie des services". La Découverte 1992. Gershunny, Jonathan : « Une Société post industrielle ? Emergence d'une économie du self-service » Humanities 1978 et « L'économie politique du temps » Futuribles 2003

D'abord, l'essor des services à l'industrie. Les entreprises ont externalisé pour une bonne part des fonctions jusque-là assurées en interne, comme les services comptables et juridiques, les études de marché et de la publicité, les locations de biens d'équipement et de transport, l'emploi par recours à des sociétés d'intérim et la sécurité par recours à des sociétés de surveillance, l'entreposage et la logistique. En le faisant elles ont renvoyé leurs coûts au secteur tertiaire. Le gain de productivité en a été très important. Il s'agit là d'une poussée de la division du travail, au bénéfice des services.

Ensuite, la révolution informatique. Celle-ci a permis la création, non seulement de produits nouveaux qui n'existaient pas il y a 40 ans, mais encore de produits qui se présentent comme des biens partiellement ou totalement immatériels. Les logiciels (le software) sont vendus séparément, comme compléments de matériels informatiques mais ils sont aussi souvent des accessoires de machines et, assurant la commande numérique de la plupart d'entre elles, ils améliorent les performances de la production. Ils ont envahi les activités de reproduction et de communication des informations. Ils ont suscité une nouvelle branche[79], celle des TIC, ensemble économique dans lequel la consistance matérielle de nombreux produits ne représente plus qu'une faible part de leur valeur.

Enfin la multiplication des biens visant à satisfaire les besoins culturels croissants des consommateurs. Certains de ces biens s'incorporent dans les produits industriels nouveaux ou rénovés, comme le design, le packaging ou la publicité. Ils en déterminent l'attractivité, ils dessinent un environnement culturel nouveau. D'autres relèvent d'une économie de biens purement culturels ou créatifs liant supports et contenus (écrits, audio, vidéo) autour d'activités artistiques et sportives. Ces deux catégories de produits et services président au succès de l'économie « créative »[80]. On pourrait y ajouter les activités liées aux loisirs, et l'on s'est longuement interrogé sur la nomenclature des activités liées au tourisme[81], qui mêle les biens et les services de l'hôtellerie-caféterie-restauration, des transports non urbains, de la fabrication de camping-car et des voyagistes.

---

[79]Les équipements informatiques et les services correspondants apparaissent comme de nouvelles branches dans la nomenclature Stakod 91 à partir de 1990 (et dans les statistiques d'emploi à partir de 1993)

[80] Florida, Richard : " L'émergence de la classe créative. Et comment elle transforme le travail, les loisirs et la vie quotidienne" Basic Books, New York2002.

[81] Tissot, Laurent : « Naissance d'une industrie touristique. Les Anglais et la Suisse au XIXe siècle. » Payot, Lausanne 2000.

A la lumière de ces observations, il est alors intéressant de revoir la structure des PIB ou VAB par pays, d'étudier les spécialisations et d'en vérifier les évolutions. Et, de ce point de vue, la Grèce se distingue en Europe par la place remarquable et croissante de l'agro-industrie, des transports, du marché immobilier et du tourisme, mais plus généralement par la place des services dans son économie.

Telle est la place de l'agro-industrie en Grèce.[82] La liaison des productions agricole et agroalimentaire fait de ce pays un acteur européen particulièrement dynamique et la comparaison avec les autres pays de l'UE est éloquente. En période de crise, les montants en valeur absolue se sont même accrus. Les parts de production et d'emploi ont augmenté de concert.

La place des transports est une donnée sans doute traditionnelle, en raison du rôle joué par les armateurs grecs dans le transport maritime mondial. Elle n'en est pas moins très importante dans le PIB, même si elle a décru depuis 2008, et elle est déterminante pour la balance des paiements courants[83].

Le tourisme représente une activité majeure, confirmant une certaine vocation de la Grèce. La part en est croissante et les années récentes n'ont pas inversé la tendance. Il est une consommation importée qui diffuse dans toute l'économie et favorise à long terme à la fois l'agro-industrie, les transports et l'immobilier. Elle a compensé pendant la crise la dépression de la consommation intérieure.

Lié au tourisme et à des traditions culturelles de la Grèce qu'on précisera plus loin, l'immobilier est un des éléments moteurs et distinctifs de son économie. Et même si le marché du logement en 2014 est saturé et la construction en chute libre, les services immobiliers et les Travaux Publics compensent en partie cette baisse. En 2008 cet ensemble représentait 1/6 è du PIB, il en représente le 1/5 è en 2014. Les malls d'Athènes et autres centres commerciaux enregistrent pendant la crise une croissance de leur chiffre d'affaires.

Enfin, la Grèce se distingue par une part élevée des administrations et des télécommunications dans son PIB, même si, entre 2008 et 2014, ces deux branches enregistrent une nette décroissance, tant en valeurs absolues que relatives.

---

[82]Elle passe de 7,4% du PIB en 2010 à 9,6% en 2014.
[83]2.3 % du PIB au Portugal, 5.1 % en Grèce (6.8 % en 2008)

Ces cas remarquables ne font qu'illustrer la place des services en général dans l'économie grecque, place exceptionnellement élevée par comparaison avec l'ensemble européen. Elle est l'aboutissement de leur développement impressionnant entre 1995 et 2008, marqué par un quasi-triplement de leur valeur absolue en termes de PIB, rythme qui a dépassé largement celui de l'UE 15. Même frappés par la crise, leur valeur reste en 2014 double de celle de 1995. Y surperforment donc les transports (armement naval), le tourisme, les services immobiliers, les administrations et les télécommunications. Les biens culturels, eux, sont dans la moyenne, mais il est notable qu'en pleine crise, le pays investit un point de PIB dans les installations du Musée d'Art moderne, du complexe Niarchos, du nouveau musée Goulandris et du musée archéologique.

Les services à l'industrie,[84] qui avaient suivi le rythme général de croissance des années 1995 à 2008, témoignent d'une sensibilité à la crise plus grande que celle de l'industrie elle-même. Mais au total leur place dans le PIB ne régresse que faiblement en 2014 par rapport à 2008. En effet, le détail de ces activités montre que dans cette période les services d'entreposage et de logistique (par exemple la plaine du Thriasio et le développement du port du Pirée), les services de programmation, la recherche scientifique, la publicité et les études de marché ont continué à croître en valeur absolue. Ce sont les activités de conseil en gestion, plus encore les services des architectes et ingénieurs civils, dont l'activité est très liée au bâtiment, qui s'effondrent, ainsi que les activités diverses de « soutien » à la gestion des immeubles.

En revanche, par rapport à la moyenne de l'UE 15, à l'Allemagne, à la France et à l'Italie, leur part dans la VAB reste très en retrait et l'écart s'est aggravé entre 2008 et 2014. Le Portugal les a mieux développés et on est loin de la place qu'ils occupent en France, à vrai dire championne de la spécialité, notamment en ce qui concerne les services comptables et d'audit et l'industrie des logiciels. Preuve indirecte du parallélisme entre leur développement et celui de l'industrie. On retrouve ici les observations sur la « jeunesse » de l'industrie grecque. Preuve aussi d'un déversement encore limité de l'industrie vers les services (externalisations, informatisation, consommations culturelles).

---

[84]Ils sont définis par les codes M et N,J61 62 63 et H53 et S95, càd Postes et Télécommunications, logiciels, activités comptables et juridiques, activités des architectes et techniciens, recherche, publicité et études de marché, locations et services immobiliers, services à l'emploi et services de protection et de sécurité. La baisse enregistrée dans l'industrie est de 29 % et de 39 % dans les services à l'industrie

Tableau 7. Part de certains ensembles de branches dans les PIB en 2014 (en %) [85]

	Grèce	France	Portugal	Italie
Agriculture + IAA	9,6	5,2	6,5	5,0
Immobilier + Construction	19,1	17,9	14,8	17,6
Commerce	9,5	9,2	13,0	10,3
Transports	5,1	2,1	2,3	2,3
Serv. Financiers	4,4	4,9	5,3	5,9
Serv. industrie	6,4	16,6	10,4	13,0
Télécom	3,0	1,7	2,1	1,6
Prod. Culturels	2,1	2,7	1,7	2,1
Tourisme	6,7	2,9	5,6	3,8
Serv à la personne	2,5	4,4	3,3	3,5
Etat	18,3	17,6	16,2	14,8
Total services	74,2	73,7	70,7	69,9

Source, Eurostat, TER 2014

Division des tâches, dématérialisation des produits, localisation des installations

Les entrepreneurs grecs se sont adaptés rapidement aux nouvelles données de la division internationale du travail. Si la consistance du produit a échappé à l'observation, cela est dû en partie aux vicissitudes politiques et bien sûr au ressenti de la crise. Mais cela est dû aussi à la division plus intense des tâches, à la dématérialisation technique des produits, à l'évolution des besoins et des goûts et aux changements dans les définitions (nomenclatures) qui en résultent et qui troublent les termes des comparaisons.

Les comparaisons montrent justement que le produit industriel grec est à la fois plus diversifié et plus concentré qu'on ne le soupçonnait et que son évolution épouse assez étroitement celle de l'industrie dans le monde. Il est

[85]Le regroupement des services a été effectué sur les codes suivants: Commerce code G, transport code H 49 à 51, Postes et Télécom codes H 53 etJ61, Services financiers code K, services immobiliers et construction code L, services à l'industrie codes M et N(à l'exception de N 79) plus Entreposage H 52 et réparation ordinateurs S 95, Produits culturels codes J58 59 60 et codes R90 à 93, Tourisme code I et N 79 (agences voyage), services à la personne codes Q 87 et 88, S96 et T, Administration codes O, P et Q.

cependant différent en ce qu'il s'établit sur des lignes de profitabilité, qui ne sont évidemment pas celles de la France ou de l'Allemagne et les analyses détaillées confirment ces spécialisations. Il s'est enfin dématérialisé, épousant l'évolution des techniques et des besoins, mais aussi la spécialisation des tâches dans le but de baisser les coûts de transaction et d'améliorer les productivités.

La Grèce n'est pas à la pointe de cette évolution et le développement des services à l'industrie est en retrait par rapport à d'autres pays de l'Union Européenne. Mais les services logistiques et ceux de programmation ont bien résisté à la crise. Et par ailleurs, le pays dans ses produits comme dans ses services a trouvé sa place particulière dans une économie mondialisée.

Toute production est évidemment localisée. Que l'industrie grecque soit dans une large mesure le produit de sa géographie méditerranéenne, le confirment les places de l'agroalimentaire, de la construction ou de la métallurgie, ou, au-delà de l'industrie, des services. Mais il faudrait ici affiner la description des produits et des processus de production.

On ne peut décrire une évolution plus poussée dans la division du travail sans décrire aussi la transformation des espaces dans lesquels elle s'inscrit : spécialisation et agglomération spatiale vont de pair. La géographie ne commande pas seulement le lieu de production, mais aussi le lieu de vente, ce qui renvoie à la localisation des marchés auxquels s'adressent les produits. La mondialisation s'accompagne de leur extension et d'un redéploiement des échanges extérieurs en fonction des distances. La Grèce industrielle en crise se re-déploie dans les espaces que définit sa géographie particulière, aux échelles diverses et étroitement emboîtées du pays et de son environnement extérieur.

Processus de destruction créatrice : produits du passé (Lafarge Héraclès à Drapetsona, Briqueterie Tsalapata à Volos) et produits du présent (Téléperformance, Groupe Quest)

Industrie spécialisée dans des produits de « niche » : Eviers Pyramis, et batteries Sunlight

Chapitre 3

Le produit industriel et ses territoires

Une décentralisation limitée dans un espace désormais unifié

« Les pays ne sont pas cultivés en raison de leur fertilité, mais en raison de leur liberté. » Montesquieu, l'Esprit des Lois.

« Comme au moyen du transport par eau, un marché s'ouvre à toute sorte d'industrie, plus étendu que ne l'eut permis le seul transport terrestre, ainsi l'industrie de toute sorte se divise et s'améliore sur les côtes et le long des voies navigables, et, fréquemment, il ne faut pas longtemps pour que ces améliorations ne se répandent dans l'intérieur du pays. » Adam Smith. Richesse des Nations

« On connaît l'émotion que donnent les études de géographie historique, où la poésie du temps se superpose à celle de l'espace : à l'étrangeté qu'a l'existence d'un lieu, s'ajoute l'étrangeté du toponyme..., ce qui fait que peu de lectures sont aussi poétiques que celle d'une carte géographique. » Paul Veyne : Comment on écrit l'histoire.

ON NE CONSTRUIT PAS DES USINES AU HASARD DANS L'ESPACE.

Leur localisation est tributaire de données physiques ou climatiques, mais depuis Montesquieu, l'évidence du climat fait qu'on ne s'y réfère plus guère. Elle est tributaire aussi de données économiques, en particulier des économies marginales réalisées sur un transport ou sur le prix d'un terrain. Elle est enfin tributaire de données culturelles, liées aux conditions d'élaboration et de partage de savoirs et d'expériences et aux migrations. Les phénomènes de répartition géographique des ressources, de leur agglomération ou de leur diffusion sont relativement connus.

Pour comprendre la construction de l'espace industriel de la Grèce, il faut faire appel à sa constitution physique si particulière - ses données géologiques et climatiques - autant qu'à sa longue histoire.

La construction de l'Etat bavarois autour d'Athènes, les guerres balkaniques de 1912-13, la« Catastrophe » d'Asie Mineure qui déplace plus d'un million de personnes sur les routes de Salonique et d'Athènes et l'exode rural d'après-guerre, ont provoqué des modifications brutales des espaces intérieurs et de nouveaux regroupements de populations. Ces évènements expliquent la polarisation de l'activité industrielle autour des deux marchés de consommation d'Athènes et de Salonique.

Le relief très montagneux du pays isole les plaines côtières les unes des autres, que seule la mer relie aisément. La localisation des activités industrielles « sur l'eau » est de ce fait une constante de la géographie économique de la Grèce. Les données géologiques et climatiques déterminent aussi les avantages comparatifs des filières industrielles et par voie de conséquence l'implantation des entreprises. Plus tard, dans un espace intérieur unifié le long des nouveaux moyens de communication autoroutiers, en même temps que l'activité industrielle s'est accrue, elle s'est mieux distribuée.

L'étude des facteurs de localisation de l'industrie et de son organisation spatiale est le fondement de toute réflexion sur l'aménagement du territoire en Grèce. Malheureusement, la division administrative et donc statistique de celui-ci ne les a guère pris en compte et en a déformé l'image au profit d'une hyper-concentration en Attique.

L'aménagement de l'espace industriel évolue en réalité depuis la 2ème Guerre Mondiale dans le sens d'un étirement progressif des installations le long de l'axe PATHE et d'un développement des villes périphériques moyennes. Une autre carte de l'industrie se dessine, plus précise et plus complète.

Localisations industrielles

La géographie fut pour moi une des portes d'accès à l'industrie de la Grèce. Sensible à la poésie des cartes comme des paysages, je le fus naturellement à celles des Atlas de Kayser en 1964 et de Sivignon en 2004 [86]. Ce qui fait leur poésie, c'est la distance entre le parcours de terrain et sa représentation comme lieu géographique, aux échelles multiples que la science géographique rend possible, aux temps différents que permettent d'appréhender les documents datés que sont les photographies, les cartes anciennes, les éléments de paysage. Les différents espaces que j'ai parcourus - plaine de Messénie, rue du Pirée, chantiers navals de Perama, pentes à pommes du Pilion – sont relevés aujourd'hui par la cartographie satellitaire. Parmi les cartes, celle des transports routiers de 1953 dessine clairement le Z inversé de l'axe Patras, Athènes et Thessalonique (PATHE) le long duquel se distribue aujourd'hui l'industrie grecque. Il y a aussi celles qui mettent en évidence les avantages naturels du pays, sa position stratégique -si ancienne

---

[86] Kayser Bernard, Thompson Kenneth, Vaternelle Roger et Koukis Vassili : « *Atlas économique et social de la Grèce.* » ESYE et EKKE 1964. Sivignon Michel, Goussios Dimitris, Maloutas Thomas : « *Atlas de la Grèce.* » CNRS Libergeo- La Documentation Française 2003

et si moderne- ses diasporas, tracée par Prevelakis et Sivignon, celles de la morphologie sociale d'Athènes de Maloutas ou celle des exportations. La carte est ainsi non seulement le support spatial précis d'un inventaire, mais elle est aussi une image, qui le rend sensible, y compris d'un point de vue esthétique.

Le lien entre la théorie économique et les cartes passe par le paysage. L'ouvrage remarquable de Kostas Chatzimichalis, « Paysages Grecs contemporains »[87] s'attaque à ce que Vidal de la Blache[88] avait énoncé, le paysage comme œuvre humaine autant que naturelle. Il constitue en effet la matérialisation de l'avantage naturel à un stade donné de son exploitation : paysage agricole (Beauce de *l'open-space* céréalier, collines à coton de Thessalie), paysage industriel (terrils du Pas de Calais, mine à ciel ouvert de Milos), paysage de services (aéroport de Roissy, quais porte-conteneurs du Pirée), représentent exactement des pratiques économiques.

Le paysage industriel résulte aussi d'une agglomération spatiale des activités qu'ont décrit aux Etats-Unis, Coase et Williamson, en Italie Beccattini, en France Lipietz,[89] qui relient le choix de la localisation des industries aux économies de transaction, externes ou d'échelle.

Paysages industriels et agglomérations spatiales

La Grèce dispose d'abord d'avantages naturels exceptionnels, sa proximité avec la mer et son climat, qui expliquent nombre des choix de localisation industrielle.

La mer a baigné ses usines. Une infinité de havres en eau profonde, des matières premières situées à des distances rarement supérieures à une heure de route - quand elles ne se trouvent pas au bord de l'eau, ou dans des lieux où on peut les faire venir par transport maritime peu coûteux - une main d'œuvre elle-même localisée dans des villes-ports : rarement un pays a bénéficié d'autant de facilités.

---

[87]Chatzimichalis, Kostas : " Paysages Grecs Modernes. Approche géographique vue d'en haut », Editions Melissa, Athènes 2011

[88] Vidal de la Blache, Paul « *Tableau de la Géographie de la France* » Hachette, Paris, 1903.

[89]Beccattini, Giacomo : « Des secteurs industriels aux Districts industriels : Considérations sur l'unité de recherche en économie industrielle » Revue d'Economie et de Politique Industrielle, vol 1, 1979, pp. 7-21. Lipietz, Alain et Benko, Georges : « Les régions qui gagnent. Districts et réseaux » PUF, Paris, 1992.

L'implantation de l'industrie « au bord de l'eau » trouve des applications nombreuses. Historiquement, ce furent les cas du Laurion et d'Ermoupolis, plus tard, à partir de 1860, celui du Pirée et de ses extensions comme Drapetsona (engrais), Keratsini (électricité et minoterie), Elefsina ou Aspropyrgos (cimenteries et raffineries) et c'est depuis la guerre celui des usines d'Aspra Spitia (alumine et aluminium), de Larymna (nickel), de Nea Karvali (engrais phosphoriques), de Salonique (raffinerie, chimie) et de Patras (cimenterie de Drepano) ... Une bonne partie de leur succès économique est due à cette proximité.

Un ciel clément a favorisé encore les cultures industrielles que sont la vigne - en sa forme de raisin sec ou de vin -, l'olivier dans le Péloponnèse, le coton et le tabac en Thessalie et en Macédoine. Ces productions ont longtemps représenté l'essentiel des exportations. Elles ont été remplacées aujourd'hui par l'exploitation de la « diète méditerranéenne », par une industrie qui conditionne, certifie et marchandise le produit brut, mais aussi le transforme. Elle inclue vins, laitages, huile d'olive, fruits secs, produits des fermes marines…

Les choix de localisation sont ensuite liés à la mise en place récente d'un réseau de communications moderne et performant. Le lien établi par Chandler entre le réseau de transports ferroviaires et la croissance économique, s'applique à la Grèce sous d'autres formes et avec retard. En effet, le pays n'a pas connu de révolution du rail et son espace est longtemps demeuré fragmenté. Il faut attendre les années 1980 pour que s'ouvre, avec lenteur et délais, le triple chantier des autoroutes, des voies ferrées à grande vitesse et des voies aériennes. La révolution des télécommunications coïncide heureusement avec ces chantiers, portés par de grandes entreprises de travaux publics.

Ainsi, les voies routières traditionnelles qui longeaient les lacs Prespès et les fleuves Vardar (ou Axios), Nestos et Evros et reliaient la Grèce du Nord à ses voisins (Albanie, Macédoine du Nord et Bulgarie) ont été réactivées par des autoroutes (certes encore inachevées), elles-mêmes reliées à l'axe principal de l'Egnatia qui court de la frontière turque à Higouménitsa. Les liaisons entre les trois grandes villes, Patras, Athènes et Thessalonique et qui devraient un jour être complétées par des voies ferrées aux normes internationales, sont -enfin- achevées. Kalamata et Sparte sont aujourd'hui à 2 heures d'Athènes. Cette révolution dans la structure spatiale de la Grèce crée les économies externes nécessaires à un nouvel aménagement de l'espace, permet le désenclavement de nombreuses régions et scelle enfin l'unité géographique du pays.

D'autres effets de localisation résultent de l'économie urbaine. Autant l'Attique, premier marché de consommation, a d'abord attiré l'essentiel de l'industrie du pays, du milieu du XIXème siècle au milieu du XXème, autant les coûts croissants liés au prix des terrains et à la pollution industrielle ont ensuite produit un mouvement puissant de délocalisation des entreprises. Certes, les gouvernements sont intervenus pour que les provinces bénéficient du développement, interdisant par exemple toute nouvelle implantation à Athènes ou offrant des subventions. Mais, en dehors de celles-ci, le déplacement des entreprises repose sur des critères économiques. Un effet parallèle de ces délocalisations est le renouveau d'économies locales autour de centres urbains de taille moyenne. Tout au long de l'axe PATHE, des villes moyennes, désormais bien desservies, connaissent un essor important : Mégare, Corinthe, Thiva, Inofyta, Chalkida, Lamia et Larissa.

L'organisation de l'espace en réseaux est une autre version de la théorie des choix de localisation industrielle.

La notion de district industriel, à vrai dire, ne colle pas complètement au cas de la Grèce. Les exemples de la visserie du Vimeux et du décolletage de la vallée de l'Arve en France, de l'industrie de la laine de Prato en Italie, celle du coton du Lancashire en Angleterre, sont connus. Mais les études économiques sur ce sujet en Grèce sont rares. On a relevé cependant les cas des fourreurs de Kastoria (Deslondes 1991[90]), des caves et vignobles de la région de Némée ou de Messénie (issues dans les deux cas, à l'origine, d'une institution coopérative locale), de la pomme zagorine sur les pentes qui surplombent Zagora du Pilion, des fromagers Saracatsanes de Thessalie. C'est sans doute le cas de la réparation navale à Perama ou, en dehors de l'industrie, celui des armateurs du Pirée. L'absence d'institutions locales efficaces (a contrario, le rôle de certaines coopératives) et l'individualisme corrélatif puissant de l'entrepreneur grec expliquent la relative rareté de ce modèle. On retrouve cependant dans tous les cas cités une dimension culturelle forte et une tradition industrielle.

La notion de réseau industriel est plus pertinente à plusieurs égards.

---

[90]Deslondes, Olivier : « *Les fourreurs de Kastoria, entre la Macédoine et l'Occident* », CNRS Éditions, collection « Méditerranée », Paris

On se rappelle en premier lieu les analyses d'Alfred Chandler sur le rôle du réseau de communications dans l'abaissement des coûts d'accès au marché et dans la création d'un modèle entrepreneurial original, celui des grandes entreprises multi-unités et multi-divisions. En France, les analyses de Christophe Bouneau[91] sur la construction des réseaux ferroviaires, électriques et informatiques sont aussi éclairantes. Dans le cas de la Grèce, inversement, la géographie physique du pays a d'abord fait obstacle à la mise en place de réseaux routiers aussi bien que ferroviaires, ceux développés au temps de Tricoupis étant restés très imparfaits. Les communications ont d'abord été maritimes et favorisé les villes-ports de Patras, de Salonique et d'Athènes Le Pirée, mais aussi de Volos, Kavala, Kalamata. La notion de réseau industriel à proprement parler s'applique au maillage étroit tissé entre les opérateurs des grands réseaux mis en place après-guerre (ferroviaire, aérien, autoroutier, électrique et de télécommunications) et les grandes entreprises de production d'énergie, de travaux publics, d'ingénierie industrielle et de câblage qui les ont fournis.

En second lieu, une des caractéristiques du système industriel du pays est la mise en réseau d'une ou plusieurs grandes entreprises en situation de monopole ou d'oligopole, qui fabriquent des produits de base, avec une multitude de micro-entreprises qui découpent, ajustent et installent leurs produits. La notion de réseau ajoute ici à la notion de filière une dimension géographique. On peut citer les produits de l'aluminium, du bois, du marbre, de l'automobile et des chantiers navals : une ou quelques grandes entreprises fabriquent le produit semi-fini, une multitude d'artisans localisés - menuisiers de bois ou de métal, marbriers, garagistes, réparateurs - assurent la découpe aux mesures, la livraison, l'installation et l'après-vente. Ainsi, Aluminium de Grèce, Aloumil ou Elval fournissent les profilés d'aluminium qui doivent être transformés en huisseries (portes et fenêtres) adaptées aux besoins du client par des milliers d'ateliers du métal dans tout le pays. Shelman et Interwood importent des profilés de bois qu'entreprennent de transformer des milliers d'ateliers du bois en planches et meubles. Iktinos, Mermeren et FHL extraient et préparent des plaques de marbre pour des milliers de marbriers qui vont les découper aux besoins de leurs clients et les poser chez eux. Les difficultés de communication terrestre expliquent largement ce mode choisi de diffusion, remis en cause aujourd'hui par les

[91]Bouneau, Christophe : « *Entre David et Goliath. La dynamique des réseaux régionaux. Réseaux ferroviaires, réseaux électriques et régionalisation économique en France du milieu du 19è siècle au milieu du 20 è siècle* ». Maison des Sciences de l'Homme d'Aquitaine, Pessac 2008.

grandes surfaces d'équipement de la maison (Praktiker, Leroy Merlin) et de « bricolage » (DIY, Do It Yourself), elles-mêmes liées à l'extension du réseau routier. La dimension culturelle de ce système adapté à l'indépendance et au caractère familial des entreprises parait évidente.

Enfin, la dimension géopolitique explique une autre version des réseaux industriels. La Grèce exploite sa position géographique avec les oléoducs et gazoducs (TAP), les autoroutes et les lignes électriques qui la relient à l'Albanie, la Macédoine du Nord, la Serbie, la Bulgarie et la Turquie, avec le projet Med ring qui intéresse la connexion électrique avec les îles principales et les pays de la rive méridionale de la Méditerranée. Elle se voit volontiers au carrefour des Balkans et de la Méditerranée orientale comme un point de passage obligé et comme un intermédiaire privilégié entre les pays de ces régions et l'Europe.[92]

La théorie des localisations industrielles trouve une troisième application dans les systèmes agroalimentaires spécialisés. Ils sont constitués de labels exclusifs de produits locaux se conformant à des normes élevées de qualité, établissant ainsi une forme de monopole. Les auteurs qui les ont étudiés les considèrent comme une forme de « résistance » à la concurrence internationale, permettant une exportation dynamique. Ce modèle se prête particulièrement aux grands vins classés et/ou AOC, aux spécialités enracinées dans les cultures locales, marchandisées et diffusées dans des réseaux spécialisés de « Delicatessen ». La Grèce peaufine ainsi son « régime méditerranéen » qui lui permet de cultiver en mode intensif des champs en général trop étroits, et de normaliser des produits originaux, huile d'olive, vins de cépages anciens tels que l'Agiorgitiko de Némée ou le Moschofilero de Mantinée près de Tripoli, mastics de Chio, fromage de feta et sfela... Le modèle vaut aussi pour les produits artisanaux de coutellerie, textile, cuir, menuiserie, ameublement, instruments de musique et bijouterie.

[92] TAP : Trans Adriatic Pipeline, destiné à acheminer le gaz du gisement de Shah Deniz en Azerbaïdjan, de la mer Caspienne à l'Italie en passant par la Turquie et la Grèce. Il se substitue au projet Nabucco, dont subsiste cependant la branche Ouest, qui passe par la Bulgarie vers l'Autriche. Southstream est un projet concurrent de pipeline visant à acheminer le gaz de Russie et du Kazakhstan vers l'Europe, en passant par la Turquie et la Bulgarie d'une part, la Grèce puis l'Italie d'autre part. Medring est un projet de liaisons électriques transméditerranéennes de la Commission Européenne. Il rappelle celui de Michel Chevallier : « Concevons maintenant qu'on poursuive un pareil système de travaux sur la côte d'Afrique. On aura ainsi tout autour de la Méditerranée un premier réseau sur lequel on brodera des réseaux secondaires, de manière surtout à faire converger les communications vers les ports qui serviront de centre à chaque bassin ». La pose récente de câbles électriques sous-marins reliant l'Egypte à la Grèce en est un exemple notable.

Dans tous ces cas, les inconvénients de la petite taille sont compensés par la qualité des fabrications et leur valeur ajoutée.

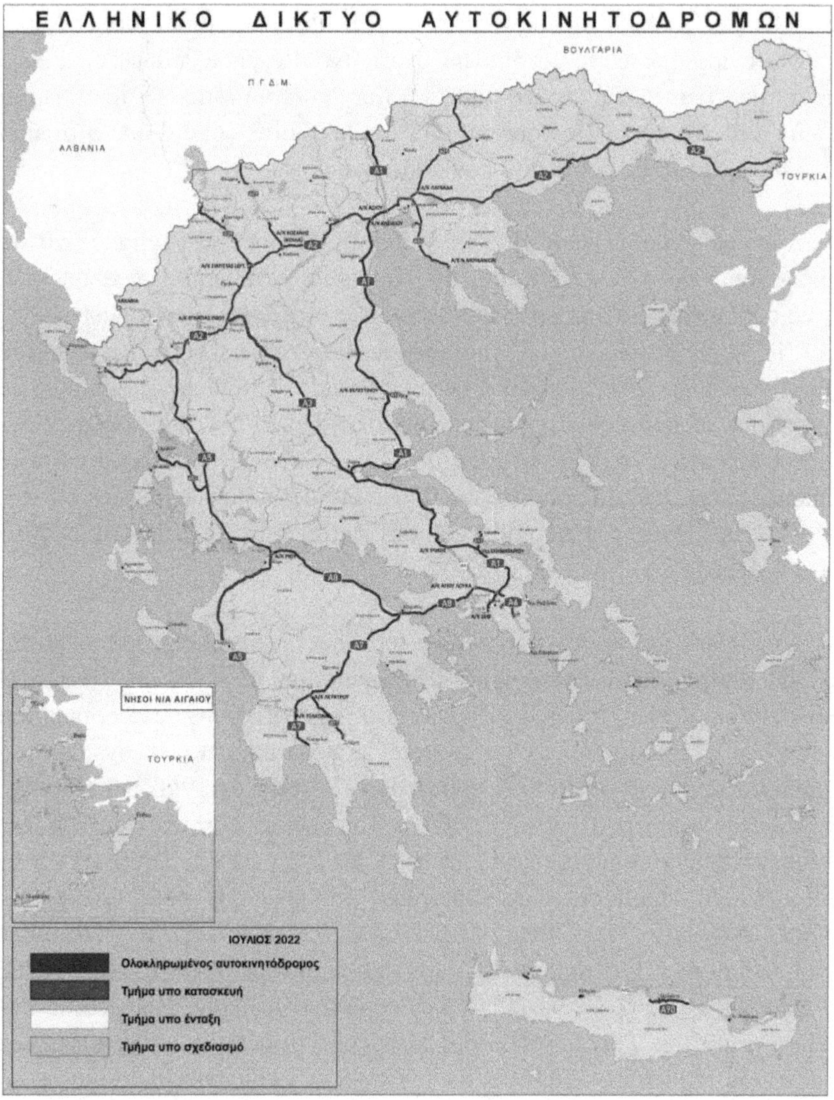

Le réseau grec d’autoroutes en 2022

Le découpage administratif et statistique du territoire ne s'est malheureusement guère inspiré de ces réflexions et n'aide pas à établir la carte réelle de l'industrie. Le premier ne contribue pas à son organisation économique logique et le second ne décrit pas l'espace industriel grec à l'échelle pertinente. En nourrissant le lieu commun de la domination écrasante de l'Attique, ils déforment en effet la réalité, celle d'une diffusion en pratique assez large des installations industrielles.

Le découpage administratif du pays en 13 régions est aligné sur le découpage européen des territoires qui vise à la comparabilité statistique. Mais ce découpage ne s'est pas fait sans arrière-pensées électoralistes.[93] Et surtout la suppression des 53 nomes ou départements par la réforme Kallikratis en mars 2010 aboutit à ne plus prendre en compte la réalité des implantations et une échelle pourtant mieux adaptée à la gestion du tissu industriel. En outre, la prise de décision économique et administrative reste fortement concentrée. La compétence financière des autorités locales est très limitée et les sièges sociaux des grandes entreprises se trouvent le plus souvent à Athènes.

D'un autre côté, les seules statistiques localisées après la guerre et avant 1970 sont celles des recensements de population de 1951 et 1961, qui enregistrent par secteur d'activité et par région les variations de la population active. Elles ne prennent pas en compte le département. Un système de comptabilité régionale est mis en place dans les années 1960 par l'ESYE, avec l'aide de coopérants de l'OCDE[94], et des séries correctes de PIB par département couvrent la période 1970-1993. Mais à partir de 1995, les séries statistiques par département ne sont plus produites que pour les valeurs ajoutées. A partir de 2000, ELSTAT a révisé sur la base des recommandations d'Eurostat de 2010 les statistiques de VAB, et produit une série homogène de 2000 à 2014 par département, mais seulement par branche regroupées (Transformation, Services Publics, Construction). Les recensements industriels effectués de 1958 à 1988 ajoutent aux données de PIB ou de VAB une vue précise du tissu d'entreprises industrielles par

---

[93] Ainsi, le Péloponnèse est divisé en deux régions, Grèce Occidentale avec pour chef-lieu Patras et Péloponnèse avec pour chef-lieu Tripoli, dont les deux zones industrielles principales sont à Corinthe et Kalamata…

[94] Et particulièrement Jean Anfré de l'INSEE : Rapport sur la Comptabilité régionale 1970-174 p.40: « Deux missions effectuées à Athènes en 1974 et 1977 au titre du programme d'assistance technique de l'OCDE »

département et par branche. Des fichiers d'entreprises en 2002 et 2005 permettent de les prolonger jusqu'à ce qu'Eurostat prenne le relais. Ils fournissent aussi des données solides et homogènes pour l'emploi. Mais à partir de 2008, les statistiques d'emploi ne sont plus que régionales et par branches regroupées. C'est en grande partie de ces imperfections de l'instrument d'observation que résulte « l'invisibilité » de l'industrie, et plus précisément l'image de la domination écrasante de la région Attique (Athènes et banlieues, Le Pirée, Elefsina, Laurio) sur le reste du pays.

Il est certes vrai qu'Athènes a polarisé l'activité industrielle : le centre du pouvoir s'y est établi, attirant autour de lui une population qui constitue donc un marché de bonne taille. De plus, la ville a recréé son port ancien du Pirée où s'organisent les échanges de l'Etat nouveau et s'installent ses premières industries.

L'Attique ressemble en cela à l'Ile de France : pesanteur historique des capitales, exode rural puissant de l'après-guerre, concentrations industrielles. Historiens et géographes (Gravier, Prévélakis, Burgel, Sivignon[95]) ont insisté sur l'excès de cette concentration (« Paris et le désert français », « Le miracle athénien ») et leur propre exagération a eu pour vertu d'intéresser la puissance publique à des actions d'aménagement des territoires. Il reste qu'Athènes a polarisé plus fortement que Paris les activités industrielles et que la répartition régionale des VAB et de l'emploi en 2014 est nettement plus équilibrée en France qu'en Grèce. L'Attique représente 36.5 % de la VAB globale des industries de transformation et 37 % de celle de la Construction alors que les valeurs correspondantes en Ile de France ne sont que de 19 % et 21 %. Le reste de l'activité se répartit assez bien sur les métropoles régionales, avec une prééminence marquée pour Lyon, comme c'est le cas pour Salonique. Dans les deux pays, les services sont plus concentrés que l'industrie, mais plus en Attique, en particulier les TIC. Excès probable de centralisation, dans ses dimensions historique et étatique. La révolution territoriale reste à faire en Grèce.

Mais pas plus que Paris n'a fait un désert de la France, Athènes n'a stérilisé la Grèce. Cette focalisation excessive de l'intérêt masque la dispersion réelle des industries sur le territoire, sensible dès la fin de la 2ème Guerre Mondiale et a fortiori après l'éclatement de la Yougoslavie et la chute du mur de

[95] Jean François Gravier : « Paris et le désert français » 1947 Flammarion. Prévélakis, Georges : « *Athènes, urbanisme, culture et politique* ». L'Harmattan, Paris, 2000.Burgel, Guy : « *Le miracle athénien au XXe siècle* » CNRS Editions, Paris, 2002.Sivignon, Michel, op. cité.

Berlin, qui ont favorisé l'essor des trois régions macédoniennes, autour de Thessalonique. Au-delà des deux co-capitales, il faut voir le Z inversé de l'axe PATHE[96] qui constitue aujourd'hui le fil principal, très étiré, de l'industrie grecque. Et au-delà encore : de nombreuses villes en marge de cet axe connaissent une croissance importante et constituent des foyers d'industrie distincts et autonomes - Kalamata, Corinthe, Agrinio, Ioannina, Karditsa, Kozani, Kilkis, Serres, Drama, Kavala, Xanthi, Alexandroúpolis.

Les autoroutes d'Athènes à Corinthe et à Lamia en témoignent : autour du Golfe Saronique (à l'ouest d'Athènes) et de son prolongement vers Mégare et Corinthe d'une part, le long de l'autoroute à Inofyta, Schimatari ou Chalcis d'autre part, des cimenteries, des raffineries, plusieurs centrales thermiques, et le site de liquéfaction du gaz naturel, des usines de transformation de l'acier et du cuivre (câbleries, tuberies), ont puissamment marqué le paysage. Il en est de même en Macédoine et dans le Péloponnèse où se concentrent, sur les gisements de lignite, les cinq centrales thermiques de Ptolemaïda et les deux centrales de Mégalopolis. Entre Salonique et Kavala, une unité de raffinage, une aciérie, une cimenterie, une usine d'engrais et des sucreries.

« Paysages (industriels) dans le brouillard » d'Angelopoulos, qui témoignent de la diffusion spatiale de l'industrie.

[96]Sont compris dans PATHE les départements d'Achaïe, Corinthie, Béotie, Eubée, Phthiotide, Magnésie, Larissa, Piérie, Salonique et Kavala et l'Attique et l'Attique. Autre PATHE correspond au total PATHE sauf Attique et Salonique. La Province comprend les départements du pays hors PATHE.

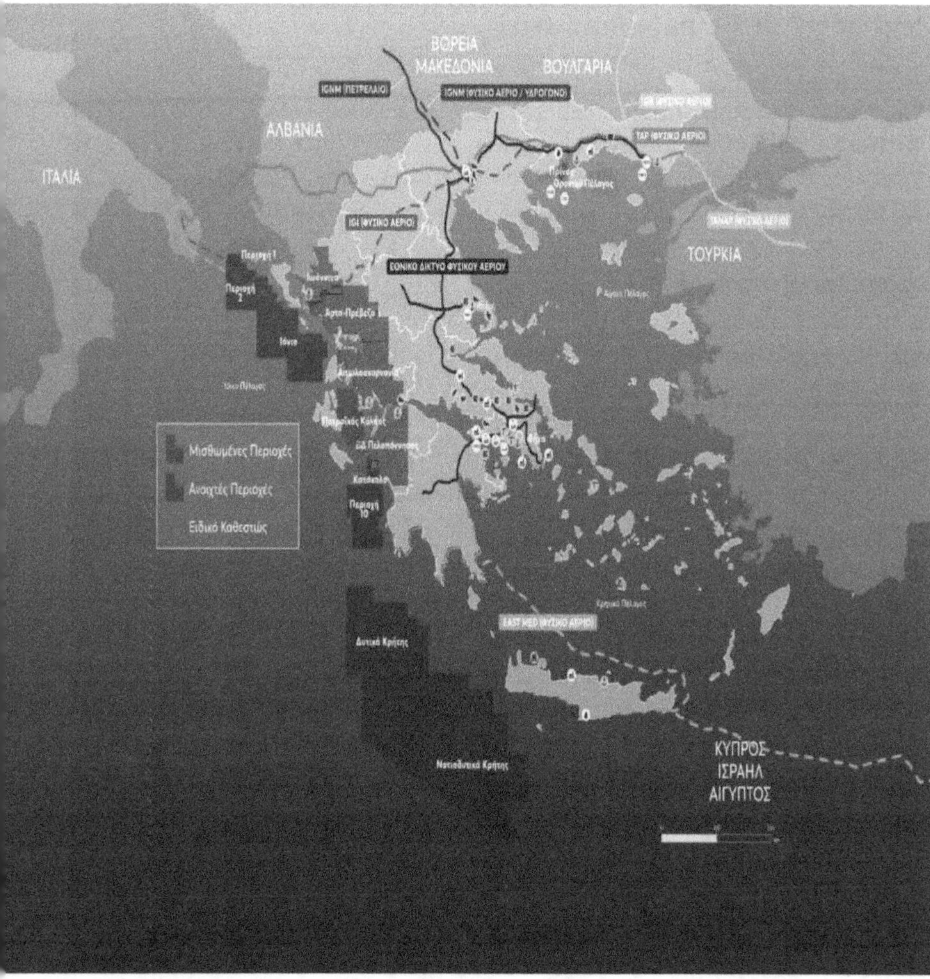

Carte des pipelines grecs de transport d'hydrocarbures :
la Grèce, carrefour énergétique

L'étirement de l'espace industriel

L'industrie est donc mieux répartie dans l'espace qu'on ne l'a décrit. L'histoire détaillée de son évolution depuis la 2ème Guerre Mondiale permet de préciser le rapport entre l'Attique et la province aux différents niveaux de la valeur ajoutée (VAB), de l'emploi et du tissu d'entreprises.

Pendant les Trente Glorieuses

D'abord, la création de la base industrielle entre 1950 et 1980 ne s'est pas faite qu'en Attique.

Dès 1951, il nous semble difficile de parler d'hydrocéphalie industrielle athénienne, pour plusieurs raisons. La seule existence de la « co-capitale », Salonique, est un argument suffisant. Mais il faut y rajouter l'étalement significatif des industries le long de l'axe Patras-Athènes-Salonique (PATHE) et l'identité très affirmée de plusieurs villes de province. Le niveau de déconcentration varie selon le critère utilisé - établissements, emploi, valeur ajoutée - et selon le type d'activité.

A cette date, la dispersion des établissements est déjà importante : l'Attique n'en représente que le quart, et la province, hors axe PATHE, plus de la moitié. S'il y a hyper concentration en Attique, c'est plutôt celle de l'emploi dont un peu plus de la moitié y est recensé. La taille des entreprises est un des variants de cette répartition spatiale : dans la catégorie des établissements, employant dans les industries de transformation plus de 100 personnes, l'Attique en compte 175 sur un total de 272, qui y emploient à eux seuls 20 % de la force de travail totale de ces industries. Inversement, les établissements artisanaux (employant au moins une personne) sont répartis sur l'ensemble du territoire et ils emploient en moyenne beaucoup moins de personnes. On ne dispose malheureusement pas alors de données de répartition spatiale du PIB.

Par la suite, les recensements industriels de 1958 à 1978, dans le cadre de la forte croissance des industries de transformation,[97] démontrent qu'établissements, et emplois en Attique ne représentent qu'une partie de l'activité, même si elle est importante. Sa part dans le nombre des

---

[97]On passe de 111.100 établissements employant 470.000 personnes en 1958, à 131.800 établissements employant 719.200 personnes en 1978.

établissements est en forte augmentation, dans l'emploi elle diminue légèrement et dans le PIB fortement.

En ce qui concerne les entreprises, avec le passage du temps, la part de la Province a effectivement beaucoup diminué, au profit de l'Attique et de Salonique en particulier. Mais si les autres départements de l'axe PATHE ont vu leur part diminuer, celle des départements autour de Salonique, Verria, Serrès, Kilkis et Edesse ont augmenté la leur.

La répartition de l'emploi industriel présente un profil légèrement différent. Sa concentration en Attique est significativement plus importante que celle des entreprises, ce qui est en partie lié à leur taille, comme en 1951. Il n'est pas tout à fait étonnant que cet « excès » se dégonfle un peu[98]. L'emploi s'étire en particulier le long de l'autoroute du Nord, vers Inofyta, Chalcis, Schimatari, et Thiva : les départements de Béotie, d'Eubée, de Salonique voient leur part augmenter significativement, tandis que le reste de la Province perd des points.[99]

Quant à l'évolution de la répartition géographique du PIB des industries de transformation, elle se caractérise par une diminution prononcée de la part de l'Attique au profit, cette fois, aussi bien des régions le long de l'axe PATHE (Salonique et surtout les autres départements de l'axe PATHE), que de la Province. Ainsi, la très forte croissance de ce PIB dans la même période s'est accompagnée d'une meilleure distribution spatiale.

La construction exerce une influence particulière sur la distribution de l'activité industrielle dans son ensemble.[i100] Qu'il s'agisse de l'emploi ou du PIB, la construction se répartit en effet mieux sur le territoire et son développement limite la chute de la part de la Province dans l'activité industrielle. Ainsi, alors que cette dernière a diminué, hors construction, depuis 1958, construction incluse, elle s'est accrue. Inversement, la part de l'Attique dans le PIB industriel construction incluse est inférieure en 1970, de 3.7 points à celle du PIB industriel construction exclue ; en 1980 l'écart est encore de 2 points.

---

[98]L'effet taille apparaît au niveau des entreprises qui emploient plus de 50 personnes : en 1978, elles concentrent 42 % de l'emploi dans les industries de transformation, contre 29 % en 1958.

[99]La part de la Béotie passe de 0.8 à 2.4% entre 1958 et 1978, celle de l'Eubée de 2.3à 2.7 %, celle de Salonique de 8.2 à 11.7%.

[100]On ne dispose de statistiques sur la distribution spatiale des entreprises de construction que pour 1958. Les données de PIB 1970-1990 sont issues de la Comptabilité régionale.

Ensuite, entre 1981 et 2008, l'industrie enregistre, on le rappelle, une brusque diminution du nombre des entreprises et des emplois à partir de 1990 et le redressement prononcé du taux de croissance de sa production à partir de 1996. Elle enregistre aussi, dans ce cadre, une meilleure répartition spatiale des entreprises, des emplois et du PIB, comme si la province résistait mieux aux chocs des plans d'assainissement et de l'ouverture à l'UE, et les industries de l'Attique et de Salonique y étaient plus sensibles.

La part de l'Attique dans la population des entreprises en dehors de la construction diminue au seul profit de la région de Salonique. Les parts de Autre PATHE et de la province stagnent.

L'emploi subit le même choc au même moment. Sa répartition géographique entre 1978 et 1988 révèle un mouvement de déconcentration de l'Attique vers les autres départements de l'axe PATHE, surtout le long de l'autoroute du Nord (Béotie et plus encore Salonique). La Province retrouve des couleurs[101]. Au-delà, la part de l'Attique diminue encore légèrement et celle de la Macédoine centrale stagne. Toutes les régions enregistrent un développement en valeur absolue et augmentent leurs parts, à l'exception des deux Macédoines Orientale et Occidentale, de la Grèce Occidentale et du Péloponnèse. Les deux Macédoines connaissent en effet un déplacement massif de leurs industries vers leurs voisins septentrionaux, Bulgarie, Macédoine du Nord et Albanie, comme l'ont déjà noté quelques auteurs.[102]

Enfin, alors que le taux de croissance du PIB de 1980 à 1994 connaît une forte détérioration, la répartition régionale du PIB demeure stable, avec une légère diminution de la part de l'Attique (qui atteint en 1995 son point le plus bas) au bénéfice de la Province. Mais dans la phase de croissance qui suit jusqu'en 2008, on observe une tendance à la re concentration des activités en Attique, au détriment de Salonique et en particulier des autres

---

[101]La part de la Béotie passe de 2.4 % à 2.7 % en 1988, celle de Salonique de 11.7 % à 14.4 % et celle de la Province de 24 % à 27,5%. à 11.7 %.

[102]Darques Régis, Deslondes Olivier, Lory Bernard : « La nouvelle frontière gréco-bulgare » dans R. Darques et O. Deslondes (éd.), Bulgarie-Roumanie, les nouveaux horizons de l'Union méditerranéenne. Méditerranée, n°110 (2008). Sivignon, Michel : « Effets de frontière en Thrace occidentale » in N° thématique : LA GRECE AUJOURD'HUI, Géo carrefour, vol. 77, n°4, Lyon, 2002.

départements de l'axe PATHE, tandis que progresse sensiblement celle de la Province.

Il est vraisemblable que la forte augmentation dans cette période du nombre des entreprises de construction a compensé dans une large mesure la diminution de celles des industries de transformation. En 2005, la part de l'Attique dans l'ensemble des entreprises industrielles est légèrement moins élevée avec la construction que sans. Et si l'emploi industriel dans son ensemble a augmenté légèrement de 2000 à 2008,[103] ce qui est dû dans une large mesure à la construction, la part de la province a augmenté plus avecla construction que sans. En revanche, le prix très élevé des logements, les plus grands coefficients de marges, mais aussi l'activité liée aux Jeux Olympiques, en augmentant la valeur de la production de cette branche et ses profits, a favorisé une re concentration sur les deux zones urbaines d'Athènes et de Salonique entre 1996 et 2005. Mais à partir de 2005 et au-delà, la place de la construction se détériore et son influence diminue sur la répartition spatiale des activités industrielles.

La crise qui démarre en 2008 semble produire une nouvelle géographie.

[103]Part de l'Attique dans le nombre d'entreprises industrielles : 33.6 % avec la construction et 35.4 % sans. Le nombre de personnes employées passe de 939.000 à 944.000.

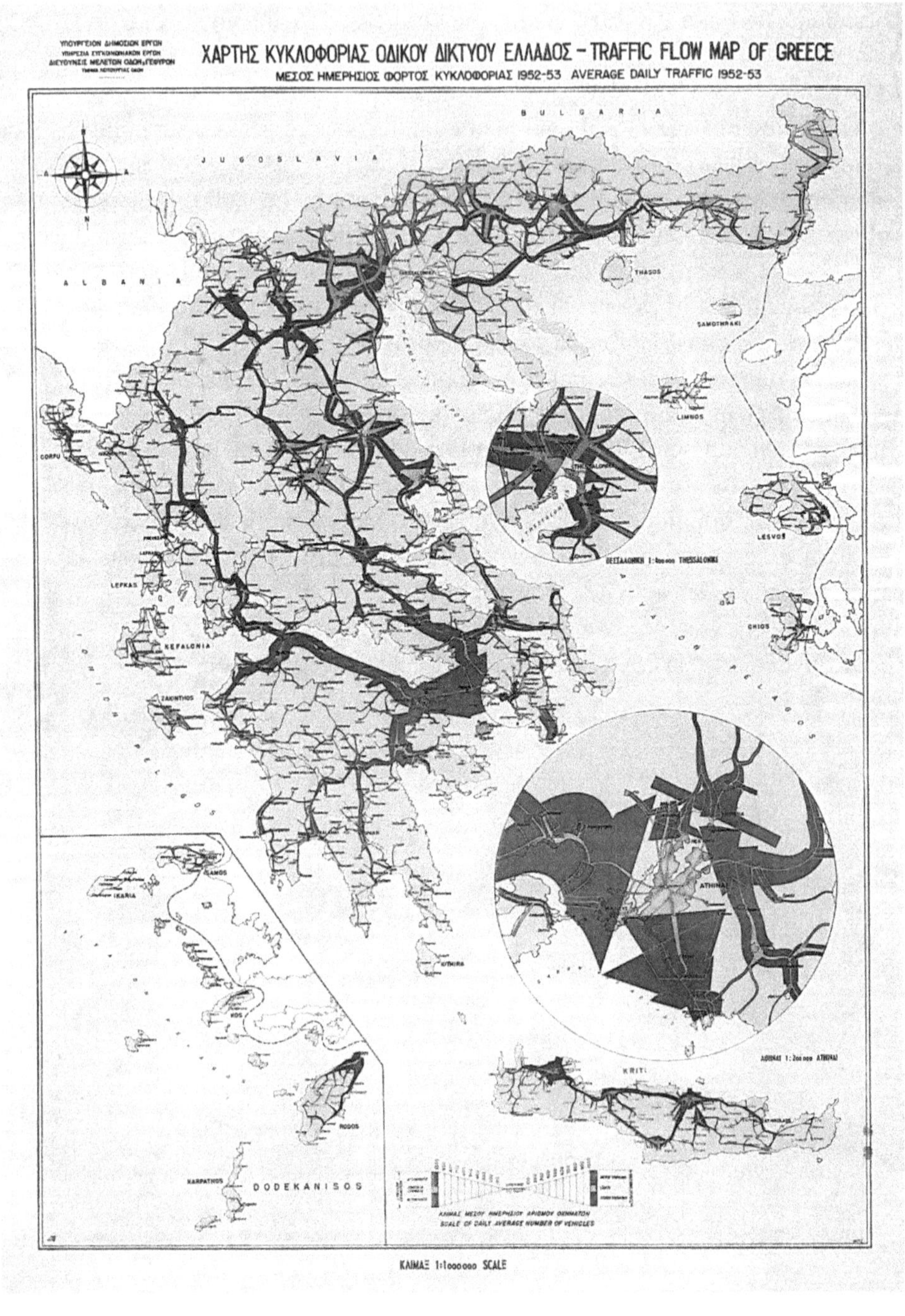

La carte du trafic routier en Grèce en 1952-53 illustre la répartition de l'activité économique le long d'un Z renversé de Patras à Salonique (Source : ministère des Travaux Publics)

Géographie de la crise

Les territoires ont manifesté en Grèce une capacité inégale de résistance à la crise, inégalité qui s'est exprimée dans les évolutions du nombre d'entreprises, de la valeur ajoutée et de l'emploi.

Le contexte général est celui d'un effondrement des valeurs ajoutées de l'industrie entre 2008 et 2014. La construction (logement et travaux publics) est la plus touchée : la VAB industrielle totale recule d'un tiers, celle de la construction des deux tiers. L'emploi subit cette évolution de manière moins intense. Le nombre d'entreprises subit une nouvelle réduction.[104]

Dans ce cadre, la part de l'Attique dans le nombre d'entreprises et d'emplois diminue sensiblement, en faveur de la Province, et très peu dans la VAB. Il semble que la province, plus différenciée et plus ouverte aux PME résiste mieux que les grands centres industriels. En outre, le mouvement de déconcentration de l'industrie vers la province est renforcé par la dispersion propre à l'activité de construction, plus marquée que dans les industries de transformation.

Ce mouvement général se décline sur trois zones distinctes, la métropole, en dehors d'elle les départements de l'axe PATHE et le reste de la Grèce.

La métropole[105] connaît une baisse du nombre de ses entreprises, de ses emplois et de sa VAB industrielle hors construction, plus prononcée que celle enregistrée dans l'ensemble du pays. Cette baisse est très inégalement répartie sur le territoire métropolitain.

Les deux départements périphériques de l'Attique (Attique Occidentale autour d'Elefsina et du Thriasio et Attique Orientale de Lavrio à la Skala Evropou), et à un moindre degré le secteur Nord d'Athènes, voient leurs parts augmenter au détriment de celles des deux départements d'Athènes et du Pirée dont la part entre 2000 et 2008 s'était déjà effondrée. Les raisons en

---

[104]La VAB recule de 34 % (celle de la construction de 63 %) entre 2008 et 2014, l'emploi de 39 % (de 51 % dans la construction), les entreprises entre 2005 et 2014 de 19 % (21 % dans la construction).

[105]La métropole est divisée en 7 entités administratives : le département d'Athènes, divisé en secteur Nord (pentes du Pentélis, Kifissia, Maroussi, Chalandri, Néa Ionia), secteur Sud (Falère, Glyfada), centre d'Athènes, secteur Ouest (Aigaléo, Peristéri, Petroupoli, Kamatero). Départements d'Attique Orientale (Vari, Lavrio, Rafina, Marathon), d'Attique Occidentale (Aspropyrgos, Elefsinas jusqu'à Kinita) et du Pirée/ iles (Egine, Poros, Salamine, Hydra, Spetses, Cythère).

ont été déjà évoquées plus haut à propos de la rue du Pirée (phénomènes de pollution, prix des terrains, incitations publiques).

La construction avait connu un vif essor entre 2000 et 2004. Malgré une crise forte mais passagère en 2005, un pic avait été atteint en 2006 et la part de l'Attique s'était même légèrement accrue. Mais à partir de cette date, sa valeur ajoutée s'effondre au point de ne plus représenter en 2014 qu'un cinquième de celle de 2006. Sur l'ensemble de la période 2000-2014, la répartition sur le territoire de la métropole favorise là encore les départements d'Attique Occidentale et Orientale, dont la part augmente de manière impressionnante. La part du centre d'Athènes, déjà saturé, s'accroît légèrement. Celle du Pirée s'effondre.

Notons enfin que la capitale renforce légèrement sa place dans les services : ce sont le secteur Nord et les deux départements d'Attique Occidentale et Orientale qui profitent de cette évolution, au détriment de toutes les autres zones y compris le centre d'Athènes. La concentration est particulièrement sensible dans les services financiers, les TIC et les services à l'industrie, et elle se renforce légèrement avec la crise.

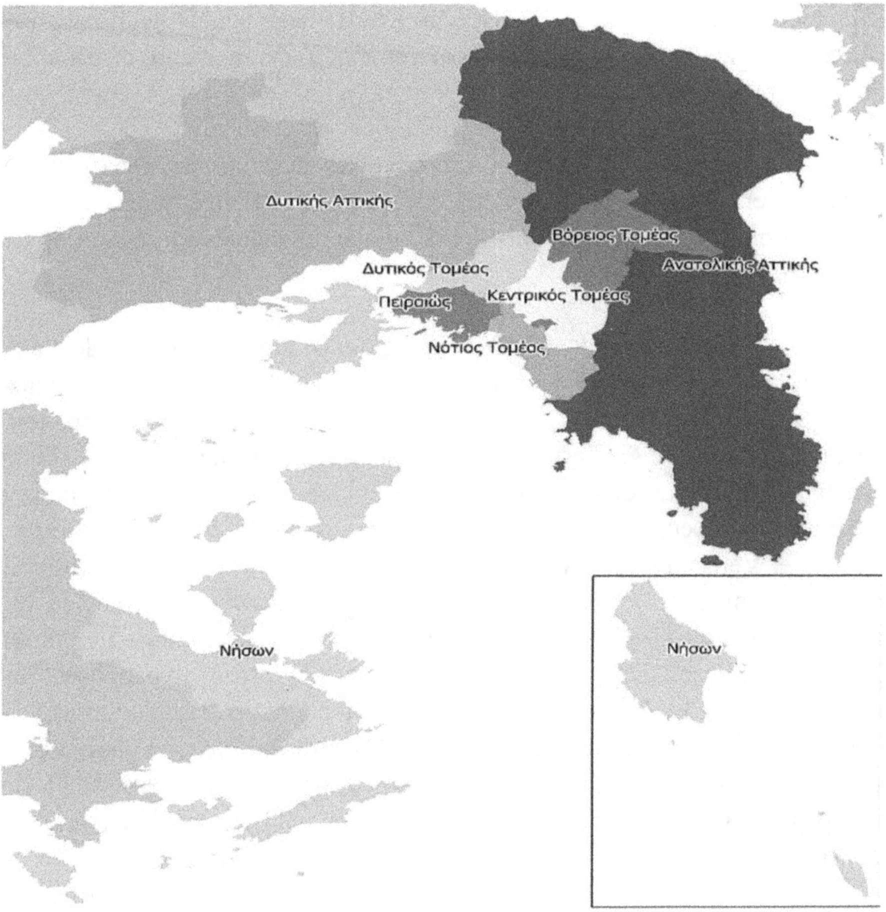

Carte administrative de l'Attique

Les départements de l'axe PATHE, Attique non comprise, sont le deuxième espace de déversement de la métropole, dont l'activité industrielle s'étire vers Lamia, Salonique et Kavala d'une part et vers Corinthe et Patras d'autre part. De 1970 à 1990, la part de ces départements dans le PIB industriel, hors construction, a augmenté sensiblement, mais, par la suite, entre 1995 et 2007, le sens de l'évolution s'est inversé et leur part a connu une baisse importante. Baisse qui se poursuit jusqu'en 2014.

Le département de Salonique voit sa part diminuer de manière continue de 2000 à 2014, en partie au bénéfice des départements qui l'entourent. Même baisse en Achaïe et en Corinthie et dans les trois départements que traverse l'autoroute vers Lamia, la Béotie, l'Eubée et la Phthiotide. Au contraire, les départements de Magnésie, Larissa et Kavala augmentent leur part. La construction ne contribue pas ici, apparemment, à une meilleure distribution de la valeur ajoutée.

Il en va différemment du nombre d'entreprises. Ici, tous les départements gagnent, en dehors de Salonique, Kavala et l'Eubée. L'activité de construction y favorise, en dehors de Salonique, une meilleure répartition de l'industrie.[106]

Le reste de la Grèce, càd tous les départements situés en dehors de l'axe PATHE constitue le troisième espace étudié. Si de 2000 à 2008, sa part dans la valeur ajoutée industrielle est restée stable, avec ou sans la construction, de 2008 à 2014, elle s'est accrue fortement, au détriment de l'Attique principalement, à un degré moindre de Salonique. Les départements qui en profitent sont ceux qui forment couronne autour de Salonique (Serres, Himathie, Verria, Drama, Kavala, Piérie, Kateríni) et ceux où l'on extrait la lignite et produit l'électricité (Kozani et Florina).[107] De même, les départements des îles de l'Egée et de la Crète, qui bénéficient de l'essor du tourisme et, en Crète, de celui d'une agro-industrie dynamique, les départements d'Etolie (Agrinio), d'Epire (Ioannina et surtout Arta), de Karditsa et de Larissa en Thessalie (une comparaison poussée entre Volos industrielle et Larissa plus agro-industrielle serait bien intéressante), le Péloponnèse (mais justement pas les deux villes industrielles de Corinthe et de Kalamata).

[106]L'emploi à ces dates est analysé par régions et ne permet pas de détailler entre les trois ensembles cités.

[107]La valeur ajoutée industrielle de ces deux départements a augmenté en valeur absolue et la part de la région de Macédoine Occidentale s'est accrue de 3.5 points.

Tableau 8. Répartition spatiale de la VAB industrielle en Attique et en Grèce, en 2008 et 2014, par nomes, en %.

	Avec construction		Sans construction	
	2008	2014	2008	2014
Athènes centre	21,9	22,3	26,7	25,4
Reste Athènes	43,3	41,8	45,3	44,1
Athènes (1+2)	65,2	64,1	71,9	69,5
Reste Attique	34,8	35,9	28,1	30,5
Attique	100	100	100	100
Attique	39,3	36,5	39,6	36,5
Thessalonique	10,4	9,2	11,1	10,1
autre PATHE	19,5	19,3	20,8	20,3
PATHE	69,2	65,1	71,5	66,8
Province	30,8	34,9	28,5	33,2
Grèce	100	100	100	100

Sources : ELSTAT, séries VAB par département (nome)

Observations générales

On peut tirer quelques enseignements de l'ensemble de ces observations sur les lieux de l'industrie.

La répartition des industries sur le territoire est beaucoup plus diffuse que « le miracle athénien » ne le laissait entendre, et ce, quel que soit le paramètre utilisé et quel que soit la période ou le type d'évolution. De plus, les périodes de forte croissance (1958-1978, 1995-2005) semblent favoriser la concentration sur l'Attique, alors que les périodes de stagnation ou de recul paraissent affecter moins la périphérie et renforcer ainsi sa place.

On observe, dans les trois approches parallèles des entreprises, des emplois et des valeurs ajoutées, que les deux derniers sont plus concentrés que les entreprises. Cela veut dire que la taille des entreprises joue un rôle dans la répartition spatiale de l'emploi et de la VAB qu'il convient d'étudier, si possible branche par branche. De plus, l'augmentation de productivité semble plus importante dans les moyennes et grandes entreprises, qu'on trouve en plus grand nombre en Attique. La variation du niveau de concentration de l'emploi, plus grande que celle du PIB en 1978 et plus petite en 2008, accompagne celle de la productivité du travail et confirme le rôle des grandes entreprises en Attique.

La structure des activités industrielles joue indubitablement un rôle dans leur répartition spatiale. Mais ce rôle est complexe. Le degré de dispersion des entreprises par branche d'activité est en effet extrêmement variable et donc son influence sur les territoires. Ainsi, la concentration d'entreprises en 2005 sur les 5 régions d'Attique, de Thessalie et des 3 Macédoines atteint 76.7 % pour les produits pétroliers et gaziers, 75.6 % pour la production d'électricité, gaz et eau, 90% pour le textile, 84 % pour l'impression, 81 % pour la chimie pharmacie. Les nouvelles technologies de l'information et de la communication sont de même très concentrées dans les grands centres urbains et universitaires. D'autres branches sont bien moins concentrées : les régions autres que l'Attique ou la Macédoine centrale représentent en 2005 61.5 % des établissements pour l'agroalimentaire et 55.2 % pour la construction. Elles représentent aussi 49.5% pour les produits métalliques et 55 % pour les non métalliques.

Du coup, l'évolution forte, pendant la période, de la structure des activités industrielles se traduit par une modification forte de leur répartition géographique : dispersion probable dans le cas de l'agroalimentaire et de la construction, concentration probable dans celui des TIC. Le cas du textile en revanche serait à étudier de près.

Pour comprendre de quelle manière ces évolutions peuvent transformer l'espace, l'observation simultanée branche par branche et nome par nome est en effet indispensable. Un niveau élevé de concentration des emplois, des entreprises et de la valeur ajoutée dans certaines branches, peut rendre les régions concernées vulnérables à leur crise éventuelle. Les poches d'effondrement, ou de développement des industries ne sont compréhensibles qu'à ce niveau de détail. On comprend qu'une aide ciblée à la recomposition du tissu industriel pourrait contribuer puissamment à la définition des équilibres territoriaux. « L'invisibilité » statistique de ce tissu explique que les politiques de décentralisation industrielle n'aient eu jusqu'ici que des effets limités.

Dans un premier temps, elles portaient sur les « frontières » du Nord, dans un but de protection du territoire (1976). Elles ont porté ensuite sur la création en 1965 des Zones Industrielles[108], par exemple celles d'Oinofyta et d'Agii Theodoroi, devenues les nouveaux pôles industriels d'Athènes, sur la réalisation de grands projets industriels disséminés sur le territoire, comme les raffineries, les complexes chimiques, les usines de traitement des métaux et de production d'électricité, et sur l'interdiction en 1984[109] d'installer de nouvelles industries dans la plaine d'Attique, accompagnée d'incitations fiscales à l'installation hors capitale. Elles semblent avoir exercé une certaine influence jusque dans les années 1995-2000.

On peut douter cependant que la répartition spatiale de l'industrie soit aujourd'hui le fruit d'une volonté étatique raisonnée. Les entreprises conduisent en réalité la décentralisation industrielle en fonction de paramètres économiques -le prix des terrains, l'existence de marchés abondants de consommation et de main d'œuvre, des communications commodes-, ou socio culturels -un esprit local d'entreprise, une main d'œuvre spécialisée, une Université, des produits traditionnels.

La transformation qui façonne le territoire de la Grèce modèle aussi son commerce extérieur, son insertion depuis 1950 dans la division internationale du travail, sa manière de s'approprier le grand large de l'exportation.

---

[108] Loi 4458/1965 qui crée les Zones Industrielles (VIPE).

[109] Loi289/76 de1976, Décret Présidentiel 84/1984 relatifs aux industries de la plaine Attique, et Décret Présidentiel 456/1995.

Chantiers navals de Pérama, exemple de district industriel

Pommiers sur les terrasses du Pilion (à Zagora)

Zone industrielle d'Inophyta (Viochalko, EAB, Pyramis, Schneider)

Chapitre 4

La Grèce dans la division internationale du travail

Spécialisation des produits, proximité des destinations

L'INDUSTRIE GRECQUE S'EST INSEREE TOUT AU LONG DU 19EME SIECLE dans une certaine division internationale du travail, mais, depuis la fin de la 2ème Guerre Mondiale, son environnement a connu des bouleversements considérables.

Trois événements majeurs ont contribué à l'évolution des échanges industriels de la Grèce : l'adhésion au Grand Marché européen (adhésion à l'UE en 1979, puis en 2000 à l'Euro zone), la mondialisation des échanges, accélérée à partir des années 1980 et consacrée par la création de l'Organisation Mondiale du Commerce (OMC) en 1994, et, à partir de la fin 2008, la crise financière, puis économique. Dans le même temps, l'évolution de la géographie des hydrocarbures et l'industrialisation rapide de l'Asie, en particulier de la Chine, de l'Afrique et de l'Amérique latine, ont contribué au remodelage de la division internationale des tâches.

D'un autre côté, conséquence de la crise récente, on observe le report partiel de la consommation des ménages et de l'investissement vers les exportations et la forte diminution des importations, deux mouvements de sens contraire qui conduisent, pour la première fois depuis longtemps, au rétablissement de la balance des paiements courants. Simultanément, les entreprises entament un processus de réorganisation-réorientation de leur production vers l'exportation.

Au fil de ces mouvements, le commerce extérieur de la Grèce s'est profondément modifié, tant dans ses produits que dans sa géographie. D'abord, l'ouverture au Grand Marché européen a facilité vraisemblablement la spécialisation des produits, qui circulent librement sur son territoire, et encore plus ceux de la Grèce. Mais elle n'a influencé qu'en partie leurs destinations et on montrera que c'est la proximité géographique qui les gouverne. Et la compétitivité du pays, peut-être en l'absence d'action publique énergique, est restée encore en arrière de la moyenne européenne.

Avantages comparatifs et division internationale du travail

La théorie classique de la division internationale du travail, fondée selon Adam Smith[110] sur les avantages comparatifs absolus, selon Torrens et Ricardo[111] sur les avantages relatifs, est bien connue. Personne ne la met en doute, pas plus à l'échelle d'un Etat qu'à celle du monde. L'ouverture au commerce international et l'augmentation consécutive des échanges la justifient pleinement.

Peut-être à cause de cela, souvent « on a l'impression que les avantages comparatifs tombent du ciel », comme l'écrit Gérard Lafay[112] du CEPII. Et c'est vrai en partie : la Thaïlande a construit son décollage sur la culture du riz, la Chine sur son abondance de main d'œuvre ; la Grèce dispose évidemment d'avantages naturels : un climat méditerranéen, des gisements de bauxite et de nickel en bord de mer, des baies nombreuses abritées, en eaux profondes.

Mais Gérard Lafay observe encore que la théorie n'a aucun caractère déterministe. Deux acteurs dynamisent les échanges, les entreprises et les Etats, les premières par l'innovation, les seconds par un accompagnement intelligent de la croissance. La mise en valeur des avantages naturels, la création d'avantages par innovation ou combinaison innovante des facteurs, la mise en place d'un environnement favorable aux affaires et d'infrastructures performantes de communications et de formation, un Etat de droit efficace, sont les formes dynamiques de la théorie.

---

[110] « Grâce à lui (le commerce international), l'étroitesse du marché intérieur n'empêche pas la division du travail dans une quelconque branche d'être conduite à sa plus haute perfection. En ouvrant un marché plus large à toute part du produit de leur travail qui excède la consommation intérieure, il les encourage à améliorer leur capacité de production et à accroître leur produit annuel au maximum, et à accroître ainsi le revenu réel et la richesse de la société. ».

[111] Ricardo, David : " Principes de l'Economie Politique et de l'Impôt " 1817. Torrens, Robert : « Essai sur la Production de Richesse » 1821

[112] Lafay, Gérard : « *Avantage comparatif et Compétitivité* », Economie prospective internationale, CEPII 1987.

Un commerce extérieur de pays développé, mais pas comme les autres

Le commerce extérieur de la Grèce depuis la 2ème Guerre Mondiale a évolué de deux manières. Son contenu industriel s'est d'abord enrichi, contribuant, au moins en partie, à la correction du déséquilibre de la balance commerciale. Il s'est ensuite fortement spécialisé dans les services.

Mais alors que sa structure se rapprochait de celle des pays développés de l'UE, il a conservé un profil bien distinct.

En 1952 les exportations de marchandises ne couvrent que 35 % des importations, alors qu'elles sont composées essentiellement de produits agricoles et agro-alimentaires et seulement de 10 % de biens industriels. Inversement, les importations sont composées surtout de biens industriels (des machines notamment) et secondairement de produits alimentaires. La part des exportations dans le PIB ne dépasse pas 6 %, celle des importations est de 17 %. Tout ce qui caractérise le commerce extérieur d'un pays en voie de développement. [113]

Mais dès 1980, les données ont changé. Les exportations de marchandises comprennent désormais ¾ de matières premières et de produits industriels et elles couvrent près de la moitié des importations. En 2015, le taux de couverture s'élève à 59 % et la part des matières premières et biens industriels atteint les 4/5ème des exportations. La valeur des échanges s'est en même temps considérablement accrue, mais il est difficile d'en mesurer la croissance à prix constants, compte tenu des évolutions en matière de change et de prix. En revanche, les exportations atteignent 14.5% du PIB et les importations 24.5 %.[114] Entre 1995 et 2014, période de relative stabilité des prix, comme le montre le graphique ci-dessous, la valeur des biens exportés a été multipliée par 3.5 et celle des biens importés par 2.6.

En ce qui concerne la balance générale des biens et services, son déficit a augmenté régulièrement de 1995 à 2005, puis explosé entre 2005 et 2008.

[113]Annuaire ELSTAT de 1954 : les exportations comprennent 71 % de produits agricoles et alimentaires, 19 % de matières premières (dont le coton et les peaux qui sont des produits agricoles) et 10 % de produits industriels ; les importations 22 % de produits alimentaires, 31 % de matières premières (dont les combustibles, charbon et pétrole) et 47 % de produits industriels.

[114]En 2021, la part des exportations dans le PIB atteint 21 %.

Mais en 2009 la « bulle » éclate. La demande intérieure entre 2008 et 2014 diminue brutalement[115] et le solde extérieur enregistre une variation impressionnante qui le fait passer d'un déficit de 30.5 Mds Euros à un léger déficit en 2015. Consommation des ménages et des organisations publiques, formation brute de capital fixe, importations, la correction a touché tous les agrégats de la *consommation finale*. Mais les exportations de biens et services, après un recul sévère en 2009 n'ont cessé de croître jusqu'en 2014 où elles dépassent à nouveau le pic de 2008.

La transformation a donc affecté les soldes autant que les valeurs, et le contenu même des échanges, de sorte que le commerce extérieur du pays aujourd'hui se rapproche clairement de celui d'un pays industrialisé développé et de la norme européenne.

Graphique 1. Evolution entre 1995 et 2014 du commerce extérieur de marchandises (millions d'€) en prix courants

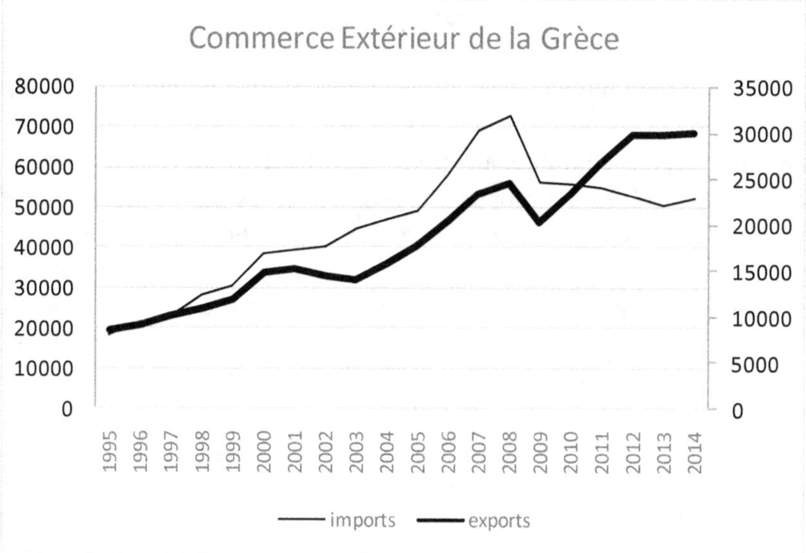

Source : ELSTAT, Commerce extérieur de Biens et marchandises.

Mais les particularités sont tout aussi évidentes : un déficit commercial très élevé, une forte spécialisation.

[115]De 38 %

Il faut ici se départir de préjugés liés au regard que l'on porte depuis un pays d'industrialisation ancienne sur un pays d'industrialisation plus récente. Le déséquilibre du commerce extérieur de la Grèce est structurel. Mais il ne révèle pas une faiblesse structurelle. Il révèle une spécialisation « naturelle » liée à l'histoire et à la géographie.

Le taux de couverture des importations de marchandises par les exportations distingue en effet nettement la Grèce de ses voisins et de l'ensemble de l'UE 28 entre 1995 et 2008. Bien sûr, les politiques de redressement enclenchées depuis 2010 ont produit une amélioration remarquable en 2014, à la fois par la diminution sensible des importations et par la croissance des exportations. Mais la Grèce demeure loin du Portugal et de l'Espagne, très loin de la moyenne européenne, plus loin encore des champions allemands, italiens et hollandais. Et il faut admettre que la baisse des importations qui accompagne celle de la production ne touche pas que les biens de consommation, mais aussi les biens d'équipement, comme on le verra plus loin.

Un tel écart à la moyenne européenne doit être relativisé.

Il correspond d'abord au déplacement des facteurs de production vers deux activités traditionnelles de services, l'Armement naval et le Tourisme, dont la balance des recettes équilibre, au moins en partie, la balance commerciale. Ensuite, si l'on se réfère au rapport du commerce des biens et services au PIB, la Grèce rattrape rapidement son retard entre 1995 et 2014 en ce qui concerne la part de ses exportations dans le PIB, et se rapproche de pays comme l'Espagne, dépasse la France et plus encore l'Italie ; en revanche elle se situe loin derrière l'Allemagne ou le Portugal et plus loin encore des champions comme la Belgique et les Pays-Bas. La part de ses importations dans la même période reste proche de la moyenne européenne. Le fait significatif est qu'après la correction effectuée pendant la crise financière, le pays a rééquilibré sa balance des échanges courants (biens et services et transactions courantes). En 2015, celle-ci présente déficit de seulement 1.8 milliards d'euros et sur les 5 années de 2013 à 2017 un déficit moyen de seulement 2.8 milliards d'euros.

Tableau 9. Evolution du taux de couverture des importations de marchandises par les exportations dans l'UE 28 entre 1995 et 2014 (en %)

	1995	2000	2008	2014
Union européenne	105,9	99,7	97,3	103,6
Belgique	105,9	103,1	98,0	98,7
Allemagne	116,3	112,9	124,1	125,7
Grèce	**46,8**	**39,2**	**35,3**	**61,0**
Espagne	81,6	75,6	68,9	91,5
France	106,0	99,9	90,6	91,8
Italie	119,4	103,8	99,2	113,9
Pays-Bas	115,2	114,3	117,3	118,5
Portugal	72,2	62,9	63,3	86,0

Source : Eurostat Comptes nationaux

Le détail des biens et des services précise l'image : La Grèce se situe nettement au-dessus de la moyenne européenne lorsque l'on rapporte les exportations de services à la VAB des services et nettement en dessous s'il s'agit des importations. Rappelons au passage que la part des services dans la VAB en Grèce est une des plus élevée de l'UE. Inversement, la Grèce se situe nettement en dessous de la moyenne européenne en ce qui concerne le rapport des exportations de biens à leur VAB. Toutefois, entre 2008 et 2014, la progression de cette dernière est remarquable : elle double presque et sa progression est une des plus rapides d'Europe. Elle rejoint celle de l'Espagne, s'approche de celle de la France et de l'Italie.

En réalité, le commerce extérieur de ces produits intègre de manière indissociable biens et services. Le produit industriel ne peut être détaché des services qui en permettent la réalisation, et le produit lui-même s'est dématérialisé au point que la frontière avec les services devient indistincte. Pas d'exportation du régime méditerranéen sans le tourisme qui la prépare, pas d'importations de consommation sans les revenus des invisibles qui les permettent. Bien des armateurs transportent les marchandises produites ou traitées en Grèce et y construisent les *resorts* de luxe qui attirent la clientèle internationale. Tourisme et armement naval constituent une spécialité remarquable de la Grèce. Ils sont un élément majeur d'une balance des paiements qui doit être examinée dans son ensemble et sous le prisme de cette dissymétrie structurelle entre biens et services.

Il s'agit bien de division internationale du travail, à laquelle la Grèce prend une part originale et dynamique. Les services ont apporté à une main d'œuvre rurale surabondante un emploi et des ressources précieux. L'industrie a trouvé un marché et des capitaux qui ont boosté son essor.

Il n'en reste pas moins que le rapport de l'industrie à l'économie globale peut être jugé insuffisant, aux niveaux différents de la VAB, des exportations et des importations.[116] On a vu que la part de la VAB industrielle dans la VAB totale en Grèce était en retrait par rapport à la moyenne de l'UE. Il en est de même du rapport des exportations agroindustrielles à leur VAB qui se situe loin derrière la plupart des pays européens et loin derrière la moyenne de l'UE 28 et de celui des importations agroindustrielles qui se situe au-dessus de ceux de l'Italie, de l'Espagne et de l'Allemagne et un peu en dessous de la moyenne européenne. La route de la convergence reste longue.

Au terme de ce survol, cinq conclusions s'imposent : la structure du commerce extérieur de la Grèce se rapproche régulièrement de celle des pays développés de l'UE tout au long de l'après-guerre. Le pays présente cependant une spécialisation claire dans les services en raison de l'importance de l'armement naval et du tourisme. Ses exportations de biens croissent vivement pendant la période et en temps de crise en raison à la fois de la réorientation de la production vers les marchés extérieurs et de l'amélioration de la compétitivité du pays. Grâce à la chute simultanée des importations, sa balance des échanges courants a presque retrouvé son équilibre en 2014. Enfin, la faiblesse de la part des biens agro industriels dans la VAB correspondante et dans le total du commerce extérieur des biens et services dénote encore une forme de sous industrialisation par rapport aux pays de l'Union Européenne.

Des structures hautement spécialisées, mais des rendements insuffisants.

La spécialisation prononcée des produits agro-industriels de la Grèce trouve un prolongement naturel dans son commerce extérieur.

---

[116]On a exclu la construction, peu affectée par le commerce international et inclus l'agriculture, qui l'est fortement.

Elle n'est pas seulement un produit de l'histoire ou de la géographie, mais aussi une réponse à la limitation que lui impose la petite taille du marché grec[117] - en termes d'espace et de population. D'autant que son insertion dans le Marché Unique européen a été retardée jusqu'à la fin des années 80. La Grèce, qui ne disposait que d'un marché intérieur étroit, a trouvé dans le marché de l'UE un large débouché, mais outre le fait qu'elle y est entrée tardivement, elle n'y est qu'un nouveau venu, exposé aux concurrences existantes, qui, pour les éviter, doit développer ses propres lignes de produits.

Mais la comparaison du commerce extérieur industriel de la Grèce avec celui de pays de l'Union Européenne éclaire aussi le retard important de son rendement au double point de vue des rythmes de croissance et des propensions à exporter et à importer.

Avant tout, il faut distinguer la branche des produits pétroliers, en raison de son poids et de son évolution spécifique dans l'industrie grecque : s'il est une spécialisation claire de l'industrie grecque c'est bien celle-ci.

Et pourtant, ce ne sont pas les quelques forages effectués au large de Thasos qui peuvent expliquer une telle position sur ce marché. Sans doute les recherches récentes en mer ionienne et à Chypre sont-elles susceptibles de modifier la situation. Mais, du moins à ce jour, la Grèce ne dispose pas de ressources propres en combustibles solides ou liquides.

Les raisons de ce développement remarquable sont autres.

La volonté de construire une base industrielle après la 2ème Guerre Mondiale en est une et la transformation des hydrocarbures à destination de son marché intérieur en était une condition. Ainsi, le pays a su transformer le pétrole et le gaz importés, au moyen de quatre raffineries (à Elefsina, Aspropyrgos, Agii Theodori et Salonique) et d'un terminal gazier (sur l'îlot de Revythoussa), en produits à destination de sa marine marchande (fuels de marine), de ses transports aériens (kérosènes), de son industrie électrique (centrales thermiques au pétrole ou au gaz), de son industrie manufacturière et de ses transports automobiles intérieurs[118].

---

[117]Agriantoni, Christina : « *Marchés, produits, innovation* ». Colloque du 12.10.2015, L'Industrie. Des Produits et des Hommes. INALCO.

[118] Voir la Balance Energétique, Ministère du Développement, Direction de la politique énergétique. Et le SEEPE pour les produits pétroliers.

La position géographique du pays en est une autre : la proximité des marchés méditerranéens et des marchés de la Russie et du Proche et Moyen Orient a ouvert des possibilités à la fois de fourniture de matière première et d'exportation des produits transformés. Les mêmes entreprises pétrolières et gazières (aujourd'hui Motor Oil, Elpe, Depa et leurs distributeurs) ont développé une position exportatrice de premier plan dans la région.

La dépendance énergétique du pays est totale. Elle pèse d'autant plus sur les importations agro-industrielles totales que la Grèce s'est fortement spécialisée dans cette activité : les importations de pétrole et de gaz ont presque quadruplé.[119] Elle se distinguait déjà des autres pays européens en 2000, c'est encore plus le cas en 2008. En 2014, au sortir de la crise, l'écart à la moyenne européenne est considérable. Cette spécialisation s'exprime aussi par sa propension à importer pétrole et produits pétroliers, nettement supérieure à celle que l'on peut constater en France ou au Portugal.

Du côté des exportations, l'industrie pétrolière grecque qui transformait le fuel en divers produits pour son marché intérieur, le transforme désormais et surtout pour des marchés bien plus vastes et ouverts. La valeur des exportations connaît entre 2000 et 2014 une croissance vertigineuse. Leur part dans l'ensemble des exportations est multipliée par 2.7. Elle dépasse et de loin celle de l'Union Européenne.[120]

Comme elle marque le profil du PIB, cette industrie marque le profil du commerce extérieur.

Hors produits pétroliers, la structure du commerce extérieur présente encore par rapport à l'UE une physionomie bien particulière qui révèle les avantages comparatifs dont l'industrie grecque dispose et/ou qu'elle a su se forger, mais aussi ses faiblesses.

En ce qui concerne les importations (hors hydrocarbures), les biens d'équipement occupent au début, en 2000, une place dominante en Grèce équivalente à celle qu'ils occupent dans l'UE 28, un peu plus élevée dans

[119]La valeur des importations de produits pétroliers est passée de 4.4 mds€ en 2000 à 16.3 mds€ en 2014. Leur part dans les importations totales est passé de 12.1 à 33.7 %. Le même rapport pour l'UE en 2014 est de 15.4 %, soit un écart de 18 points. Il faut dire aussi que le prix du pétrole a connu aussi en 2014 son point le plus élevé. En 2015 et 2016, le « capital control » et la chute importante des prix du pétrole ont provoqué un retournement sévère de cette tendance. En 2017 et 2018, la situation s'est retournée encore avec la montée des prix du pétrole.

[120]La valeur des exportations de produits pétroliers passe de 1.7 à 10.3 milliards d'euros. Leur montant dépasse de 2.5 fois celui du Portugal et n'est inférieur que d'1.8 fois à celui de la France. Leur part est plus de 5 fois supérieure à celle de l'UE.

cette dernière.[121] En 2014, cette place a diminué dans l'UE comme en Grèce, mais beaucoup plus chez cette dernière. Les deux autres différences, celles des produits alimentaires et des produits chimiques - biens de consommation - distinguent la Grèce : elle est plus dépendante que l'UE et cette dépendance s'aggrave ainsi que l'écart avec l'UE.

C'est l'effet de la crise de 2008, mais aussi d'une concurrence exacerbée. Ces deux phénomènes pèsent d'ailleurs plus sur la production que sur la consommation. Il est plus difficile pour les ménages de réduire leurs importations de produits alimentaires (viandes, produits laitiers et oléagineux) ou de produits pharmaceutiques et de beauté que de réduire dans leur budget la part de l'habillement, des voitures, des meubles et des objets d'art. Il est plus immédiat pour les entreprises de réduire leurs dépenses d'équipement et donc leurs importations de machines et autres équipements (électriques, instruments de précision), qui connaissent de ce fait une chute dramatique. Ce déclin des investissements de production dans l'industrie est l'un des signes les plus inquiétants pour son avenir.

Les exportations, hors hydrocarbures, évoluent entre 2000 et 2014 dans le sens d'une plus grande spécialisation et d'une certaine convergence avec l'UE.

En premier lieu, les différentiels d'évolution entre la Grèce et l'UE 28 ne varient guère. Dans les produits agroalimentaires, dont la part dépasse de presque trois fois celle de l'UE 28, la différence est stable. La part des produits chimiques approche désormais celle qu'elle occupe dans l'UE, l'écart ayant été réduit de moitié et les deux ayant augmenté de manière importante. L'écart s'est fortement réduit dans les industries traditionnelles (textile, habillement et cuirs) : elles sont en déclin en Grèce, où elles avaient occupé une place majeure dans les années 80, et rejoignent ainsi la place qu'elles occupent en Europe- à l'exception toutefois des jouets, les bijoux et articles de fantaisie. Dans les produits de base, où la Grèce détient une position forte (ciment, marbres, aluminium et cuivre), l'écart s'accroît un peu, mais en faveur de la Grèce. Enfin, l'écart, très important en 2000 dans les machines et matériels en faveur de l'UE 28 ne se réduit que faiblement, et, à la vérité plus par baisse de leur part dans l'UE.

En second lieu, leur structure ne présente plus l'archaïsme que la littérature scientifique lui attribuait dans le passé : produits de base, pharmacie et

---

[121]La part en 2000, dans les importations, des machines, matériels de transports et divers biens industriels est de 57 % dans l'UE et de 51.5 % en Grèce. En 2014, cette même part est tombée à 51 % dans l'UE, mais à 37 % seulement en Grèce.

plastiques, industries traditionnelles y occupent des parts comparables à celles constatées dans l'UE 28. La seule véritable divergence est celle qui oppose les exportations de produits agroalimentaires à celle de machines et matériels de transport, mais les premiers sont aujourd'hui le résultat de processus complexes et bien maîtrisés de transformation de la matière première agricole (laitages, vins, boulangerie pâtisserie, produits de la mer), à valeur ajoutée importante, et les seconds ont des marchés dont les coûts d'accès sont insurmontables pour de nouveaux entrants, de taille modeste de surcroît[122]. La Grèce s'est spécialisée naturellement dans les premiers. Dans les produits de base métalliques - le travail des métaux est une spécialité grecque - et dans les produits non métalliques -ciments, marbres- plusieurs groupes de taille internationale comme Mytilineos et Viochalko pour l'aluminium, le cuivre, la fonte-acier et leurs dérivés, ou Hiraclis et Titan pour ciments et bétons, ou Iktinos et Mermeren pour le marbre, lui assurent une part respectable. Dans les biens d'équipement, enfin, elle a développé des compétences de « niche » : cycles, éviers, matelas, batteries, freins, équipements de marine, matériels pour l'industrie agroalimentaire, logiciels industriels…

En troisième lieu, curieusement, le degré de concentration des exportations est beaucoup moins intense en Grèce que dans l'UE. Ainsi, agro-alimentaire et produits de base représentent, en Grèce en 2014 la moitié de leur total, quand chimie et biens d'équipement dans l'UE 28 représentent plus des 2/3. Et cette concentration a peu évolué depuis 2005 (elle est un peu plus forte en Grèce). Cela signifie peut-être que le processus de spécialisation qui accompagne la concurrence internationale connaît encore quelque retard en Grèce.

Ainsi, en résumé, dans le cadre de valeurs croissantes (en dépit de la crise de 2009), une forte spécialisation positive se dessine dans l'agroalimentaire et les produits de base, et négative dans les biens d'équipement.

En termes d'efficacité, la situation du commerce extérieur de la Grèce est en revanche moins brillante. Mesurée par les rythmes de croissance et les propensions à importer ou exporter, elle présente en effet un retard important sur l'ensemble de l'UE 28.

---

[122]La Grèce dans le meilleur des cas serait un sous-traitant

Du côté des exportations, d'abord, leur croissance totale de 2000 à 2014, à l'image de celle de son PIB, est moins vive que celle de l'UE 28[123]. Le point important ici est que la croissance des exportations de produits pétroliers surperforme largement celle de l'UE dans la même période, mais que les exportations des autres produits se développe à un rythme plus lent que celle de l'UE 28, à quelques exceptions notables près, comme les peintures, les laitages, l'aluminium, les instruments de précision et de navigation.

Tableau 10. Distribution du commerce extérieur de la Grèce et de l'UE 28 par produits regroupés en grandes catégories entre 2000 et 2014, en %, hors hydrocarbures.

	Imports				Exports			
	2000		2014		2000		2014	
	UE 28	Grèce	UE 28	Grèce	UE 28	Grèce	UE 28	Grèce
IAA	9,0	13,1	11,7	19,8	8,6	26,1	10,7	28,9
Chimie Plastiques	14,4	15,3	19,5	23,2	16,1	11,5	20,3	18,4
Ind Traditionnelles	16,6	16,8	15,3	16,1	15,0	27,2	13,1	14,1
Produits de base	8,9	9,1	10,2	9,5	8,6	17,6	9,4	19,6
Biens équipement	47,9	44,9	42,1	30,2	49,7	16,7	45,0	15,7
Divers	3,2	0,8	1,2	1,1	1,9	0,8	1,4	3,4

Source : Eurostat, commerce extérieur (nomenclature CN2)

Ensuite, la propension à exporter, mesurée par le rapport des exportations à la VAB, hors hydrocarbures, est médiocre comparée à celle de l'UE 28 et si elle s'améliore entre 2000 et 2014, les écarts demeurent importants. Ils reflètent les faiblesses et les retards de l'industrialisation en général. Dans le détail par branche, on peut repérer quelques points forts. Si en 2000, le pays ne se distingue que par les mines et l'agroalimentaire, en 2014, s'y ajoutent les plastiques et la construction/réparation navale. De plus, la croissance forte de cette propension a réduit légèrement les écarts.

Du côté des importations, leur rythme de croissance entre 2000 et 2014 est nul, en raison de leur chute drastique pendant la crise. Il diverge évidemment de celui de l'UE où elles se sont accrues d'un peu plus de la moitié. Seules 8 classes de produits enregistrent des croissances supérieures à celles de l'UE, dont 3 dans les métaux (aluminium, plomb, autres métaux), 3 dans les produits agroalimentaires (sucre, café, graisses animales et végétales), et 2 dans les matières premières agricoles (fibres textiles, gommes et résines), dénotant des dépendances précises. Certaines classes de produits enregistrent des augmentations sensibles, comme les produits agricoles et

[123]Leur croissance est de 54 % contre 68 % pour l'UE

agroalimentaires et les produits chimiques, pharmaceutiques et plastiques, mais inférieures à celles de l'UE. D'autres encore stagnent ou croissent faiblement, comme les produits du sous-sol, la métallurgie et les produits métalliques, le textile, les meubles et les autres moyens de transport. D'autres enfin connaissent des baisses impressionnantes, comme les importations de bois et papiers, de produits de l'impression, de matériaux de construction, de produits électriques et électroniques, et surtout de machines et de véhicules. Notons que les importations d'armes ont diminué d'un peu plus de moitié, celles de voitures des ¾ et celles de boissons d'un peu moins du tiers.

De manière générale, ce qui affecte les importations, c'est la crise, bien plus violente que dans l'UE. Mais des raisons particulières ajoutent à la divergence avec l'UE. L'Etat taxe lourdement certains produits de consommation comme les boissons, les tabacs et les automobiles, ou inversement ne taxe pas certains autres produits de consommation pour ne pas aggraver la situation sociale. Il allonge de manière absurde les durées d'amortissement qui affectent directement l'investissement productif et la recherche, ou encore réduit ses budgets d'investissement. Il faut noter aussi l'effondrement du marché de la construction dont l'intensité est propre à la Grèce,[124] et entraîne celui des produits importés qui lui sont liés, comme le ciment, la céramique, le bois et l'ameublement, les tapis de sol. Enfin la crise induit chez les entreprises privées une réduction drastique de leurs budgets d'investissement en machines et matériels de précision et en équipements électriques et électroniques : aucun autre des pays analysés dans l'UE 28 n'enregistre de baisse dans ces branches.

La propension à importer, ou degré de pénétration des importations,[125] dans la période de 2000 à 2014, distingue de manière inattendue la Grèce de l'UE 28 : en effet la pénétration du marché intérieur européen s'est accrue dans des proportions beaucoup plus grandes du fait d'une globalisation continue, au moment où elle a diminué en Grèce du fait de la crise. Il est probable aussi que, par rapport à d'autres pays, la Grèce présente une ouverture moins grande de son marché intérieur aux importations et la crise ne suffit pas à expliquer ce paradoxe : il est aussi le résultat d'un protectionnisme discret dont on repère quelques traces dans le retard certain à ouvrir les professions fermées et à supprimer les barrières douanières.

---

[124]Et à l'Espagne, pour d'autres raisons

[125]Mesurée par le rapport des importations à la VAB

Par branche, la propension à importer en 2014 est toujours plus faible que celle de l'UE 28, là où elle la dépassait en 2000 dans les produits miniers, agroalimentaires et métalliques. Elle ne s'améliore que de manière limitée dans les produits pharmaceutiques et les matières plastiques, les produits de la métallurgie et les matériels automobiles. Elle se détériore dans les produits agroalimentaires, chimiques, métalliques et machines.

Ainsi, le commerce extérieur de la Grèce, au départ déséquilibré -balance de services ne compensant pas celle des biens, balance de produits primaires ne compensant pas celle des biens d'équipement et de consommation- s'est rapproché de celui de l'UE en diversifiant et valorisant ses produits exportés et en optant pour un modèle de consommation, et donc d'importation, plus économe. Il en diffère cependant par un profil singulier, signe à la fois de ses avantages naturels et de leur exploitation intelligente.

Cette évolution demeure toutefois fragile. Les exportations composent une part plus réduite qu'ailleurs de la production et qui croît moins vite, hormis le cas des hydrocarbures. La réduction des importations a frappé en premier lieu les équipements productifs et de ce fait toute reprise d'activité industrielle se traduirait par un investissement immédiat en équipements importés dont les effets sur les exportations sont différés. Enfin, la faiblesse de la propension à commercer est le signe à la fois d'un certain retard de l'industrialisation côté exportations et d'une certaine « fermeture » du pays côté importations.

Sans l'action des entreprises rien ne se serait produit. L'Etat s'est entièrement absorbé dans ses priorités financières et budgétaires. Comme l'écrivait A. Mitsos en 1985 : « le seul rôle que l'Etat se refuse à exercer, est de tracer une politique de développement industriel, avec des choix clairs, des objectifs concrets, des programmes, des règles du jeu stables, avec responsabilité. »[126] La faiblesse de la propension à exporter les biens industriels a sans doute à voir avec cette constatation. Les entreprises se sont donc adaptées sans lui ou malgré lui. Elles ont pris acte de la modification profonde du marché intérieur et de l'environnement extérieur pour se redéployer à l'exportation. Elles ont construit une économie de « niche », proche des contraintes de leur marché.

---

[126]Mitsos, Achilléas, Op. cité.

Un commerce de proximité

Les choix opérés dans les provenances et dans les destinations des échanges de la Grèce manifestent à première vue une orientation vers le monde plus que vers l'Union Européenne : la part du commerce intracommunautaire dans le commerce extérieur de la Grèce est la plus faible de parmi tous les pays membres de l'UE, en dehors de la Grande Bretagne. Inversement, celle du commerce extracommunautaire y est la plus élevée.

Mais à y regarder de plus près, ces choix se sont adaptés à la réalité des voisinages et des concurrences. Ils se sont orientés vers les marchés proches des Balkans et de la Méditerranée plus que vers les grands pays industriels du Nord de l'Europe ou les pays lointains d'Asie ou d'Amérique. Il ne faut donc pas surestimer l'influence des choix politiques – l'Europe - ou culturels – la diaspora.

Cela se vérifie aussi bien dans les échanges avec l'UE qu'avec les pays tiers.

L'extraversion relative du commerce extérieur grec

Adam Smith exprimait ainsi ce qui est devenu plus tard le rêve des bâtisseurs du marché européen : « Si toutes les nations avaient suivi le généreux système de la liberté des exportations et des importations, les différents états entre lesquels se divise un grand continent ressembleraient alors aux provinces d'un grand empire. »[127]

En Grèce, la réalité n'a pas la belle évidence de ce rêve. Le niveau d'intégration au Grand Marché demeure limité : les destinations des échanges sont clairement orientées vers les pays proches de la Méditerranée plus que vers les pays du Nord, les balances avec ces derniers demeurant très déséquilibrées.

D'ailleurs, le principe en a été vivement critiqué dès le début et sa mise en place a été retardée jusqu'en 1990. La Grèce adhère au Grand Marché Européen en 1961 avec l'Accord d'Association. Décalé par la prise de pouvoir des colonels jusqu'en 1974, le rapprochement est officialisé en 1979 avec le Traité d'Adhésion. Mais l'adhésion fait encore l'objet de débats difficiles en 1981 à l'arrivée au pouvoir du Pasok dont les économistes (Giannitsis, Katseli) estiment que la Grèce ne dispose pas des structures

---

[127] Adam Smith, Wealth of Nations page 533.

nécessaires pour profiter de l'élargissement du marché et pour résister à la concurrence de ses partenaires. Ils lient la croissance des importations, et donc du déséquilibre du commerce extérieur, à la baisse des tarifs douaniers.

Achilleas Mitsos[128] a montré au contraire que la croissance des importations dès 1979, et surtout à partir de 1981 n'est pas tellement due à la disparition de la protection douanière, qui n'est pas encore effective à cette date, qu'à la croissance de la consommation et à la baisse des investissements. La détérioration de la position concurrentielle de la Grèce s'explique par l'élévation choisie de ses coûts de production. Inversement, les branches qui, profitant du Grand Marché, ont développé leurs exportations sont aussi celles qui étaient le moins protégées. Panos Kazakos a confirmé cette analyse.

Mais le Pasok finit avec Kostas Simitis par modifier ses positions tout en participant activement à l'élaboration de la politique méditerranéenne de la CEE. Il supprime les obstacles au commerce intracommunautaire. Il met en place le Tarif Extérieur Commun et supprime complètement les tarifs douaniers. Il supprime aussi progressivement les obstacles non tarifaires : limitations quantitatives, fiscalité (la TVA remplaçant les droits spécifiques) et dans une large mesure, les règlements techniques ou sanitaires (ou plus souvent les harmonise).

La crise récente a montré que les critiques subsistaient dans la même forme et qu'une fraction importante de la population n'adhérait pas vraiment à l'UE.

La réalité forgée par les agents économiques reflète en partie ces hésitations. Elle est apparemment simple : la Grèce est le membre de l'UE dont le commerce extérieur est le moins « intégré », le moins « accroché » au Marché Unique, ce qu'établit la comparaison des parts respectives du commerce intra et extra communautaire (importations et exportations), en Grèce et dans les 27 autres états-membres. Certes, dans un premier temps, de 1980 à 1995, la part du commerce intracommunautaire a augmenté régulièrement et rapidement, plus dans les importations que dans les

[128]Achilleas Mitsos, op.cité, p.484 : «Dans les années précisément observées, la participation de la consommation à l'ensemble de la dépense nationale a augmenté de manière importante, résultat essentiellement de l'inexistence d'investissements et non bien sûr de l'intégration à la CEE.» et p.471 : « La grande augmentation des importations et de leur part dans la consommation intérieure n'est pas due à la libération du commerce, parce que simplement cette libération n'a pas eu lieu. »

exportations et les adversaires de l'adhésion en ont nourri leurs arguments longuement et à tort. Mais à partir de 1996-97, la part de l'UE se réduit progressivement, jusqu'en 2014, tant dans les exportations que dans les importations, à un rythme moins rapide pour les premières que pour les secondes.

Cette « extraversion » *relative* doit cependant être nuancée.

Ce sont en effet les échanges de produits pétroliers qui l'expliquent pour l'essentiel. Les exportations de ces produits vers des pays tiers sont multipliées par 7 entre 2000 et 2014, celles vers l'UE seulement par 4, alors que les importations proviennent pour l'essentiel de pays tiers. Une forte dissymétrie en résulte dans le poids des échanges de produits pétroliers dans l'ensemble des échanges intracommunautaires, entre la Grèce dont la part est nettement plus élevée et l'UE.[129]

En revanche les échanges des autres catégories de produits sont beaucoup moins orientés vers les pays tiers et du coup la part de l'intracommunautaire dans les échanges totaux ne diffère plus guère, en 2014 de celle de l'UE. Elle est légèrement inférieure aux deux tiers pour les exportations et légèrement supérieure aux deux tiers pour les importations.

Dans le détail, elle est un peu plus élevée dans les échanges de produits agroalimentaires et chimiques, un peu moins dans les produits de base et nettement moins dans les biens d'équipement. Les balances sont largement négatives dans toutes les catégories, deux fois plus dans les machines et matériels que dans les produits alimentaires et les produits de base, contrairement à celles de l'UE.

La comparaison de la structure des exportations par produits en 2014 entre la Grèce et l'UE explique en partie la différence dans les parts relatives de l'intra et de l'extracommunautaire constatées ci-dessus. En effet en 2014, la part de la Grèce est triple de celle de l'UE dans les produits agroalimentaires et inversement celle de l'UE triple de celle de la Grèce dans les machines et matériels de transport. Or les premiers sont échangés intra communautairement beaucoup plus et les seconds beaucoup moins.

---

[129]En 2014, la part des échanges de produits pétroliers dans l'ensemble des échanges intracommunautaires en Grèce est de 16.9 % pour les exportations (7.6 % dans l'UE) et de 6.9 % pour les importations (7.5 % dans l'UE)

En somme, hors hydrocarbures, l'ouverture des échanges avec des pays tiers a porté plus sur des biens d'équipement et des produits de base que sur des produits de consommation, mais l'évolution de leur poids relatif en atténue progressivement la portée.

Graphique 2. Répartition par produits du commerce intracommunautaire de l'UE et de la Grèce en 2014 hors hydrocarbures[130]

UE Grèce

Exports 2014

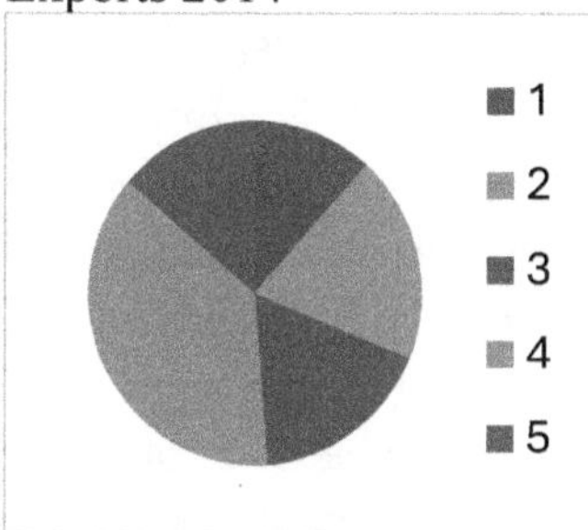

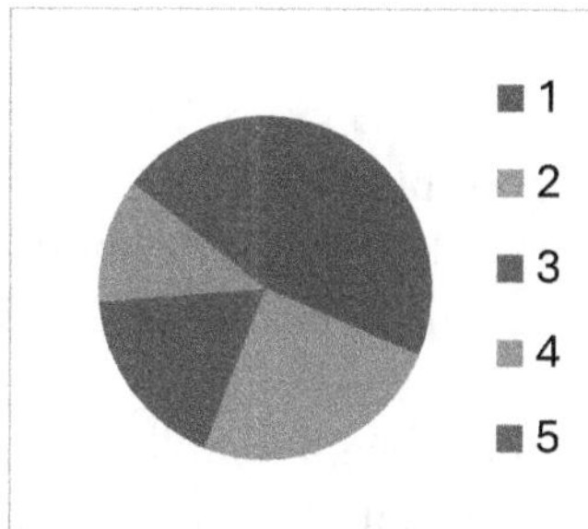

Imports 2014

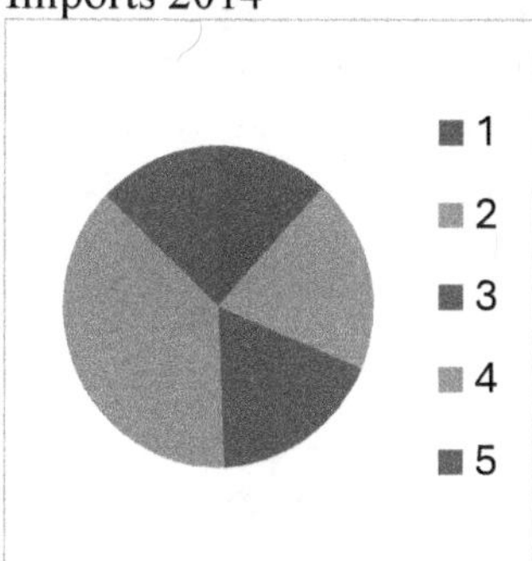

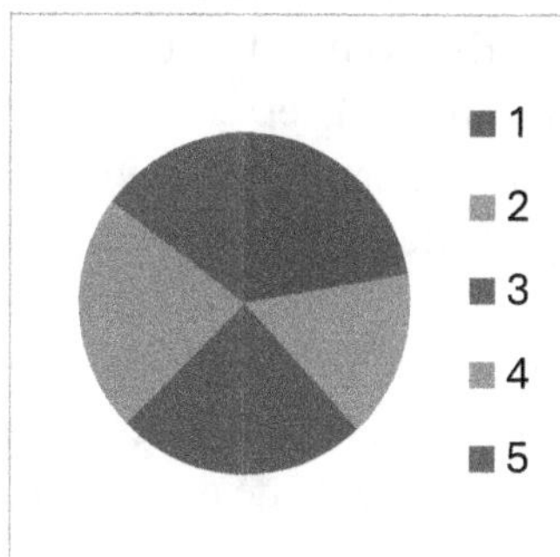

Source : Eurostat, CN 2

Proximité dans le commerce intracommunautaire

L'analyse des provenances et des destinations au sein de l'UE prolonge et précise celle de la part de l'intracommunautaire. Elle révèle la césure nette

[130] 1. Agroalimentaire. 2 Produits de base. 3 Produits chimiques. 4 Machines et matériels de transport. 5. Divers

entre pays du Nord et Pays du Sud et, à travers elle, l'importance de la proximité dans la formation des flux.

7 pays du Nord -Allemagne, France, Grande-Bretagne, Belgique, Pays-Bas, Suède et Danemark- réalisent en 2014 près des 2/3 du commerce intracommunautaire de l'UE 28. Pourtant la Grèce n'effectue que le 1/3 de ses exportations vers ces 7 pays et seulement un peu plus de la moitié de ses importations.

Le contraste est frappant en ce qui concerne 11 pays du Sud[131] : l'UE ne réalise avec eux qu'environ 1/5ème de ses exportations et 1/6ème de ses importations. En revanche, la Grèce exporte vers eux près de la moitié de sa production en 2000 et plus de la moitié en 2014 ; leur part dans ses importations est double de celle qu'ils ont dans les importations des pays du Nord et cette part s'accroît vivement entre 2000 et 2014. [132]

Il s'agit bien de Méditerranée. Parmi les 6 pays de l'ancienne CEE, la Grèce a privilégié l'Italie, vers laquelle ses exportations croissent de 83 % et avec laquelle elle effectue près de 1/5ème de son commerce intra-européen. Elle a privilégié aussi les îles (Malte, Chypre, Gibraltar), les riverains de la mer Noire (Bulgarie, Roumanie), et ceux de l'Adriatique (Croatie, Slovénie), enfin l'Espagne et le Portugal. Ses exportations vers cet ensemble croissent bien plus vite que celle de l'UE.

Dernier ensemble, celui du groupe dit de « Visegrad »[133] : si la Grèce comme l'UE doublent la part de leur commerce intracommunautaire avec ces pays, la part de l'UE demeure double de celle de la Grèce. Effet de proximité ?

Enfin, les balances par groupe de pays en 2014 reflètent la même dissymétrie. Celles de l'UE sont équilibrées avec les pays du Nord et le groupe de Visegrad et clairement excédentaires avec les 11 pays du Sud. Celles de la Grèce sont très déséquilibrées avec les pays du Nord et le groupe de Visegrad : les taux de couverture ne sont respectivement que de 35 % et de 59 %. En revanche, avec les pays du Sud, le dynamisme des exportations grecques fait passer le taux de couverture de 49 % à peine en 2000 à 91 % en 2014.

---

[131] Les 11 pays concernés sont Italie et Espagne, Malte, Chypre, Gibraltar, Bulgarie, Roumanie, Croatie et Slovénie et Portugal. Pour l'UE, on y a inclus la Grèce.

[132]45.7 % en 2000 et 57.9 % en 2014

[133]Ce groupe rassemble 4 pays d'Europe centrale, anciens membres du CAEM, Tchéquie, Slovaquie, Pologne et Hongrie.

Carte du bassin méditerranéen et de ses riverains, partenaires privilégiés du commerce extérieur de la Grèce

Tableau 11. Répartition géographique du commerce intra-communautaire de l'UE 28 et de la Grèce entre 2000 et 2014 (en %).

UE 28 intra	Exports		Imports		Grèce Intra	Exports		Imports	
	2000	2014	2000	2014		2000	2014	2000	2014
Europe du Nord					**Europe du Nord**				
Allemagne	20,1	20,6	22,0	22,2	Allemagne	22,0	13,6	21,9	20,8
France	13,8	12,4	12,2	9,4	France	6,2	5,0	11,6	9,4
GB	11,5	9,9	10,2	6,3	GB	10,9	7,4	8,8	5,4
Pays Bas	7,6	7,5	11,2	12,9	Pays Bas	4,4	3,3	9,3	10,3
Belgique	7,1	7,2	7,7	8,3	Belgique	2,7	2,4	4,4	5,7
Suède Daner	5,0	3,3	5,2	4,5	Suède Danema	3,3	2,0	5,0	2,9
Total 7 pays	65,1	61,0	68,5	63,6	Total 7 pays	49,5	33,7	61,1	54,5
Europe du Sud					**Europe du Sud**				
Italie	8,8	7,0	8,6	7,3	Italie	17,3	18,9	21,7	16,4
Espagne	6,7	5,2	5,1	5,0	Espagne	5,2	5,1	5,5	7,1
Autres	5,3	5,9	3,2	4,2	Autres	23,2	33,9	4,1	12,8
Total	20,8	18,2	16,9	16,5	Total	45,7	57,9	31,2	36,2
Visegrad	5,6	11,0	5,2	11,7	**Visegrad**	2,8	5,2	2,1	5

Source : Eurostat, commerce extérieur (nomenclature CTCI)

Mais l'influence de la proximité dans les échanges n'est pas la seule. Les concurrences relatives par produit jouent aussi un rôle dans la détermination des destinations.

L'exemple des exportations grecques d'hydrocarbures, qui accordent une place écrasante aux pays du Sud est un bon exemple du lien entre distance et avantage relatif.[134] Inversement et significativement, la place de ces pays dans les échanges d'hydrocarbures de l'UE est dérisoire. Les habitudes de consommation, la nature des sols et des climats explique certains courants, comme la consommation de laitages et viandes, insuffisamment produits dans le Sud, satisfaite par les productions excédentaires du Nord. Enfin, dans le cas des échanges de machines, matériels de transports et divers équipement industriels, on est tenté d'ajouter au facteur de la distance celui d'un évitement des concurrences établies. On l'a vu, la Grèce est un nouveau venu dans un marché commun expérimenté et elle privilégie les destinations de pays proches, eux-mêmes nouveaux venus.

Ainsi l'analyse des échanges intracommunautaires de la Grèce révèle en réalité une polarisation « méditerranéenne ». On ne commerce bien qu'avec ses proches. La distance, ou plutôt la proximité, est un paramètre essentiel de la destination des produits, qui n'est pas lié seulement aux coûts des transports. Les communications sont aussi culturelles, comme en témoigne la vigueur de l'ensemble méditerranéen décrit ci-dessus ou le cas de la Bulgarie ou de Chypre. Un autre champ d'échanges s'est développé en Méditerranée, tout aussi européen, plus proche, plus jeune et plus prometteur. La Grèce a créé ses propres espaces, liés à son histoire lointaine ou proche et à sa simple et exceptionnelle position géographique.

Leur compétitivité est évidemment un autre facteur de ces échanges, qu'elle soit fondée sur l'ambition des entrepreneurs, sur des avantages comparatifs naturels ou sur des bases anciennes d'expérience. L'ancienneté de l'adhésion à l'UE joue à cet égard un rôle majeur. La suppression des barrières douanières, l'avantage en matière de coûts de main d'œuvre, la liberté neuve de commercer en toute sécurité, la construction de voies de communication, favorisent le développement du commerce intra-européen avec les nouveaux membres, ce dont profite pleinement la Grèce. Il est aussi indéniable que son dynamisme s'exerce plutôt en direction de pays moins industrialisés ou en cours d'industrialisation et que la balance avec eux lui est favorable.[135] Inversement, nouvelle venue, elle se heurte à des bases d'expérience anciennes et fortes : elle « évite » donc les marchés des grands pays du Nord

[134]Malte et surtout Gibraltar posent des problèmes spécifiques. Mais Italie et Espagne sont bien les deux destinations importantes.
[135]Hellaktor construit par exemple à Sofia en 18 mois la première centrale de traitement d'ordures ménagères d'Europe.

de tradition industrielle ancienne en se spécialisant dans des « niches ». Elle paraît profiter du marché des biens de consommation de l'UE 28, mais décrocher de celui des biens d'équipement.

Caractéristiques que confirme encore son commerce extra-européen.

Proximité dans le commerce avec les pays tiers

On a regroupé les provenances ou destinations du commerce extérieur de la Grèce avec les pays tiers, en sous-ensembles géographiques.[136]
La géographie de ces échanges est commandée par la nature des produits, par la distance relative des pays par rapport à la Grèce et par des positions concurrentielles relatives. Force est de constater que les rythmes de développement sont plus lents que ceux de l'UE 28 et que, contrairement à celle-ci, ses balances commerciales sont souvent déséquilibrées.

Les produits pétroliers jouent encore une fois un rôle majeur.

Les importations d'hydrocarbures provenaient à l'origine du Moyen Orient. A partir des années 80, s'ajoutent celles en provenance de l'Union Soviétique[137] et de la Libye puis de l'Algérie.[138] En 2014, elles sont concentrées sur trois zones qui représentent 96 % de l'ensemble : CEI, Afrique du Nord et Moyen Orient. Le gaz fait l'objet de contrats à long terme avec la Russie, l'Algérie et l'Azerbaïdjan. Le pétrole provient du Kazakhstan et du Moyen-Orient. En fin de compte, malgré le doublement des valeurs, en raison, en partie des variations des prix du pétrole, la géographie des importations a peu varié.

La géographie des exportations - multipliées par 7 en valeur entre 2000 et 2014 – est marquée par la proximité : les destinations principales en 2014

---

[136]Autre Europe comprend essentiellement la Norvège et la Suisse. Les Balkans comprennent la Turquie (pour des raisons historiques, des raisons géographiques -Constantinople est en Europe – et surtout pour des raisons de proximité avec la Grèce), l'Albanie et les pays de l'ancienne Yougoslavie. Le Proche Orient regroupe les états du Maghreb élargi de Tanger à Alexandrie La CEI est issue de l'ancienne Union Soviétique. Le Moyen Orient regroupe tous les états du Croissant Fertile, du Liban-Israël-Palestine jusqu'au Golfe Persique. ACP inclut l'Afrique, les Caraïbes (Amérique Latine) et le Pacifique.

[137]Dont la part a doublé en 2014 et atteint près de la moitié. Plus que la Russie, c'est le Kazakhstan et l'Azerbaïdjan qui montent en puissance.

[138]Contrat avec la Sonatrach Algérienne (Société nationale pour la recherche, la production, le transport, la transformation, et la commercialisation des hydrocarbures.

sont les Balkans, suivis par l'Afrique du Nord et les Proche et Moyen Orient. Le solde se répartit entre les zones les plus éloignées, Asie, Amérique du Nord et ACP et CEI.

L'extraversion des échanges, constatée plus haut est donc relative : elle ne vaut vraiment que pour les importations et elle est bien liée à la nature des produits. Les exportations, elles, se dirigent vers des pays proches, la moitié vers les Balkans et l'Afrique du Nord, plus encore si l'on inclut Israël, la Syrie et le Liban. Méditerranée toujours et encore...

En dehors des hydrocarbures, la répartition du commerce grec extracommunautaire, par ensembles de pays et de produits se résume en une part des Balkans dominante dans les exportations et une part de l'Asie dominante dans les importations. Les balances confirment qu'il s'agit bien de positions concurrentielles.
La montée de l'Asie dans les importations de la Grèce est le phénomène le plus important de l'après-guerre. Inexistante en 1952, elle a acquis une part significative de 25 % en 1980 portée à 52 % en 2014. La Chine - mais aussi le Japon, la Corée, Taiwan - a été le moteur de cette croissance. Le port du Pirée, fruit d'une nouvelle joint-venture entre la Chine et la Grèce[139], constitue d'ailleurs en Méditerranée l'un des plus importants points d'entrée des produits asiatiques. L'autre phénomène, ce sont les importations massives de machines, matériels de transport et matériels de mesure et de précision en provenance d'Asie - 4/5èmes de leur total - et qui ont remplacé celles en provenance d'Amérique du Nord.

Le poids des exportations vers l'Asie est bien moindre, de sorte que la balance est largement négative, le taux de couverture ne dépassant pas 13 %. La première destination des exportations grecques est en effet les Balkans, en particulier la Turquie. Leur poids dans les importations est moins significatif.[140] En revanche la balance est nettement positive.

Le rôle de la proximité géographique paraît vraisemblable comme le montre le cas des Balkans, mais pas toujours comme le montre le cas de l'Asie. Certes la balance des échanges avec la CEI, l'Afrique du Nord et le Proche et Moyen Orient est très positive, alors que celle des échanges avec les états

---

[139]Le capital de Cosco Shipping, joint-venture entre l'armateur grec Constantakopoulos et China Shipping Group, est cédé en 2015 à cette dernière. Cosco Shipping, d'abord concessionnaire du Port du Pirée (et créateur du port de porte-conteneurs à Pérama) le rachète à l'occasion de sa privatisation en 2016.
[140]Respectivement en 2014 28 et 14 %

d'Amérique Latine, des Caraïbes et du Pacifique est très négative. Mais l'échange de la Grèce avec l'Amérique du Nord est positif : est-ce dû à l'importance des communautés grecques au Canada et aux Etats Unis ? Les produits agroalimentaires représentent 35 % des exportations vers ces deux pays et seulement 10 % des importations. Quoiqu'il en soit, les balances définissent des positions concurrentielles et peut-être des habitudes de consommation plus ou moins contraintes. Les distances, elles, ne commandent que l'importance relative des flux. Encore que cette importance ait diminué du fait de l'explosion du transport maritime et de la baisse des prix du fret qui en résulte.

Les dissymétries avec l'UE sont importantes.

En ce qui concerne les produits, c'est évidemment, on l'a vu, le cas des hydrocarbures. C'est le cas aussi pour les exportations de produits agroalimentaires : le rapport entre l'UE et la Grèce est de 1 à 3. Il est de 1 à 2 pour les produits de base. Il s'inverse en faveur de l'UE pour les machines dans un rapport de 2 à 1. Les écarts sont moindres pour les importations, notamment de machines.

En ce qui concerne les destinations, on constate que l'Asie représente certes pour l'UE comme pour la Grèce un peu moins de la moitié des importations. Mais son poids est bien moindre dans les exportations de la Grèce - à peine 11% - que dans celles de l'UE - 27 %, plus du double. Le poids des Balkans est négligeable pour l'UE, mais il est majeur pour la Grèce.

Ajoutons que les taux de croissance des exportations sont bien moins vifs que ceux enregistrés entre 2000 et 2014 par l'UE 28 sur toutes les zones sauf l'Afrique du Nord, à l'exception des produits pétroliers et des produits agroalimentaires.

Pour conclure, le facteur proximité semble bien commander la distribution géographique des échanges avec les pays tiers. Non seulement parce que la part des Etats des Balkans, de la CEI, de l'Afrique du Nord et du Moyen Orient, ce bassin méditerranéen élargi, est prépondérante, mais encore parce qu'en période de crise, les agents économiques se tournent vers lui pour assurer leur survie. Cette proximité est matérialisée aussi, pour ces zones, par un réseau puissant de communications autoroutières, de transports d'hydrocarbures (pipelines et terminaux pour pétrole et gaz) et de traitement et fourniture de produits pétroliers.[141]

Mais ce n'est pas le seul facteur : largement fondé sur les propriétés géographiques du pays (climat, sous-sol, position), le commerce extérieur de la Grèce a accru sa double spécialisation géographique et technique, aux lieux précis où l'UE est relativement moins présente. Autrement dit, il s'est adapté aux conditions existantes de concurrence et aux avantages comparatifs dont il disposait. Par ailleurs, l'accessibilité nouvelle aux marchés lointains due aux transformations du transport maritime et à la baisse radicale du prix du fret, marchés de consommation, mais surtout de production à bas coûts, a permis l'irruption de l'Asie sur les marchés de l'UE et plus encore de la Grèce.

Une vieille lune des observateurs du commerce extérieur de la Grèce est celle qui l'assimile aux pays moins développés, exportateurs de matières premières et de denrées alimentaires à bas prix -au mieux de produits semi finis- et importateurs de machines et de produits finis à haute valeur ajoutée, victimes de ce fait d'une détérioration continue des termes de leurs échanges et de soldes déficitaires, qui renforcent leur dépendance. La Grèce aurait des soldes déficitaires au niveau des produits les plus élaborés et avec les pays les plus industrialisés.

C'est encore en partie le cas. Mais l'examen minutieux du commerce extracommunautaire permet de compléter celle du commerce intracommunautaire et de relativiser ce jugement. D'abord, la production industrielle de la Grèce est plus variée que ce que l'on en dit souvent : l'analyse par produits a montré que nombre d'entre eux sont élaborés : agroalimentaires, semi-produits de base métalliques ou pas ou bien issus de la chimie fine (pharmacie, plastiques, cosmétiques), biens d'équipement spécialisés. Ensuite, les soldes par grands ensembles de pays, sont variables, comme on l'a déjà vu au sein de l'UE : celui de l'Amérique du Nord, par un double mouvement des importations et des exportations devient positif. Il en est de même avec l'Australie et la Nouvelle Zélande, ou avec l'Amérique Latine (Mexique, Brésil et Argentine). A vrai dire, l'industrialisation rapide des pays « neufs », issus de la chute du mur de Berlin en Europe, de ceux du bassin méditerranéen, de ceux de la lointaine Asie, qui constitue un des moteurs actuels de la croissance mondiale, en fait la cible privilégiée de

[141]Et aujourd'hui de câbles sous-marins de transport d'électricité et de données.

l'effort en cours de la Grèce tant dans le développement des échanges que dans le rétablissement de leur balance.

Enfin, suivant le fil qui relie la Grèce à ces ensembles géographiques, on s'est interrogé sur le rôle économique de la diaspora. De nombreux auteurs, dont Georges Prévélakis[142] ont souligné cette « profondeur » propre à la Grèce. Les innombrables colonies des cités antiques, qui traversent les empires alexandrin, romain, byzantin ou ottoman jusqu'au milieu du 20 è siècle, les migrations du 18è siècle et du milieu du 19è vers la côte ionienne, le Pont russe et l'Egypte, les mouvements migratoires plus récents au tournant du 20è siècle vers les Etats-Unis et le Canada et celles de l'après-guerre vers l'Allemagne, mais aussi l'Argentine, l'Afrique et l'Australie, ont donné à la Grèce un réseau dense, fidèle, « homogène », et mondial. La culture grecque en est d'ailleurs profondément marquée. Certaines destinations de ce commerce ne peuvent se comprendre sans cette dimension, comme les liens commerciaux privilégiés avec la Russie et l'Egypte, les exportations vers l'Amérique du Nord, la prégnance du commerce balkanique et méditerranéen ou le transport du textile de Salonique de l'autre côté de la frontière bulgare. Il n'y a cependant pas de recouvrement parfait entre la carte des « paroisses » et celle des exportations et la proximité explique mieux les flux d'échanges ; ou, si l'on veut, les flux de proximité sont à la fois humains et commerciaux.

Mais il n'y pas non plus de qualité commerciale particulière de la Grèce. C'est à mon sens un lieu commun que d'attribuer aux Grecs un don de commerce : le retard de la part des exportations dans le PIB par rapport à bien d'autres pays de l'UE montre que les réseaux de la diaspora ne constituent pas forcément un avantage à cet égard. On peut penser qu'une moindre industrialisation se traduit par une moindre exportation. On peut aussi constater une moindre présence des exportateurs grecs sur les marchés étrangers : l'huile d'olive est mieux vendue en vrac aux producteurs italiens qu'en bouteilles valorisées, marchandisées et exportées par les producteurs grecs. Il en est de même de nombreux produits agro-alimentaires, dont le vin.

Enfin, il a fallu la crise pour pousser l'industriel, dont le marché intérieur s'est fermé, à se risquer au-delà de ses frontières et à adapter en même temps ses productions. L'entrepreneur agit cependant dans un grand isolement, utilisant d'abord le réseau familial des homogènes, Grecs installés à

---

[142]Prévélakis Georges : « *Géopolitique de la Grèce* ». Editions Complexe, Paris 2006

l'étranger, parfois les fournisseurs, pour se guider plus sûrement vers les marchés et les produits où il détient des avantages réels. Banques, Chambres de Commerce, Etat sont encore bien absents.

Tableau 12. Commerce extracommunautaire de la Grèce et de l'UE 28 en 2014, hors hydrocarbures, par groupe régional en %

	Exports Grèce			Exports UE 28		
	% région	% augmentation	%couverture	% région	% augmentation	%couverture
Autre Europe	2,6	12	29	11,8	91	138
Balkans	28,9	69	124	5,7	134	132
CEI	8,4	27	86	9,0	328	220
Afrique du Nord	11,8	186	366	4,2	114	271
Proche&Moyen Orient	11,5	57	168	8,3	120	481
Asie	11,4	119	13	27,1	132	73
Amérique Nord	13,5	8	118	20,6	31	149
ACP	11,9	70	64	13,3	82	155

Source : Eurostat, Commerce extérieur (classification CTCI)

Du produit, il faut maintenant passer à l'homme. L'importance des facteurs socio-culturels dans la formation du produit est déjà apparue à plusieurs reprises. Les besoins du consommateur et les contraintes des producteurs résultent des spécificités de l'évolution historique et des modalités d'appropriation des espaces. C'est à lui, agent de la production, qu'il convient de s'intéresser, à son emploi et aux capitaux qu'il met en œuvre au sein de l'entreprise. Il est l'auteur d'un produit à sa façon et à son goût, qu'il développe dans les espaces où il naît et qu'il échange avec des peuples familiers, qui reproduit dans son activité industrielle les structures qui le définissent et qui en font un objet culturel particulier.

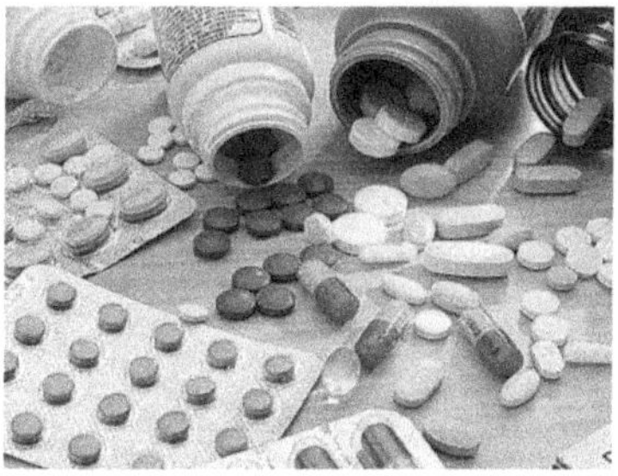

Exportations grecques de produits industriels traditionnels et modernes (Huile d'olive et tubes de cuivre, Féta et génériques, Marbres et lunettes de visée nocturne)

DEUXIEME PARTIE

L'ENTREPRISE INDUSTRIELLE, MOTEUR DES TRANSFORMATIONS

Préambule

« S'ils n'étaient pas doués d'une souplesse pareille à celle du caoutchouc, les échanges et le commerce ne parviendraient jamais à bondir au-dessus des obstacles que les législateurs ne cessent de dresser sur leur voie ».[143]

L'entreprise, lieu de la transformation industrielle

L'ENTREPRISE EST SANS AUCUN DOUTE EN ECONOMIE l'institution fondamentale, où se retrouvent les apporteurs de capitaux, les fournisseurs de matières premières, de machines et de locaux, les apporteurs de savoir et de main d'œuvre, enfin les clients qui constituent son marché. Elle les fédère autour d'un produit, dont l'utilité se mesure au profit réalisé. Elle est pour Joseph Schumpeter le lieu de l'innovation, où se développe un processus de destruction créatrice. Pour Alfred Chandler, elle est la « main visible » qui organise le marché en rationalisant les transactions qu'elle intègre plus ou moins en son sein, et en diminuant leurs coûts. Si dans un premier temps, les économistes ont insisté sur la rationalité économique de l'entreprise, dans un deuxième temps ils ont insisté sur son insertion dans la société. Ethique religieuse et système de valeurs pour Max Weber, responsabilité sociale pour François Perroux, fondements socio-ethnologiques pour Wilfrid Sombart, institutions avec Douglass North[144], l'étude de l'entrepreneurialité est au cœur de la réflexion économique aussi bien qu'historique.

La Grèce industrielle se prête à ces réflexions à plusieurs titres.

Depuis 1950, la combinaison de facteurs qu'a réalisé l'entreprise dans ce pays a permis une amélioration prodigieuse de la productivité, fruit à la fois

---

[143] Thoreau, Henry David : "La Désobéissance civile" 1849

[144]Schumpeter, Joseph : « *Théorie de l'évolution économique* » 1912. Weber Max : « L'éthique protestante et l'esprit du capitalisme » 1905 (Gallimard 2003). Perroux, François : "L'Économie du XXe siècle", Presses universitaires de Grenoble, 1961. Sombart, Werner : " Le Bourgeois. Contribution à l'histoire morale et intellectuelle de l'homme économique moderne » 1913. North, Douglas : " Comprendre le processus de changement économique ", Princeton University Press, 2004

de sa volonté de reconstruction après les désastres de la guerre et de son insertion progressive dans un marché élargi et concurrentiel. Ce mouvement s'est accompagné d'une transformation profonde de ses structures, de son emploi, de son financement. La crise récente ne doit pas en effet faire oublier la longue période de croissance de l'ensemble des grandeurs économiques qui l'a précédée. Et plus encore, derrière cette croissance, c'est la transformation des modes de production qu'elle suppose, le nombre des agents, les modalités de leur emploi, leur productivité. Les facteurs de production ont sans doute été en abondance relative dans la période 1950-2014, l'emploi du fait de l'exode rural pendant la période de construction de la base industrielle et, plus tard, du fait de l'inversion progressive des courants migratoires, les capitaux dès l'entrée dans la zone Euro et de ce fait même. Mais c'est l'utilisation rationnelle des facteurs disponibles, autant que l'allongement des séries, qui a permis un accroissement rapide des productivités, même si, en fin de période, elles se sont affaissées, même si elles demeurent encore en-deçà des moyennes européennes.

Les périodes de crise, après 1981, puis en 2010, ont exercé une action destructrice sur l'entreprise, ses facteurs de production - main d'œuvre et capitaux- ses résultats et souvent son existence même. Mais il me semble que les structures industrielles elles-mêmes, du fait de la place des PME et des indépendants dans les entreprises et les emplois, les rendaient en Grèce particulièrement sensibles. Il me semble aussi que les crises sont le moment privilégié d'une restructuration, *« du même processus de mutation industrielle qui révolutionne incessamment de l'intérieur la structure économique, en détruisant continuellement ses éléments vieillis et en créant continuellement des éléments neufs »*[145].

Cette restructuration, dans l'industrie, ne se manifeste pas seulement dans l'évolution démographique des entreprises, mais aussi dans celle de leur taille exprimée en nombre d'employés par entreprise et que notent les effets de concentration ; elle ne se manifeste pas seulement dans l'évolution du nombre d'emplois et la montée du chômage, mais aussi par le changement profond des modalités d'emploi et de travail. Elle se manifeste enfin par le redressement rapide de l'autofinancement que l'on note au ras des bilans.

La reconstitution des marges d'autofinancement n'a pas en Grèce qu'un sens économique : elle est aussi un des signes de la liberté d'entreprendre. Elle s'oppose au recours au crédit, dont la distribution est contrôlée par une

---

[145] Schumpeter, Joseph: «*Capitalisme, socialisme et démocratie,*»1942.

bureaucratie, celle des banques, de l'Etat ou des institutions européennes. L'entreprise dresse contre elles la vigueur de ses profits et sa profonde autonomie.

L'environnement étatique de l'entreprise n'a pas toujours favorisé l'expansion de l'industrie. Si les stratégies de développement ont nominalement flotté « entre l'Etat et le Marché », elles sont loin d'avoir couvert les besoins réels de l'industrie, elles ont multiplié les interventions bureaucratiques (financement, nationalisations), elles ont ralenti le développement des infrastructures ; et malgré cela, on est surpris de voir que l'industrie a effectué les profondes adaptations qu'exigeait l'ouverture des marchés.

Enfin, alors qu'elle épousait de près l'évolution générale en Europe (sans pour autant combler tous les écarts), l'entreprise - et ses employés – se distinguait nettement et à de nombreux égards de ses homologues européens, tant dans ses structures que dans ses comportements. Les données quantitatives permettent de les repérer. Pour les expliquer, il faut recourir à une interprétation anthropologique, aux déterminants culturels d'un esprit d'entreprise fondés sur une culture familiale méditerranéenne. La famille organise et structure l'agent économique et ses relations et oriente de manière décisive ses activités, fondant un modèle original, exemplaire pour l'histoire économique des institutions.

Chapitre 5

L'évolution de la productivité industrielle

Une évolution remarquable, mais, à l'aune de l'Europe, limitée

LES 10 ANNEES PASSEES DE CRISE FERAIENT FACILEMENT oublier les transformations profondes que l'organisation des moyens de production dans l'industrie manufacturière a connues depuis la fin de la 2è Guerre Mondiale. La croissance n'a pas concerné en effet que la production, mais aussi la valeur ajoutée et le profit, et la productivité de ces valeurs par emploi ou par entreprise.

Au-delà de la simple croissance, c'est donc l'efficacité d'un système de production qu'il faut considérer, en mesurant soit l'évolution des éléments qui forment le résultat[146], soit de manière plus fine, le rapport entre ces éléments et le nombre d'emplois et d'entreprises.

Il faut encore, pour en apprécier la valeur, le comparer à celle d'autres ensembles, à l'intérieur du pays aux autres secteurs comme la construction ou les services, à l'extérieur du pays aux Etats membres de l'Union Européenne.

Là se révèlent précisément les forces et les faiblesses de l'industrie manufacturière grecque, sa place dans l'économie du pays, ou, comme on l'a vu plus haut, son degré d'intégration à l'ensemble européen. De ces deux points de vue, elle présente une indubitable efficacité mais aussi une productivité encore faible, moins de l'emploi toutefois que de l'entreprise, et cela est dû principalement au grand nombre relatif de ses entreprises.

Productivité de l'Industrie Grecque

Pour apprécier la productivité dans la période 1951-1969, les données existantes nous limitent au rapport entre le PIB de l'industrie, construction exclue, et le nombre d'employés et d'entreprises, aux dates correspondantes.[147] On constate alors que si l'industrie connaît une

---

[146] On entend par VAB la Valeur Ajoutée Brute qui résulte de l'Output (ou production) après déduction des Consommations Intermédiaires. La VAB se décompose en rémunération du travail, en autres impôts à la production (faibles dans l'industrie) et en profit brut avant amortissements (cash-flow ou autofinancement). Profit, ou cash-flow ou Excédent Brut d'Exploitation, les trois vocables sont utilisés ici indifféremment.

[147] aux prix de 1958. Notons ici que le PIB est calculé à prix constants de 1958, qu'à cette époque, la drachme a été stabilisée par rapport au dollar et que l'inflation est assez bien contrôlée. On peut considérer que cette mesure de l'amélioration de la productivité donne un ordre de grandeur acceptable. Il faut noter encore que les nombres d'entreprises et d'employés en 1951 et en 1969 ne sont pas parfaitement homogènes : artisanat et emploi à façon peuvent, selon les déclarations, passer du statut d'employeur à celui d'employé, améliorant ainsi la productivité par entreprise et inversement diminuant la productivité par emploi.

croissance à deux chiffres, elle enregistre aussi une amélioration considérable de sa productivité. Par entreprise, cette dernière triple en valeur, tandis que celle de l'emploi quadruple. Les augmentations les plus fortes sont celles des industries « lourdes » à fort coefficient de capital et très concentrées, comme le papier, la chimie, la sidérurgie, le ciment, les matériels de transport, la production électrique. Les branches « traditionnelles » du textile-habillement et cuir, du bois-ameublement et des produits divers (horlogerie, bijouterie, instruments de musique), à fort coefficient de main d'œuvre et dont la production est dispersée en un grand nombre de très petites entreprises, connaissent au contraire des progrès inférieurs à la moyenne.

Ce que nous disent ces données, c'est qu'ont été construits non seulement une base industrielle, mais aussi un système de production (copié sur les modèles européens les plus avancés dans les domaines de la technologie et de l'emploi), économe en emplois et concentré sur un petit nombre d'entreprises.

Il faut ensuite passer à la période de 1995 à 2014, où les choses sont infiniment plus précises. Dans la composition de la production (output) on peut isoler consommations intermédiaires et valeur ajoutée (aux prix de base), dans celle de la valeur ajoutée on peut isoler le coût du travail et le profit (brut ou net des amortissements).

Dans l'industrie manufacturière, la valeur de la production a presque doublé entre 1995 et 2008 et n'a diminué que relativement peu entre 2008 et 2014. La part des consommations intermédiaires s'est accrue du fait soit d'une insuffisante rationalisation de la production, soit plus probablement de l'augmentation du coût des matières premières. Ce que confirme une évolution similaire dans l'Union Européenne. La part de la valeur ajoutée brute a inversement diminué en Grèce comme dans l'UE.

La valeur ajoutée brute a moins augmenté que la production dans la période, en particulier pendant la crise, entre 2008 et 2014. Dans le partage de cette valeur entre cash-flow et rémunération de l'emploi, les industriels ont choisi de maintenir leur cash-flow, au prix d'une réduction brutale des coûts d'emploi. Cette réduction a été acquise moins par la diminution des rémunérations que par la forte réduction des effectifs, qui, après avoir augmenté légèrement entre 1995 et 2008, ont diminué de près du tiers entre

2008 et 2014. Le chômage plus encore que la baisse des salaires explique la résistance des marges.

On constate toutefois des différences importantes d'une branche d'activité à l'autre, qui semblent liées à la réactivité relative de leurs entreprises aux conditions de concurrence et aux structures de prix de leurs matières premières, propres à leur marché.

Par exemple, les branches très concentrées de l'énergie (pétrole, électricité et gaz), enregistrent une augmentation de leurs consommations intermédiaires (prix des matières premières) qui lamine leurs valeurs ajoutées brutes, tandis que les prélèvements fiscaux pendant la crise diminuent leurs profits. Ce n'est pas le cas des mines et carrières, des matériaux de construction et de la métallurgie, dont les processus de production sont moins sensibles aux matières premières et dont les grands groupes qui les animent améliorent les performances. Leur taux de profit s'envole avec la crise.

Les branches beaucoup plus dispersées de l'agro-alimentaire et de la mécanique donnent un exemple différent : le taux de valeur ajoutée y croît régulièrement et dépasse le tiers de la production dans le premier cas, la moitié dans le second. Le taux de profit dépasse les deux tiers de la VAB dans les deux cas. La maîtrise des coûts d'emploi a permis de nourrir investissements et croissance, y compris pendant la crise. Structures de production (grand nombre de PME) et de marché (réorientation vers les exportations) expliquent cette résistance.

L'analyse par branche met en évidence le fait que les valeurs ajoutées présentent un intérêt limité en raison des variations du degré de transformation, des prix des matières premières traitées, des prélèvements fiscaux. En revanche, le taux de profit mesure bien l'efficacité économique de leurs entreprises : agro-alimentaire, énergie, chimie de base, métallurgie et travail des métaux, industrie électronique et réparation ont des taux de profit supérieurs à la moyenne, correspondant à des valeurs en croissance par rapport à 2000. Les taux les plus bas sont ceux du textile, du bois et du papier, du caoutchouc et des autres matériels de transport, et cela correspond à des fortes chutes de leur production et de leur valeur ajoutée.

Une autre approche de la productivité, qui rapporte production, valeur ajoutée et profit au nombre d'emploi ou au nombre d'entreprises, permet de compléter ces observations. Le résultat est toutefois différent pour l'emploi et pour l'entreprise, dans la mesure où le premier rapport exprime directement l'efficacité de l'entreprise, le second est affecté par le degré de dispersion relative des entreprises dans une branche donnée.

La productivité d'un emploi industriel a évolué très rapidement entre 2000 et 2014 et chose plus remarquable, a continué à augmenter pendant la crise, malgré la baisse des montants en valeur absolue.

L'économie de consommation intermédiaire a permis en effet une amélioration de la valeur ajoutée encore plus rapide que celle de la production, tandis que la limitation des salaires, mais surtout la baisse du nombre d'emplois a permis une très forte croissance des cash flows.

Par branche, l'évolution est contrastée. Les rythmes de développement de la productivité d'un emploi dessinent un profil industriel relativement surprenant dans lequel l'industrie lourde, les produits métalliques, électriques et électroniques, et les machines et matériels de transports (hors réparation), surperforment ou égalent la moyenne de l'industrie manufacturière et dans lequel, inversement, la productivité de l'agro-alimentaire, de l'énergie, des industries traditionnelles et de la chimie, croît moins vite que la moyenne. Effet probable de la forte capitalisation des premières.

La productivité d'une entreprise industrielle a connu des évolutions parallèles à celle de la productivité d'un emploi entre 2002 et 2014.

Si la productivité par entreprise a fortement augmenté à tous points de vue, c'est que le nombre d'entreprises a diminué de près de la moitié alors que la production et le coût d'emploi ont faiblement diminué et que la valeur ajoutée et le cash-flow ont légèrement augmenté. A l'occasion de la crise, la concentration des valeurs sur un plus petit nombre d'entreprises a permis le redressement vigoureux de la productivité par entreprise.

Par branche, en termes de cash-flow, l'agro-alimentaire, l'industrie lourde, les produits métalliques, électriques et électroniques, les machines et matériels de transport connaissent une croissance de leur productivité nettement supérieure à la moyenne, alors que la chimie et les industries traditionnelles enregistrent une croissance inférieure. Dans l'agro-alimentaire, la performance n'est pas obtenue par diminution du nombre d'entreprises, mais par la croissance du cash-flow. C'est l'inverse dans la branche machines.

Chaque branche a sans doute ses caractéristiques propres d'organisation, de croissance ou de déclin. Mais les évolutions font surtout penser à une réponse de l'industrie manufacturière au régime de concurrence accrue et à la crise intérieure de la consommation. Elle se restructure profondément d'abord par le nombre des entreprises. Elle se réoriente ensuite vers l'exportation, en se concentrant sur les marchés les plus « avantageux ». Les entreprises qui survivent sont celles qui ont résisté en termes de valeur ajoutée sinon de chiffre d'affaires et en termes de cash-flow sinon de rémunération du travail. Agro-alimentaire, métallurgie et travail des métaux, machines sont les branches les plus agressives.

Comparaison avec les autres secteurs d'activité économique

Les grandeurs qui caractérisent l'efficacité et la productivité de l'industrie manufacturière ont sans doute évolué de manière très positive, notamment entre 2000 et 2014. Encore faut-il pour apprécier pleinement cette performance, la comparer à celle d'autres activités économiques dans le même pays, la construction et les services.

Selon Eurostat, dans la construction, entre 1995 et 2008, production et valeur ajoutée avaient presque doublé ou doublé, mais on observait déjà que le cash-flow n'avait pas suivi, en raison d'une augmentation soit du coût des terrains et des matériaux, soit surtout des coûts d'emploi qui avaient plus que triplé. La crise survenue dès la fin 2008 a été dévastatrice et en 2014, la production ne représente plus que 30% de celle de 2008. Et si la productivité de l'emploi entre 2000 et 2014, en termes de production, de valeur ajoutée et de cash-flow ne baisse pas trop, la productivité de l'entreprise en quelque terme que ce soit, recule à un rythme bien plus rapide. Il faut préciser qu'en dehors les travaux publics, qui sont très concentrés autour de 6 grandes entreprises, le bâtiment se caractérise en Grèce depuis la guerre par une grande dispersion des entreprises,[148] par un statut personnel et familial (affaires personnelles, joint-ventures d'affaires personnelles) et par leur petite taille. Elles se sont constituées dans un contexte d'auto-construction ou d'anti-parochi[149] très « atomisé » et en général peu coûteux, leur assurant des marges confortables et bien supérieures à celles de l'industrie. Avec la

[148]Elles sont d'ailleurs plus nombreuses que dans l'industrie manufacturière, 17 % de plus en 2003 et 2008, et 30 % de plus en 2014.
[149]Dation en paiement (du terrain à bâtir contre la livraison d'un ou plusieurs appartements)

crise, les entreprises ont d'abord dégagé leur personnel ; elles n'ont fermé que difficilement.

Dans les services, on observe une multiplication par 2.5 de leur production et de leur valeur ajoutée entre 1995 et 2008, puis une chute en 2014 de seulement 25 % Les taux de valeur ajoutée et de profit baissent légèrement. La productivité de l'emploi en termes de production, de valeur ajoutée et de profit augmente plus lentement ; celle d'une entreprise stagne.

Les branches d'activité diffèrent beaucoup entre elles. En ce qui concerne les productivités de l'emploi, la meilleure performance à l'exception du secteur financier, est celle du transport : elle n'est pas due à celle des transports terrestres, mais à celle du transport maritime (réorganisation du port du Pirée et développement de l'armement naval), du transport aérien (réorganisation d'Olympic Airways repris par Aegean) et de la logistique. La relative performance de l'emploi administratif en termes de valeur ajoutée et surtout de cash-flow (ce dernier double presque), confirme l'analyse récente de C. Iordanoglou[150] sur l'inexistence de sureffectifs. C'est au niveau de ses coûts et de la valeur de sa production, et non de ses effectifs, que se situe le problème. Toutes les autres branches ont une évolution médiocre, voire négative.

En ce qui concerne les productivités de l'entreprise, entre 2003 et 2014, les meilleures performances sont celles du transport et du tourisme. Mais le profit des services à l'industrie en est bien loin, en raison de l'extrême dispersion de cette branche, comme d'ailleurs le commerce, le tourisme et la réparation. Dans ces branches aussi, la rémunération du travail est souvent celle de l'employeur.

Par rapport à ces deux activités, l'industrie manufacturière affiche une part de valeur ajoutée dans la production légèrement inférieure à celle de la construction, et très inférieure à celle des services. En outre, sa position s'est dégradée entre 2003 et 2014. Le poids des consommations intermédiaires suffit à expliquer les écarts. En revanche, les taux d'autofinancement ont depuis 2003 rattrapé leur retard et, en 2014, ont rejoint ceux de la construction et dépassé ceux des services. Sa réorganisation a été beaucoup plus vigoureuse.

---

[150]Opus cité

Mais c'est au niveau des productivités que les performances de l'industrie manufacturière apparaissent le mieux.

Ainsi, la productivité d'un emploi industriel est à peine supérieure à celle d'un emploi du bâtiment en 1995. Elle la dépasse de 3,5 fois en 2014 – et ce en termes de production, de valeur ajoutée et de cash-flow. Elle est aussi en 1995 supérieure à celle d'un emploi de services de près du double mais presque trois fois supérieure en 2014 en termes de production. Et si elle était inférieure ou égale en termes de valeur ajoutée et de cash-flow en 1995 et 2008, elle les dépasse d'un tiers en 2014. Par ailleurs, la productivité d'une entreprise industrielle est très largement supérieure à celle d'une entreprise du bâtiment en tous termes et l'écart qui s'était accru en 2008 par rapport à 2003 explose en 2014. Elle est aussi très supérieure à celle d'une entreprise de services en 2003 et encore plus en 2014

Notons que le nombre d'entreprises s'est accru dans les services alors qu'il a baissé dans l'industrie et dans la construction. La disparition de TPE et la concentration des entreprises qui en résulte est un facteur d'efficacité et non pas un signe alarmant de désindustrialisation, comme il est dit souvent. Par ailleurs, la maîtrise des coûts du travail est bien mieux assurée dans l'industrie manufacturière, et pas seulement en période de crise, mais la crise a servi dans ces branches d'industrie exposées à la concurrence internationale de puissant stimulus à un ajustement des structures. Construction et services ne parviennent que difficilement à ajuster leurs effectifs. Ce sont des branches relativement peu concentrées, où fleurit l'entreprise personnelle ou familiale, qui, après avoir licencié avec difficulté ses employés, se refuse à disparaître, au moins juridiquement.

La comparaison entre industrie manufacturière d'une part et construction et services d'autre part, révèle sa vitalité. En matière de croissance, les écarts sont moins sensibles entre industrie et services qu'avec la construction, véritable sinistrée de la crise. En matière de productivité, les écarts dans les évolutions sont beaucoup plus importants, pour celle de l'emploi entre 1995 et 2014 et plus encore pour celle de l'entreprise entre 2003 et 2014. L'industrie fait ainsi preuve d'une plus grande rapidité d'adaptation, alors que le repli dans la construction et les services (à l'exception peut-être du tourisme) n'est probablement pas achevé, et que le mouvement de restructuration des entreprises y semble bien en retard.

Tout ceci constitue une nouvelle précieuse en ce qui concerne la capacité d'autofinancement de l'industrie quand on sait que celle-ci, reconstituée ou accrue, est le véhicule de l'investissement futur.

Comparaison avec les autres pays de l'Union Européenne

Dans l'ensemble européen, l'industrie de la Grèce se distingue nettement par l'importance relative de sa valeur ajoutée et de ses cash-flows, résultat de la « dévaluation interne » opérée par les entreprises pendant la crise. Mais elle se distingue aussi par une productivité de l'entreprise très inférieure en raison de la forte dispersion des entreprises qui la caractérise. La productivité de l'emploi, comme on peut s'y attendre, est moins décalée. Dans les deux cas, les écarts sont dus à une utilisation encore modeste du marché européen, à une exploitation insuffisante des économies que permet son échelle.

Il ressort du tableau ci-dessous, en dehors du taux remarquable de valeur ajoutée en Grèce, que se produit dans les années 1995-2014 dans toute l'UE une montée puissante des consommations intermédiaires. A priori, on peut la relier à la rareté croissante des matières premières et de l'énergie. Mais elle peut aussi être attribuée à d'autres raisons.

On peut en effet attribuer le poids des consommations intermédiaires dans la composition des produits finis à des structures de production et à des choix technologiques spécifiques à chaque pays. On peut l'attribuer encore à leurs ressources en matières premières ou énergie et à leurs coûts de production. D'ailleurs, l'impact sur les industries nationales est inégal : Allemagne, France, Italie et Portugal résistent mieux, Belgique, Pays Bas, Espagne et Grèce moins bien. Même l'Allemagne dans sa structure de production dispose d'une main d'œuvre très qualifiée qui lui permet d'ajouter à la consommation intermédiaire une valeur plus grande, à l'inverse de la France où des profits bas accompagnent une main d'œuvre moins qualifiée et résultent d'une valeur ajoutée faible. Enfin, le choix plus ou moins heureux effectué par les entreprises de chaque pays de certains produits - et de la valeur ajoutée et de la capacité exportatrice qui les caractérise - est aussi un élément déterminant de la composition de son output. En Grèce, c'est plutôt une certaine structure de production, où les taux de valeur ajoutée élevés dans l'industrie lourde, les produits métalliques et électriques, la mécanique et l'électricité compensent le taux faible des industries traditionnelles et très faible de l'industrie pétrolière.

L'industrie grecque détient aussi le record de la part réservée sur la valeur ajoutée au profit, ou si l'on préfère à l'autofinancement. De plus, crise aidant, cette part s'est accrue en 2014 par rapport à 2008 et mieux encore, par rapport à 1995. Le partage de la valeur ajoutée dans l'UE se fait plutôt en faveur du coût du travail et ne change guère au long de la période. Mais les écarts à la moyenne sont grands. L'Allemagne a opéré sa dévaluation interne avec les réformes Harz à partir de 2002, mais le coût du travail reste à un niveau élevé. Espagne, Portugal et Grèce, pays sous contrôle financier européen, ont redressé vigoureusement la barre et c'est la pression sur la masse salariale, plus sur le nombre d'emplois que sur les rémunérations, qui a permis de relever les taux d'autofinancement. La Belgique et la France ont des taux inférieurs à la moyenne européenne, qui ne changent pas. L'Italie voit la part du coût d'emploi augmenter. Il semble que le partage de la valeur ajoutée entre rémunération du travail et autofinancement dépende des rapports de force politiques et sociaux, de l'ancienneté des traditions industrielles, du degré de spécialisation, peut-être d'une structure entrepreneuriale qui reste à définir.

Au total, ce qui est le plus impressionnant, c'est la permanence de la position relative de l'industrie grecque dans l'UE, tant dans la valeur ajoutée que dans le profit, pendant ces 20 années.

En ce qui concerne les productivités par emploi, ou par entreprise, la comparaison de l'industrie grecque avec ses voisines de l'UE est moins brillante.

La production par emploi en Grèce est la plus faible, en dehors du Portugal, et se situe aux 2/3 de la moyenne. Sa croissance en revanche est la plus rapide, juste derrière l'Espagne et devant le Portugal, ce qui montre tout l'intérêt de l'ouverture au grand marché, l'efficacité des plans de redressement et le chemin encore à accomplir. Le profil est le même en termes de valeur ajoutée, mais la situation est meilleure en termes de cash-flow : l'industrie grecque présente une productivité par emploi supérieure à celles du Portugal, de l'Italie et...de l'Allemagne, et juste dans la moyenne de l'échantillon de pays choisi.

Tableau 13. Structure de l'output de l'industrie manufacturière de pays membres de l'UE 28, en %, 1995- 2014

Partage de la production (output)

	1995		2014	
	Cons. Interm.	Valeur ajoutée	Cons. Interm.	Valeur ajoutée
Belgique	69,1	30,9	75,7	24,3
Allemagne	60,9	39,1	65,7	34,3
Grèce	**61,8**	**38,2**	**68,5**	**31,5**
Espagne	67,7	32,3	74,6	25,4
France	64,4	35,6	69,6	30,4
Italie	69,0	31,0	74,0	26,0
Pays-Bas	63,2	36,8	72,2	27,8
Portugal	71,1	28,9	73,4	26,6

Partage de la Valeur ajoutée brute

	1995		2014	
	Coût d'emploi	Cash Flow	Coût d'emploi	Cash Flow
UE 28	53,3	46,7	53,1	46,9
Belgique	59,5	40,5	59,7	40,3
Allemagne	67,2	32,8	59,5	40,5
Grèce	**44,7**	**55,3**	**36,6**	**63,4**
Espagne	57,7	42,3	48,5	51,5
France	56,9	43,1	57,1	42,9
Italie	49,8	50,2	54,3	45,7
Pays-Bas	48,1	51,9	45,1	54,9
Portugal	55,5	44,5	47,4	52,6

Sources : Eurostat TER

La productivité par entreprise en revanche est en général très inférieure à celle de tous les pays de l'échantillon et à celle de l'UE. En 2014, en termes de valeur ajoutée, la moyenne de l'UE est 4 fois supérieure. En termes de profit, elle est légèrement supérieure à celle du Portugal, pas trop éloignée de celle de l'Italie, mais près de 3 fois inférieure à la moyenne européenne. Plus inquiétante est l'évolution de ces valeurs par rapport à 2003 : si la productivité en termes de production s'améliore et croît plus vite que la moyenne européenne et que celle des pays de l'échantillon, elle se dégrade en termes de valeur ajoutée et croît moins vite que la moyenne. En termes de profit, elle se maintient au-dessus de la moyenne, mais se dégrade par rapport celles de l'Allemagne, de l'Espagne et du Portugal.

De tels écarts ne peuvent s'expliquer en Grèce que par le degré particulier de dispersion du tissu des entreprises industrielles, cause essentielle de ces productivités très basses. On observe qu'Allemagne, Belgique et Hollande d'un côté et un ensemble de pays « du Sud » de l'autre, dessinent deux espaces en forte opposition de concentration et donc de productivités, avec des rapports moyens de 1 à 2, la France occupant une position médiane en termes de production et de valeur ajoutée, mais « méridionale » en termes de profit.

Ces écarts ont aussi à voir avec la structure de production (rapport entre intensité de l'emploi et intensité du capital) et donc avec les spécialisations de produits. Les grandes industries de produits de base se prêtent sans doute à une plus grande concentration des entreprises. Les analyses ci-dessus devraient être étendues à la branche d'activité industrielle. Ainsi les deux branches où la valeur ajoutée de l'entreprise est supérieure en Grèce à celle du Portugal sont les produits de base et l'agro-alimentaire dans lesquelles œuvrent de grandes entreprises. Les écarts avec la France et avec la moyenne de l'UE culminent dans les machines et matériels de transport.

A mon sens, le profit par employé est la donnée qui mesure le mieux l'efficacité industrielle et, en Grèce, il est évident que les coûts d'emploi jouent un rôle essentiel dans sa compétitivité. On le voit bien en comparant Grèce et Portugal en 2014 : un nombre quasi égal d'entreprises au Portugal produit 40 % de plus, en termes de production, qu'en Grèce et la productivité de l'entreprise y est supérieure ; mais un nombre double de personnes occupées au Portugal produit *par tête* 35 % de moins qu'en Grèce.

Enfin, il y a sans doute un lien entre concentration de la production et taille du marché par le biais des économies d'échelle. On peut en induire de la part des entreprises industrielles grecques une faible utilisation relative du Grand Marché Européen. Inversement, le développement de Téléperformance en Grèce (services aux industries) est un exemple remarquable de croisement des avantages comparatifs présentés par l'emploi grec et d'exploitation des économies d'échelle offertes par ce Grand Marché. Et de l'utilité de s'ouvrir au capital étranger pour le démontrer.

Conclusions

Dès le lendemain de la 2 è Guerre Mondiale, l'industrie grecque s'est engagée dans un processus original de construction d'un système de production qui la rapprochait de modèles européens orientés non seulement vers la satisfaction quantitative de la demande mais aussi vers l'efficacité en termes de moyens. Elle s'est insérée dans un cadre institutionnel libéral fondé sur la libre détermination par les prix de l'ajustement entre offre et demande et de l'allocation optimale des ressources.

Au-delà de la rupture des années 80, l'analyse détaillée de la période 1995 à 2014 permet de constater que *l'industrie manufacturière est le secteur où à la fois le taux de valeur ajoutée décroît et croît le taux d'autofinancement, alors que les secteurs de la construction et des services ont enregistré des évolutions inverses*. Elle subit la hausse des consommations intermédiaires, dont la part dans sa production l'expose aux fluctuations des cours internationaux, notamment des matières premières. Elle confirme en même temps que, productrice de valeur ajoutée, elle est économe d'emploi et ce, bien avant la crise. Mais, à l'occasion de celle-ci, alors que la production a baissé, elle opère dès 2009 l'essentiel de son *ajustement* par une forte baisse des coûts salariaux, limitant ainsi la baisse des profits.

La faible capacité d'emploi de l'industrie manufacturière a une conséquence économique évidente : n'y trouvant pas d'emploi, les agents économiques l'ont recherché dans les branches « employeuses » qu'offraient leur pays, tourisme et administration. D'un autre côté, les entreprises de l'industrie manufacturière ont « libéré » une partie de leur personnel vers les services aux entreprises.

L'industrie manufacturière est aussi le secteur où la productivité est la plus forte et la croissance la plus vive. La productivité de l'emploi en termes de production, de valeur ajoutée et de cash-flow est plus élevée que celles de la construction ou des services et elle enregistre une croissance bien plus vive avant comme après la crise. Mais on peut noter au passage que les coûts d'emploi *par tête* y sont, aussi, les plus élevés. La productivité de l'entreprise a crû moins vite que celle de l'emploi, mais elle est incomparablement plus élevée que celle de la construction et des services. Le facteur clé est ici la restructuration du tissu d'entreprises, en raison de mouvements plus actifs de concentration ou d'élimination. La pression de la concurrence y est plus forte.

Comparée à celle de l'Union Européenne, l'industrie manufacturière présente le taux d'autofinancement le plus élevé, clairement, et depuis 1995. Ce n'est pas forcément un avantage dans la mesure où un niveau trop bas des salaires implique un risque de revendications fortes en cas de reprise, mais c'est le moyen pour les entreprises de maintenir une incontestable compétitivité. En revanche, si le taux de valeur ajoutée est aussi le plus élevé, juste après l'Allemagne, sa décroissance plus rapide manifeste une exposition plus forte aux fluctuations des cours des matières premières.

Cependant, la position de la Grèce s'écarte beaucoup de celle de l'UE en ce qui concerne la productivité de l'entreprise, qui demeure très inférieures en termes de valeur ajoutée comme de profit. Mais le nombre d'entreprises qui explique cet écart n'est pas qu'un handicap, et d'ailleurs l'intégration au grand marché le corrige progressivement. C'est aussi un avantage en termes d'entrepreneurialité, d'indépendance, de flexibilité. La productivité de l'emploi est bien moins décalée, notamment par rapport aux pays du Sud de l'Europe, notamment en termes de profit.

Ces observations poussent à se départir des préjugés qui peuvent courir sur ce thème précis de l'efficacité économique. Elles font penser plutôt à des différentiels de structures, voire de culture économique. La modernité des équipements a peu à envier à celle des concurrents européens. Elle a suivi l'évolution générale. Les problèmes de l'industrie grecque se situent ailleurs. Il faut, derrière les chiffres, tenter de comprendre la nature des adaptations et en premier lieu celle du tissu d'entreprises.

MOTOR OIL

VIOHALCO

intrakat

TITAN
CEMENT GROUP

GEK TERNA
GROUP OF COMPANIES

MYTILINEOS
Energy & Metals

INFORM
A LYKOS COMPANY

HELLENiQ
ENERGY

3E
Coca-Cola Τρία Έψιλον

La performance d'une économie se mesure
Par la présence de ses sociétés « multinationales »
Logos de sociétés multinationales grecques

Chapitre 6

La Restructuration des entreprises industrielles

Moins d'entreprises, mais meilleures

LA PREMIERE MANIFESTATION DE LA RESTRUCTURATION du tissu d'entreprises dans l'industrie est l'évolution de leur nombre : moins d'entreprises produisent autant ou plus. C'est un peu simpliste, mais cela relativise l'idée très répandue que l'effondrement de ce nombre est une catastrophe. Moins d'entreprises plus productives et plus rentables est sans doute une bonne chose.

Cette restructuration se manifeste aussi au niveau plus fin de la taille des entreprises, elle-même s'exprimant en termes d'emploi, de chiffres d'affaires, de valeur ajoutée et de profit, et, à nouveau, de productivités. Plus que leur démographie nous intéresse en effet le processus de concentration que reflète la diminution du nombre des entreprises accompagnée de l'augmentation de l'emploi, du chiffre d'affaires et de la valeur ajoutée.[151] Ce mouvement, rapide pour les PME, paraît plus lent et difficile dans les grandes entreprises.

Démographie et Entrepreneurialité : un rapport incohérent

Les études de démographie industrielle requièrent l'existence d'un Registre de Commerce à jour, dont le personnel enregistre les créations et disparitions d'entreprises (et établissements), avec leur date, le lieu du siège principal, la branche d'activité, la taille exprimée en nombre d'employés et la forme juridique. Ces données permettent de calculer des taux de renouvellement (turnover) du tissu d'entreprises, une pyramide d'âge, des degrés de concentration, et cela par branche et par région.

Cependant, au-delà des chiffres, ce type d'études ne permet guère de conclure à une quelconque entrepreneurialité. Et d'abord l'esprit d'entreprise ne relève-t-il pas plutôt de la sociologie ou de l'anthropologie (Weber, Schumpeter) que d'analyses statistiques ? L'implicite d'un vitalisme apparaît d'ailleurs clairement dans les termes utilisés, transportés des théories douteuses sur le déclin ou le renouveau démographique. Or, pas plus qu'en matière démographique, l'évolution des nombres ne signifie progrès ou déclin : l'état de santé d'une population, son niveau de revenus, la structure de ses consommations, son ouverture à l'emploi étranger, renseignent mieux

---

[151]Mes observations reposent sur des statistiques d'ELSTAT et d'Eurostat, sur des études de Price, Waterhouse& Cooper et sur ma propre enquête auprès de la Bourse d'Athènes.

que la pyramide de son âge. Le vieillissement relatif, la diminution d'une population peuvent s'accompagner d'une extrême productivité, comme en Allemagne ou en Suède. Il en est de même pour les entreprises. La réduction du nombre d'entreprises dans une branche donnée peut résulter d'un mouvement de concentration qui signale des gains de productivité, une modernisation des processus, un nettoyage des entreprises non rentables. Enfin, l'ancienneté moyenne peut caractériser une période particulière de renouvellement du tissu industriel, mais aussi des pratiques familiales qui favorisent la survie ou le développement de l'entreprise. L'étude des pratiques des branches d'activité et des usages locaux, la mesure des mouvements dans le temps, celle de la densité des entreprises par rapport à la population totale ou active, celle de leurs formes juridiques et de leur taille nous semblent des voies plus réalistes et plus riches.

De toute façon, la Grèce ne disposait pas, jusqu'il y a peu, de telles études faute d'un Registre de Commerce fiable. Et les données récentes de ce registre ne sont pas cohérentes avec celles d'Eurostat. On peut ainsi calculer à partir de ce Registre un indice de renouvellement en rapprochant l'évolution des créations et disparitions d'entreprises du stock de leur population. Pour 800.000 entreprises environ en 2010, la moyenne des créations (calculée sur les 5 années observées) est de 5.5 % l'an et celle des radiations, un peu inférieure, de 4.8%. Ce sont des taux de renouvellement très élevés, de près du tiers dans les deux sens sur les 6 années de crise, qui s'expliqueraient sans doute justement par la crise. Mais ces données sont parfaitement incompatibles avec les données SBS d'Eurostat, qui enregistrent une baisse considérable du nombre d'entreprises sur la même période !

Deux séries de données fournissent une base plus solide à une première réflexion sur l'évolution de la population d'entreprises industrielles en Grèce. Leur simple nombre et le recensement des autorisations administratives accordées par l'Etat pour la création et l'extension d'installations industrielles.

Ce qui ressort de l'évolution du nombre des entreprises industrielles, hors construction, dans l'après-guerre, c'est, d'abord sa croissance régulière de 1958 à 1988.[152] Il faut la relativiser, car, si l'on ôte les entreprises dédiées à la réparation et l'entretien, cette augmentation est bien moindre. Elle est particulièrement sensible dans le papier et l'édition, dans les matériaux de

[152]Il passe de 111.105 à 150.248, soit une augmentation de 35 %

construction et la métallurgie, les matériels électriques et électroniques, les machines et matériels de transport. Elle est plus modérée dans les gros bataillons de l'industrie que sont l'agro-alimentaire, le bois et les produits métalliques. Elle est négative dans le textile, l'habillement et le cuir.

Ensuite, la chute brusque des années 1990-1995 ramène leur nombre à environ 90.000. L'évolution du nombre des chefs d'entreprise et travailleurs indépendants depuis 1975 confirme cette cassure et permet de la dater plus précisément entre 1992 et 1993[153]. Une deuxième chute se produit au moment de la crise qui le ramène un peu en-dessous de 60.000.

Si la longue phase de croissance correspond bien à la construction de la base industrielle du pays, les deux réductions enregistrées par la suite correspondent à deux puissantes restructurations. La première est consécutive à la suppression de toute forme de barrière à la libre circulation des produits à l'intérieur du Grand Marché européen, étalée entre 1981 et 1990. Beaucoup d'entreprises, « plombées » par les hausses de salaires et de charges sociales s'avèrent non compétitives et ne résistent pas à cette ouverture. Le plan drastique de stabilisation engagé par le gouvernement Mitsotakis en prend acte en mettant fin à toute forme de subventions grâce auxquelles elles survivaient. La deuxième est consécutive à la crise financière des années 2009-2014, qui s'est traduite par la baisse de la demande intérieure et par la réorientation vers les marchés extérieurs, plus exigeants.

La construction et les services connaissent des évolutions sensiblement différentes. Le nombre des entreprises de construction, souvent artisanales, croît avec l'activité[154]. Les données des recensements montrent une croissance régulière de 1951 à 1981 des chefs d'entreprises et indépendants. La croissance se poursuit jusqu'en 2005, ignorant les effets du plan Mitsotakis de 1991 sur les entreprises de l'industrie manufacturière. Mais le marché sature dès avant la crise, à partir de 2006 -et c'est peut-être pour cela qu'elle est aussi forte- et les entreprises de la construction voient leur nombre baisser d'un tiers. Les entreprises de services suivent une même courbe de croissance mais qui se prolonge jusqu'en 2008. Ces deux secteurs

---

[153]Il y a un manque dramatique de données dans la période 1988-2003, entre le dernier recensement industriel et les premières statistiques SBS d'Eurostat.

[154] Leur nombre très faible (anomalie statistique ?) de 1958, 10.117, passe en 2002 à 98.926, chiffre presque 10 fois supérieur.

ne subissent pas les mêmes pressions de concurrence qui imposent à l'industrie manufacturière des règles de gestion plus strictes.

La meilleure illustration peut-être des réorganisations internes qui se produisent au sein des entreprises industrielles, ce sont les autorisations d'installation et d'extension délivrées par le Secrétariat Général de l'Industrie, qu'ELSTAT relève régulièrement depuis 1958. En dehors des nombres de permis délivrés, qui peuvent être influencés par des considérations de type clientéliste, la puissance installée en chevaux-vapeur présente un grand intérêt. Si l'on en doutait, la simple multiplication par 7 de cette puissance entre les années 1958-1962 et les années 2005-2014 signale concrètement la modernisation des équipements et l'accroissement de leur productivité. Pendant les années de crise, si le nombre des permis diminue sensiblement, la moyenne de la puissance demandée par projet demeure très élevée, ce qui découvre un niveau important d'investissement en machines. Leur répartition entre les différentes branches d'activité semble liée au degré de dispersion des entreprises et à l'intensité en capital de chacune.

Conservons cependant la distance nécessaire à l'égard de ces chiffres : encore faut-il qu'une suite ait été donnée au permis obtenu.

Moins d'entreprises, mais plus grandes et plus capitalisées

Moins d'entreprises, mais plus grandes et plus capitalisées. Les chiffres d'affaires, valeurs ajoutées et emplois par taille[155] évoluent depuis 1951 dans un double processus d'accroissement et de concentration, bien moins en nombre d'employés qu'en chiffre d'affaires et valeur ajoutée. Plusieurs étapes jalonnent ce processus.

De 1951 à 1988, la vive croissance à la fois du nombre d'entreprises et du nombre de leurs employés est inégale selon la taille : le nombre des Très Petites Entreprises, celles qui emploient moins de 5 employés, augmente

[155]La division par taille se fait en général sur la base du nombre d'employés. En 2002, le recensement utilise aussi une division intéressante sur la base du chiffre d'affaires. Le nombre de classes est très variable selon les pays de l'UE et dépend de leur taille relative. Chaque pays a ses classes propres. Notre analyse est calée sur les recensements industriels réalisés de 1951 à 1988 (nombre d'entreprises et d'emplois) par l'ESYE et sur les statistiques structurelles d'entreprises réalisées par Eurostat de 2003 à 2014, nombre d'entreprises, emploi, chiffre d'affaires et valeur ajoutée brute.

légèrement moins vite, alors que le nombre de celles qui en emploient entre 5 et 49 s'accroit très fortement. Les entreprises les plus grosses, celles qui emploient plus de 50 employés, voient leur nombre passer de 520 à 1455, tandis que double le personnel qu'elles emploient. Mais dès les années 70, en particulier entre 1978 et 1988, leur nombre décline ainsi que leur personnel.

En conséquence, les parts relatives de chaque catégorie évoluent au détriment des TPE et à l'avantage des classes intermédiaires, alors que stagne celle des plus de 100 employés. La répartition du personnel entre elles suit les mêmes pentes, de manière plus accentuée. Les puissances installées en chevaux vapeur, en revanche, dont le volume a presque quintuplé dans la période, sont fortement concentrées dans les établissements de plus de 100 salariés. Le gonflement de la capitalisation des entreprises et la modernisation qu'elle induit est donc le fait principalement des grandes entreprises.

Plus tard, au milieu des années 90, se produit la cassure signalée plus haut. Dans ce cadre, les petites entreprises qui emploient moins de 10 salariés et les grandes, qui emploient plus de 50 salariés, accroissent leur part, notamment dans l'emploi. C'est au détriment de celles qui emploient 10 à 49 salariés. Autant ces classes intermédiaires avaient porté la croissance précédente, autant elles subissent de plein fouet le plan de stabilisation imposé par le gouvernement Mitsotakis.

De 2003 à 2014 enfin, le nombre d'entreprises diminue encore, ainsi que celui de leurs employés. Si leur chiffre d'affaires s'accroît, cela ne suffit pas à enrayer la chute de leur valeur ajoutée.

Or les TPE de moins de 10 employés sont bien plus lourdement affectées et perdent en nombres bien plus élevés effectifs, personnel, chiffre d'affaires et valeur ajoutée. : A l'autre extrémité de l'éventail, les grandes entreprises de plus de 250 employés subissent une restructuration qui est loin d'être achevée. Leurs effectifs et leur personnel sont très affectés et, malgré la très forte croissance de leur chiffre d'affaires, elles enregistrent une baisse sensible de leur valeur ajoutée.

Les grands vainqueurs sont les entreprises de taille intermédiaire - 10 à 249 salariés – qui, cette fois, progressent sur tous les tableaux : elles enregistrent une forte croissance de leurs effectifs et de leur chiffre d'affaires, une croissance moindre de leur emploi et de leur valeur ajoutée. On pourrait formuler l'hypothèse qu'elles récupèrent les éléments de la classe précédente ou que la disparition des TPE leur profite.

Enfin, la mesure des efficacités par entreprise et par employé confirme les difficultés de la TPE au niveau du chiffre d'affaires et plus encore de la valeur ajoutée. En revanche, à l'autre bout de l'éventail, les entreprises de plus de 250 employés doublent leur rendement en chiffre d'affaires par entreprise et par employé, le maintiennent en valeur ajoutée par entreprise et l'augmentent légèrement par employé. Les autres tranches améliorent leur rendement en chiffre d'affaires et en valeur ajoutée, mais dans une moindre mesure.

Tous les indices, de croissance, de concentration et d'accumulation, convergent : la TPE s'étiole dans le système de production industrielle du pays. C'est là sans aucun doute un des faits majeurs de la grande transformation industrielle et probablement sociale du pays. Si cette structure demeure fondamentale, elle évolue de manière continue. Et cette évolution, qui rapproche la Grèce du modèle européen est un des modes les plus puissants d'amélioration de la productivité industrielle.

Au cœur de la structure entrepreneuriale grecque, on trouve une PME industrielle qui en 2014 réalise en moyenne un chiffre d'affaires de 7.8 millions d'€, produit une valeur ajoutée d'un million d'€ et emploie 30 salariés. Dans la crise, elle a géré avec prudence son personnel, dont elle a amélioré les rendements, elle a augmenté son chiffre d'affaires et elle a maintenu sa valeur ajoutée.

Enfin les « grandes entreprises » tardent à se réorganiser, ce qui freine et la croissance et la compétitivité de l'ensemble de ce secteur.

La Bourse d'Athènes, un bon observatoire de la Grande Industrie

La Bourse d'Athènes[156] est un bon observatoire des grandes sociétés industrielles. Elle s'est révélé d'abord un outil précieux de restructuration, à

[156] Les données publiées par Helex (Hellenic Exchanges, gestionnaire de la Bourse) et par la Commission des Marchés, les études récentes de Beta Securities et de Merit (deux sociétés d'analyse boursière), mais aussi les archives de la Bourse, dressent une bonne image de la Bourse grecque.

partir de la réforme du marché boursier des années 1996-2000. Les résultats des sociétés cotées en Bourse permettent ensuite de mesurer l'étendue de leur restructuration, sans doute tardive et insuffisante.

Il faut remarquer en premier lieu que, dans l'ensemble des sociétés cotées, les entreprises industrielles tiennent le haut du pavé, et que leur part en nombre et en capitalisation boursière dépasse très largement leur part dans le PIB.

Alors que banques et grands services publics (éclairage, transports) écrasent la Bourse à la fin du 19ème siècle et au début du 20ème siècle, en levée de capitaux aussi bien qu'en nombre, à partir de 1920-1930 les entreprises industrielles les remplacent. Elles représentent plus des 3/4 de l'ensemble des sociétés cotées en 1939 et les 4/5 en 1960. Certes, les banques continuent à lever une part importante des capitaux, mais l'industrie occupe désormais toute la place.

Ensuite, l'évolution du nombre de sociétés cotées est un premier indice des restructurations considérables de l'économie grecque. Entre 1939 et 2004, ce nombre a été multiplié par 3,6. A compter de ce pic, il décline continûment. Les sociétés industrielles suivent le mouvement, un peu plus rapidement de sorte que leur place revient aux 2/3 en 2014. Mais leur nombre a subi un déclin sévère.[157] Les fermetures résultent d'un dépôt de bilan, de réorganisations par voie de fusions-acquisitions opérées par des sociétés grecques aussi bien qu'étrangères ou de sortie pure et simple du marché pour raison de coûts.[158]

Le cadre renouvelé de la Bourse a d'abord été un bon outil pour adapter les structures de la grande industrie aux contraintes nouvelles du marché européen, soit parce qu'il a favorisé les fusions absorptions entre sociétés, soit parce qu'il a aidé à leur création aussi bien qu'à leur disparition. Les pratiques des opérateurs perturbent cependant ces processus.

---

[157]Leur nombre passe de 97 à 360 entre 1939 et 2004, puis à 249 en 2014. Le nombre de sociétés industrielles cotées passe de 75 en 1939 à 162 en 2014. En juin 2019, à laquelle une dernière observation est faite, le nombre des sociétés cotées est de 183 dont 115 pour les industrielles.

[158]Exemples de sociétés grecques rachetées par un groupe étranger, qui les sort de la Bourse : Elaïs, S&B, Lafarge, Alpha Vita, Hellas Can, Rilken. Exemples de sociétés grecques absorbantes : Viochalko, Mytilinaos, Moulins Loulis, GekTerna, Hellaktor, FHL Kyriakidis. Exemple de sortie pour cause de coûts : Viochalko.

Les procédures de fusion absorption sont en effet facilitées par les régulations propres au marché boursier, qui imposent la transparence et la publicité des opérations, alors qu'elles assurent le contrôle strict des évaluations. En cela, la Bourse a permis l'accélération du mouvement de concentration des entreprises. Ce mouvement a été très important dans les branches de la métallurgie et du travail des métaux (autour de Viochalko et de Mitylinaios), et dans l'informatique et la communication (autour de Singular, Quest, Intrasoft, Informatique Lykos, CPI). Au prétexte des Jeux Olympiques, le gouvernement Simitis a poussé à la réorganisation de la branche des travaux publics : Avax, GekTerna, Aktor Hellaktor, Mochlos et Intrakat constituent les pôles de regroupement des entreprises, en absorbant la quasi-totalité des sociétés cotées en 2001. Le développement de la construction est accompagné par celui des marchands de biens et promoteurs, comme Lamda, Pasal, Eurobank Properties, celui de l'industrie hôtelière et celui des fournisseurs de matériaux de construction, comme Iktinos, FHL Kyriakidis et Mermeren, celui enfin de l'industrie de l'ameublement, avec Sato et Spider.

La Bourse est en outre un lieu privilégié où se renouvelle la vie industrielle. Elle permet par exemple la levée massive de capitaux en faveur des nouvelles technologies lors de l'introduction des sociétés du secteur. Les TIC étaient déjà 24 en 2000 dans un marché spéculatif, et encore 24 en 2014, avec OTE pour les moyens de communication, Germanos et Forthnet pour l'industrie du téléphone, Mega Teletypos et Alter pour les canaux de télévision. Elle est par ailleurs un moyen souple et efficace de radiation au cas où l'entreprise est dans l'incapacité de remplir ses obligations (dépôt de bilan).

Certes ce dernier processus a été lent parce que les banques créancières n'ont pas imposé les restructurations indispensables, que le personnel a obtenu des délais et que l'Etat a soutenu inutilement des moribonds. Pourtant, les radiations ont eu lieu : un premier « nettoyage » est effectué en 2001 et 2002 et porte sur 35 sociétés. Un deuxième plus important est effectué de 2005 à 2008 et 83 sociétés sont radiées. A partir de 2006, les catégories « sous surveillance », « suspension des transactions » et « à radier » sont instituées, dans un effort de remise en ordre. Un 3è « nettoyage » de 54 sociétés est opéré entre 2016 et juillet 2019.

Il reste que le fonctionnement de la Bourse laisse à désirer en ce qui concerne les contrôles et, que, de ce fait, elle ne joue pas pleinement son rôle dans la réorganisation de l'industrie : formation de bulles excessives (en

1999 sur les TIC et en 2007 sur l'immobilier), lenteur des procédures d'épuration, pratiques frauduleuses qu'une transparence plus sévère des comptes eût permis d'éviter. Sans remonter au célèbre Lavreotiko de 1884, on peut citer les affaires Delta Chrimatistiriakis (soutien frauduleux des cours de Psygeia Parnassou et de Afoi Magrizou) en novembre 1996, Laurentiadis (prêts consentis par Proton Bank à Alapis) en 2010 et plus récemment Folli Follie (falsification des comptes). Dans ces trois cas, des aigrefins ont pu tromper les autorités à la faveur de comptes « truqués » qu'aucun auditeur digne de ce nom n'avait contrôlés. Pour qu'un marché des capitaux fonctionne, à long terme, la confiance dans ses mécanismes de régulation et de contrôle, garants de la protection des actionnaires et des investisseurs étrangers, est indispensable.

Ensuite, à travers les résultats des sociétés industrielles cotées, la Bourse délivre une assez bonne image du degré de restructuration opéré pendant la crise : il a été réel mais insuffisant et tardif.

Entre 2009 et 2013, la résistance du chiffre d'affaires de ces sociétés s'est accompagnée de la chute de près de la moitié de leur Ebitda[159] et de résultats négatifs après impôts. On note cependant que, hors construction et énergie, l'industrie manufacturière a mieux résisté et que ses résultats sont nettement moins négatifs. Dès 2015, Ebitda et résultats s'y redressent, sans retrouver leurs valeurs de 2009.

L'énergie pèse en effet d'un poids particulier : les produits pétroliers, en forte croissance en 2010-2013, souffrent au niveau de leurs résultats de la variation des prix du pétrole en 2014 et 2015. Et l'entreprise publique d'électricité subit de graves problèmes d'adaptation aux nouvelles conditions du marché et à l'augmentation brusque du prix des certificats de CO2. De son côté, la branche des Travaux Publics a souffert de la diminution du programme public d'investissements et de la nécessité de se reconvertir sur un marché extérieur plus concurrentiel.

Enfin, le montant des dividendes distribués, indicatif du niveau de rendement des sociétés cotées, et pas seulement dans l'industrie, reflète la lenteur de cette restructuration. Ils s'effondrent entre 2008 et 2014 et le nombre de sociétés qui les distribue diminue en proportion. Les quelques sociétés industrielles qui peuvent le faire prennent la part du lion. La

[159]Earnings Before Interest, Tax, Depreciation, and Amortization, càd le résultat d'une entreprise après intérêts, impôts, provisions et amortissements.

faiblesse des dividendes en 2015 montre le long chemin qu'il reste aux grandes sociétés à parcourir.[160]

Outil précieux, mais transparence imparfaite, restructuration certaine, mais insuffisante : les pratiques industrielles des grandes entreprises ont retardé les indispensables restructurations.

Conclusions

En fin de compte, la transformation des structures de production s'analyse moins au niveau de la démographie des entreprises que de leur taille et surtout de leurs résultats.

L'importance numérique du tissu d'entreprises industrielles n'est pas en soi un élément positif ou négatif, pas plus que leur démographie. Les deux ruptures constatées en 1992-1993 et au cours de la grande crise de 2010-2014 donnent un premier signe de rationalisation, qui concorde avec les décisions politiques de mêmes dates.

L'inégale distribution par taille des efforts de rationalisation est l'élément le plus important. La disparition de nombreuses petites unités, insuffisamment rentables, influe sur le mouvement de concentration et de rationalisation, par la redistribution opérée de nombre de leurs employés, et d'une partie de leur chiffre d'affaires et de leur valeur ajoutée, en faveur d'unités plus grandes. Le groupe des entreprises de 50 à 250 salariés est celui qui opère la réorganisation la plus efficace. L'évolution des grandes entreprises serait à étudier branche par branche, celles de l'agro-alimentaire ayant difficulté à s'adapter aux difficultés du marché intérieur, quand celles du ciment y réussissent mieux malgré un marché intérieur plus difficile.

Plus significative encore est l'évolution des données financières. C'est à ce niveau fin que l'on doit observer la restructuration. Les entreprises obéissent à des impératifs de rentabilité, de marché, d'abondance relative des facteurs

[160] De 4.5 milliards d'€ en 2008 et seulement 0.8 milliards d'€ en 2015, le montant des dividendes distribués se redresse lentement à 1.34 milliards d'€ en 2017 et 2.25 milliards d'€ en 2018.

de production. Que ce soit en plaine de Kalamata ou à la Bourse des Valeurs, elles ont réalisé dès 2009 les adaptations nécessaires, avant même le début de la crise financière. Pour survivre, elles ont rétabli leurs marges, dégagé le personnel, réduit les investissements, réorienté leur activité vers l'exportation.

L'Etat favorise plus ou moins les adaptations indispensables. Si, comme le notait A. Smith, les entreprises sont aussi les mieux à même de prendre les bonnes décisions économiques et financières, elles ne peuvent ignorer leur environnement étatique. Les données analysées révèlent leur sensibilité aux décisions politiques, l'importance de la date charnière 1990-93, celle de la crise financière de 2008. Elles révèlent cependant dans le temps long leur forte indépendance.

Leur investissement raisonné et constant, intégrant la transformation technologique, a permis, plus qu'une croissance soutenue, la transformation des produits. Leur financement a été trop souvent abandonné à leur seule initiative et, malheureusement, les banques et l'Etat sont restés absents ou présents à contre-courant.

Petroupoli Frères, Fromagerie près de Messine

EfstathiosZygouris et fils SARL, Constructions de trailers et citernes à Kalamata

Softex Intertrade Grèce, industrie de papiers hygiéniques
Exemple de société de taille moyenne
(80 millions d'€de chiffre d'affaires, 170 employés), à Inophyta

Chapitre 7

La capitalisation industrielle et son financement

Dynamisme de l'investissement et désordres financiers

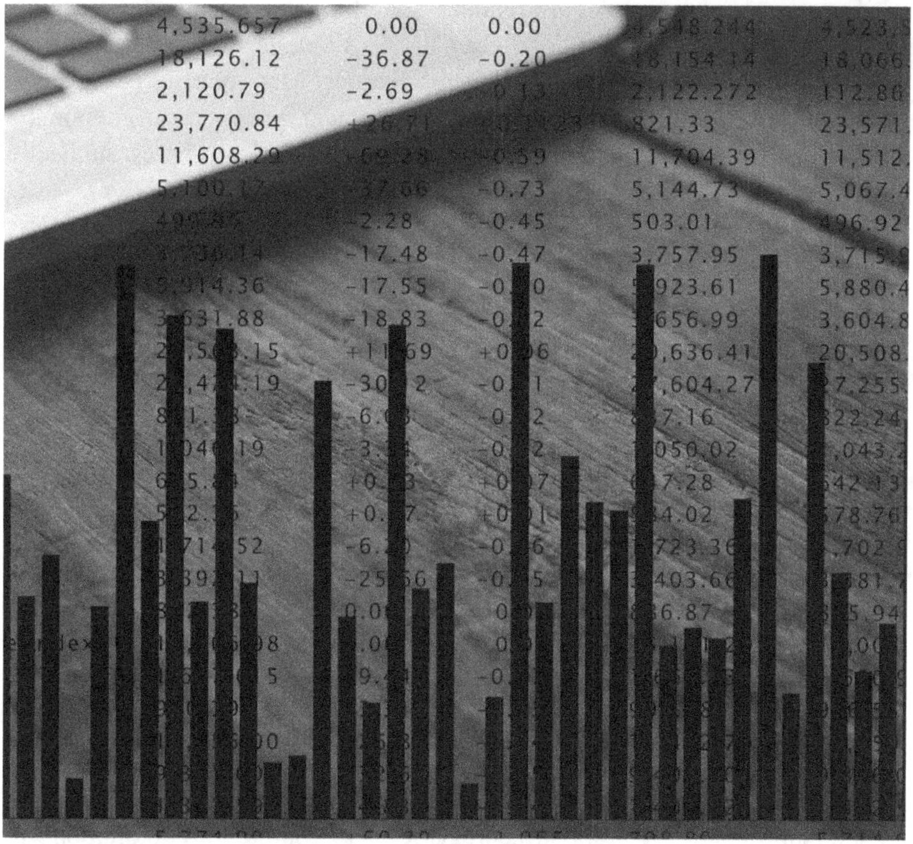

L'INVESTISSEMENT A ETE LE MOTEUR DE LA CROISSANCE et de la diversification de l'industrie grecque tout au long de l'après-guerre et sa vivacité explique en partie la relative résilience de ce secteur pendant la crise.

L'entreprise, support de cet investissement essentiellement privé, insérée dans un marché libre, exerce les arbitrages qui assurent la cohérence économique du développement. Sa croissance lui crée des besoins de financement, ceux à long terme de ses investissements, celui à court terme de son fonds de roulement, né de l'écart entre les délais de paiement qu'elle consent à ses clients et ceux qu'elle obtient auprès de ses fournisseurs.

L'Etat, les banques et les entreprises sont les pourvoyeurs des capitaux nécessaires à la satisfaction de ces besoins. Ils y subviennent cependant dans un grand désordre : l'Etat bureaucratique et, dans une large mesure, clientéliste, et à travers lui, les banques, peinent à trouver le chemin de l'entreprise. En réaction, celle-ci mobilise ses ressources propres, mais elle recourt aussi à des pratiques contestables.

Un puissant effort d'investissement

La formation de capital - l'investissement - est une des clés du développement, en particulier pour les entreprises industrielles. Son évolution en Grèce depuis la 2è Guerre Mondiale le confirme tant en période de croissance qu'en période de crise. Pour en préciser l'image, il faut détailler la nature des biens investis, les équipements suivant une pente différente des immeubles, et le secteur d'activité qui investit, industrie manufacturière, construction ou services. Et pour en prendre toute la dimension, il convient de la comparer aux efforts réalisés par les Etats membres de l'Union Européenne.

Notons d'abord que ce qui est enregistré par la comptabilité de l'entreprise n'est pas tout à fait ce qui l'est par la Comptabilité Nationale[161]. La comptabilité de l'entreprise enregistre au compte d'exploitation la dépréciation des actifs, en particulier leur amortissement annuel, montant

[161]Les Comptes Nationaux définissent la Consommation de Capital Fixe (CCF) comme les Amortissements d'une année et la Formation Brute de Capital Fixe (FBCF) comme le flux d'investissements avant amortissements de cette année.

déductible de l'impôt dans des conditions précises ; elle enregistre au bilan le stock des valeurs immobilisées, après amortissement et achats-ventes de biens. La Comptabilité Nationale ignore, elle, la notion de stock d'actifs : elle ne connaît que leurs variations annuelles, qui résultent soit de la perte de valeur résultant de leur utilisation normale (usure), sous le nom de Consommation de Capital Fixe, ou amortissement, soit des flux d'investissement sous le nom de Formation Brute de Capital Fixe. Ce qui limite sa perception de la réalité du capital investi en immeubles, machines et matériels de transport et savoirs immatériels incorporés ou pas à ces immeubles ou machines.

Par ailleurs, l'investissement n'est pas un simple montant financier et n'est pas un élément physique figé. Le renouvellement de l'équipement est en effet aussi l'occasion de le moderniser (notamment en incorporant des éléments innovants comme du software). Les dépenses d'installation, d'entretien et de réparation améliorent souvent le processus de fabrication et le rendement de la machine en incorporant un procédé nouveau. Les dépenses de recherche sont prises en compte depuis quelques années comme investissements, parce qu'elles contribuent, de manière immatérielle, à la création ou l'amélioration des équipements.

La mesure de l'effort d'investissement n'est donc pas aisée. Pour l'ensemble d'une économie, le coefficient de capital (ou Capital Ratio, CR), c'est-à-dire le rapport entre FBCF et PIB, en est un assez bon indice. On en dispose heureusement depuis 1951 jusqu'à 2014. Mais la stabilité des séries est plus incertaine dès lors que l'on veut détailler cet effort par secteur d'activité ou par type d'investissement.[162]

Ce qui ressort de ces données c'est la puissance de l'effort d'investissement consenti par la Grèce. La croissance remarquable des « Trente Glorieuses en est le fruit, mais aussi celle des années 1996-2008. Mais c'est aussi une certaine inconstance dans l'effort. Le coefficient de capital ne décolle

---

[162]Par activité et par bien d'équipement, on dispose des données de la Comptabilité Nationale et de l'OCDE. Mais entre 1951 et 1994 d'une part et entre 1995 et 2014 d'autre part, on constate une rupture brutale, en 1995, dans le coefficient de capital de l'activité industrielle (plus de 10 points). Cette incohérence est inexpliquée. On peut certes remarquer que l'industrie grecque ne représente au début de la période qu'une fraction de 20 % de l'ensemble (poids de l'agriculture, des transports et de l'immobilier), avant de décoller dans les années 60 à 80. Mais à partir de 1981 et jusqu'en 2014, son poids revient à un peu plus de 20 %. Les investissements en biens industriels sont évidemment répartis sur toutes les activités et notamment influencés par le poids particulier des achats de navires dans certaines périodes.

vraiment qu'en 1957, mais il s'envole alors pour atteindre 36 % en 1969. Il repasse en dessous de 20 % à partir de 1983 jusqu'en 1995 et ne retrouve des couleurs qu'avec la préparation des Jeux Olympiques et l'entrée dans l'Euro zone, de 1996 à 2008[163]. Puis, la crise financière provoque son effondrement : le secteur privé interrompt tout projet tandis que le secteur public réduit les montants affectés au Programme d'Investissements Publics.

Le coefficient de capital suit de près la courbe de croissance de l'économie. Son évolution correspond exactement à l'historique évoqué plus haut, accélération de la croissance pendant les 30 Glorieuses, ralentissement amorcé sous la Dictature, légère reprise avec le retour de Karamanlis et stabilisation sous le régime Pasok, vive croissance des années 1996-2008 avant la crise récente. La corrélation entre l'effort d'investissement et la croissance est claire.

Graphique 3. Evolution du coefficient de capital de l'économie grecque de 1951 à 1994.

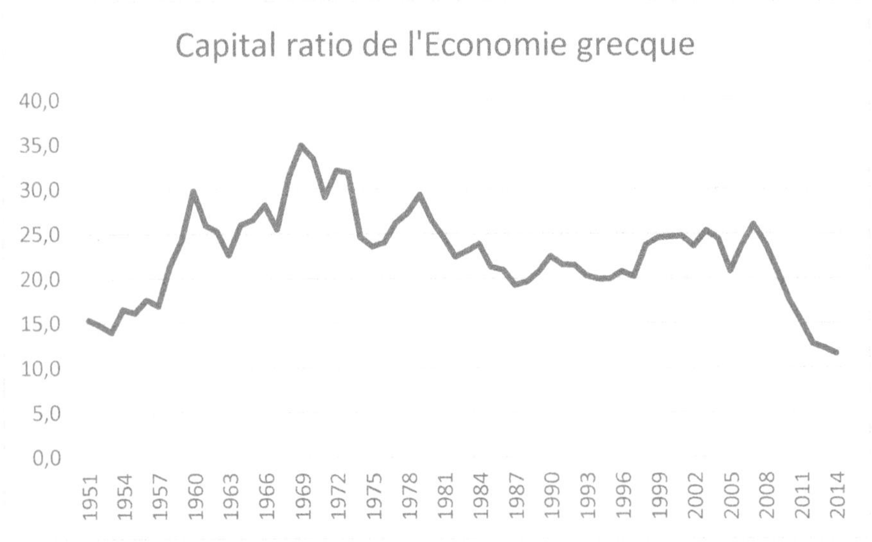

Source : ELSTAT (TER), OCDE (STAN)

L'analyse par type d'activité ou catégorie de bien d'équipement est plus difficile et les conclusions limitées.

[163]La moyenne remonte à 24.1 % entre 1998 et 2008

Par type d'activité, il est clair que les investissements sont concentrés plutôt sur l'immobilier (logement) et les transports (achats importants de navires par les armateurs de la flotte de commerce) que sur l'industrie manufacturière (mines, transformation et énergie). Dans la période 1951-1990, la part de cette dernière double quand celle de l'agriculture décline doucement.[164] La part de la construction dépasse largement celle de l'industrie manufacturière jusqu'à 1972 mais cette dernière la rattrape et la dépasse entre 1973 et 1975, puis de 1981 jusqu'en 1994.La part des services autres que le transport augmente irrésistiblement tout au long de la période.

La période suivante d'observation, entre 1995 et 2014, confirme le déclin de la part de l'agriculture. La structure des données change en raison de reclassements et l'industrie ne représente plus en moyenne que 10 % des investissements. On peut désormais y ajouter les services à l'industrie dont la part moyenne atteint 7.5 % et se maintient jusqu'en 2014 et dont la valeur entre 1995 et 2009 a plus que triplé. Tout en externalisant ces fonctions, les entreprises ont investi dans les innovations réalisées ces années-là dans l'informatique et les télécommunications et développé leurs activités de recherche. La part de la construction, qui doit être appréciée à notre sens sur les deux activités construction et services immobiliers, atteint entre 1995 et 2009 une moyenne de 41.4 %. Mais la crise y produit un effondrement de l'investissement et en 2014 cette part est retombée à 12.1 %. Enfin, la part des transports oscille entre 7 et 16 % pour une moyenne de 10.6 %, les pointes correspondant aux achats de navires.

En termes de coefficient de capital[165], il est remarquable que celui de l'agriculture croisse vivement jusqu'en 2008[166], avant de retrouver un étiage deux fois supérieur à celui de 1995. Ce rythme élevé correspond à une forme d'industrialisation de l'agriculture (irrigation, serres, ramassage, conditionnement, équipements de gestion). Dans l'industrie manufacturière, après l'embellie des années 1996 à 2001, il retombe à des niveaux médiocres de 2002 à 2007 pour se reprendre un peu à partir de 2008. On constate un taux élevé d'investissement dans les transports, avec des pics en 2002 et 2003 en raison des achats de navires. De 1995 à 2003, le coefficient de

---

[164]De 15 à 30% pour la première et de 12 à 5% pour la seconde

[165]Calculé sur les valeurs ajoutées, puisque l'OCDE ne fournit par le détail par branche du PIB

[166]Partant de moins de 10 % en 1995, il dépasse 30 % entre 2007 et 2009, pour retomber à 20.5 % en 2014

capital dans l'immobilier enregistre une moyenne très élevée [167] et même un pic entre 2004 et 2007, mais s'effondre alors jusqu'en 2014. On peut considérer, qu'il y a eu, dans les 4 années 2004 à 2007, une véritable surproduction, de nature spéculative, tant en immeubles d'habitation ou de rapport (locations touristiques) qu'en immeubles professionnels, industriels et commerciaux. Des immeubles entiers vides en témoignent aux yeux du visiteur, tout au long de la rue du Pirée.

L'évolution par nature de bien investi, biens d'équipement ou immeubles est une autre façon d'éclairer l'effort consenti. Les biens d'équipement industriels sont des matériels électriques et électroniques, des matériels informatiques, des instruments de précision, des machines et matériels de transport, mais aussi des biens immatériels comme les logiciels à partir de 1995 ou la recherche à partir de 2012. Dans les immeubles il faut distinguer ceux à usage d'habitation de ceux à usage professionnel, industriel ou commercial (tourisme, centres commerciaux).

Le rapport moyen entre ces deux catégories d'investissement est de 60 % environ pour les immeubles et 40 % pour les biens d'équipement. A partir des années 80, la part des biens d'équipement augmente régulièrement, mais il faut attendre la crise financière de 2008 pour que le rapport s'inverse. Comme les biens d'équipement industriels contribuent directement à la modernisation de l'économie et en particulier de l'industrie, l'utilité d'une concentration excessive des choix d'investissement sur l'immobilier a souvent été discutée. Mais il faut considérer que la construction et le tourisme, dans lesquels le pays dispose d'avantages comparatifs évidents, exercent un effet indéniable d'entraînement (ripple effect) sur le reste de l'industrie. Une partie de l'immobilier, difficile à mesurer, concerne les établissements industriels et les services à l'industrie.

Quant à l'investisseur, il est d'abord une personne privée. De 1951 à 1990, 7 drachmes sur 10 investies le sont par lui, l'investissement public demeurant secondaire tout au long de la période. Toutefois, la part de l'investissement réalisé par les services publics de l'électricité et de l'eau oscille tout de même entre 7 et 9 %. Des nationalisations se dissimulent encore derrière les participations publiques ou bancaires dans nombre d'entreprises. Mais le courant de nationalisations des années 80 fait vite place à des privatisations dès les années 90. La comptabilité nationale récente est plus discrète sur ce

[167] 56 % dans ce début de période, pic de 65 % entre 2004 et 2007 et effondrement rapide et régulier à 7% en 2014.

rapport privé-public, mais en 2010 par exemple la FBCF des administrations publiques représente 16 % du total, avant de s'élever à 32 % en 2014 compensant au moins en partie l'anémie du secteur privé due à la crise. Aux mêmes dates, la FBCF des services de l'électricité, du gaz et du traitement des eaux et des déchets, essentiellement publics jusqu'à la fin de la période observée, représentent 2.8 et 3.6 % du total.

Reste, pour apprécier l'importance de l'effort de la Grèce, à le comparer à celui de l'UE.

Dès le début de la période observable, en 1995, le coefficient de capital de l'ensemble de l'économie se situe dans la moyenne de l'UE.[168] La FBCF croît ensuite plus vite en Grèce que dans le reste de l'UE, à l'exception de l'Espagne jusqu'en 2008. Mais avec la crise, le coefficient baisse dramatiquement alors qu'il s'accroît dans les pays de l'Europe de l'Ouest et se maintient dans ceux de l'Europe du Sud.

Par type d'actif, les investissements grecs en machines et équipements occupent en 1995 la place la plus faible dans l'UE, mais ils rattrapent progressivement la moyenne et la dépassent nettement en 2008, se classant en tête de notre échantillon. Malgré la baisse des montants due à la crise, il est notable que cette part – et l'écart à la moyenne de l'UE- augmente encore en 2014[169]. La part des droits de propriété intellectuelle demeure en Grèce modeste et plus de 2 fois inférieure à la moyenne de l'UE, mais l'écart se réduit en 2014, alors que cette part augmente dans l'UE. Enfin, la part des immeubles en 1995 (plus des deux tiers) dépasse largement celle de l'UE et de la plupart des pays cités, à l'exception de l'Espagne et du Portugal qui s'en approchent[170]. Elle se réduit et se rapproche de la moyenne européenne en 2008 en raison de l'effort d'investissement consenti en machines et d'un début de déclin de l'immobilier en 2006. Avec la crise et l'effondrement de l'habitat, elle est ramenée en 2014 au niveau le plus bas de l'UE. L'immobilier professionnel y résiste cependant mieux et y maintient une part prééminente. Cette réduction de la part des immeubles est constatée dans la plupart des pays, ceux du Sud, mais aussi en France et aux Pays Bas.

---

[168]Eurostat ne permet de comparaison qu'à partir de 1995. Le coefficient de capital de la Grèce passe de 20 % en 1995 à 24 % en 2008 (contre 22 % dans l'UE) mais il retombe à 11.5 % en 2014

[169] En 2008 ils représentent 40 % de l'ensemble des investissements, contre 31 % dans l'UE et 44 % en 2014.

[170]68 % en Grèce contre 53 % dans l'UE

Par branche ou secteur d'activité, la part des investissements de l'industrie hors construction est bien modeste en 1995 par rapport à la moyenne des pays étudiés. Il faut attendre la crise pour que cette part s'en rapproche vraiment. Le coefficient de capital est relativement élevé, mais bien en dessous de la moyenne. Ce sont les services et non l'industrie, qui distinguent le pays de ses partenaires européens : leur part dans l'investissement se situe à 10 points au-dessus de la moyenne et le coefficient de capital y est nettement supérieur à la moyenne jusqu'en 2008. Avec la crise, il s'effondre en 2014, en particulier dans les services immobiliers[171]. Les services à l'industrie constituent enfin un cas intéressant : le coefficient de capital y est peu éloigné de la moyenne européenne en 1995 et la dépasse en 2000 et 2008, avant de sombrer avec la crise. Il est plus élevé que celui de l'industrie, ce qui correspond aux investissements importants réalisés dans les télécommunications, l'informatique et les services externalisés (juridiques, marketing, locations d'équipements, d'immeubles, de personnel, recherche).

Ainsi, l'effort global d'investissement du pays a été considérable pendant les 30 années de croissance explosive. Il s'est affaibli dans les années 80 avant de rebondir avec les Jeux Olympiques et de s'effondrer avec la crise. Cette généralité recouvre des tendances contrastées selon qu'il s'agit d'industrie et de biens industriels ou d'immeubles et services immobiliers. Tout indique que l'immobilier a pris une place prépondérante dans l'effort général. Les causes en seraient à déterminer de manière plus précise. Il semble que les désastres des deux guerres mondiale et civile et les nécessités de reconstruction et d'hébergement qui en ont résulté expliquent cette préférence pour l'immobilier. On peut ajouter que la place privilégiée occupée par le pays dans les flux touristiques a favorisé l'investissement hôtelier sous toutes ses formes. Enfin, cette préférence a sans doute des origines plus profondes, de nature culturelle.

Le poids de l'investissement immobilier présente des avantages et des inconvénients. L'avantage essentiel est l'effet d'entraînement sur toute l'économie. Il est aussi d'avoir permis à coût sans doute réduit de loger la population et de lui assurer via les locations (touristiques et professionnelles) un revenu complémentaire. L'inconvénient est sans doute plus relatif qu'absolu : il a laissé à l'investissement industriel une place réduite. Mais on a vu que les deux courbes d'évolution des investissements dans les biens

[171]Le coefficient dans les services est en 2014 de12 % contre une moyenne européenne de 26 %.

d'équipement industriels et dans les immeubles finissent par se croiser. Par ailleurs, les montants investis dans le secteur secondaire ne sont pas négligeables et soutiennent la comparaison avec les pays européens, surtout si l'on y ajoute les services à l'industrie. Il reste que dès les années 2002-2003 et surtout à partir de la crise -et jusqu'à son terme- l'investissement industriel est insuffisant : leur rattrapage est la clé de la croissance future.

Le financement de la croissance industrielle

Dans le cadre du système libéral, l'entreprise construit son modèle de financement en répartissant les résultats de son exploitation (EBITDA au sens le plus large) en intérêts et dividendes rémunérant prêteurs et actionnaires et en amortissements et réserves destinés plutôt à des achats de biens d'équipement. Pour les compléments nécessaires, elle appelle associés et actionnaires en fonds propres et prêteurs privés ou publics en fonds externes. Elle doit financer non seulement ses investissements, équipements, immeubles et droits intellectuels, mais encore ses besoins en fonds de roulement, qui correspondent en gros à la différence entre d'une part ses stocks et les crédits qu'elle accorde à ses clients et d'autre part les crédits que lui consentent ses fournisseurs.

La mobilisation des financements nécessaires s'est opérée aux différents niveaux de l'entreprise, des banques et de l'Etat. L'entreprise dispose du cash-flow dégagé par son activité (profits et amortissement, qui composent l'autofinancement), mais aussi des fonds fournis par ses associés (essentiellement sous forme de parts ou d'actions) et par des prêteurs privés (sous forme d'avances en compte courant ou de prêts à terme variable). La Bourse est le lieu particulier où l'entreprise émet les titres représentatifs des apports, sous la forme d'actions et d'obligations, et où chaque jour ces derniers peuvent se négocier (et s'apprécier). Les fournisseurs accordent des délais de paiement, remboursables en général à court terme, mais parfois aussi financent sur moyenne durée des biens d'équipement. Parmi les fournisseurs on peut compter les collectivités publiques (impôts et cotisations sociales) qui consentent de gré ou de force des délais de paiement. Enfin les banques sont censées alimenter la trésorerie des entreprises en fonction de leurs besoins exprimés de nature diverse, en montant et en durée, et sous forme de véhicules plus ou moins inventifs.

Dans ce cadre, on peut tirer de l'analyse des en-cours de crédit quelques constatations prudentes sur l'évolution des 60 années 1954-2014.

D'abord, le pays a trouvé les ressources financières nécessaires à son développement, et on ne peut donc parler à l'excès de rareté des capitaux.

Ensuite, le système financier, et en particulier bancaire, s'il a su trouver les ressources nécessaires et les transformer en crédits, présente néanmoins des dysfonctionnements graves. L'argent existe, mais sa distribution est imparfaite.

Enfin, confrontées à ces imperfections, les entreprises ont développé des pratiques autonomes, l'autofinancement d'abord, ensuite des modes privés de financement internes (fonds propres) ou externes (obligations, crédits d'investissement ou de fonds de roulement). En désespoir de cause, elles ont aussi pratiqué l'allongement des délais de paiement à leurs fournisseurs ou même le non-paiement de leurs dettes envers l'Etat et envers les banques, au point de créer un véritable « aléa moral », difficilement supportable par la société.

L'offre de crédit a suivi la demande

Dans le passé le financement de l'industrie a longtemps été considéré comme un des points principaux sur lequel achoppait le développement (Charitakis, Zolotas, Angelopoulos, Dertilis). L'étroitesse du marché des capitaux est en effet un mal chronique dans l'histoire du pays : les guerres incessantes menées depuis l'Indépendance jusqu'à la deuxième Guerre mondiale, accompagnées d'une gestion chaotique des finances publiques, ont limité les ressources disponibles pour l'investissement privé et le développement industriel. Le système bancaire, de son côté, a préféré financer les grands services publics (communications, réseaux, traitement de l'eau et des déchets), les services (tourisme, armement naval) et l'immobilier. Cette « famine » de capitaux a conduit la plupart des historiens ou économistes à préconiser une intervention ferme de l'Etat dans les circuits de financement.

Or, après-guerre, le pays a bénéficié à la fois d'une longue période de paix et de stabilité monétaire et de son entrée dans un ensemble européen. Les courbes d'évolution des encours de crédit à l'économie et à l'industrie ont suivi étroitement celle du PIB et on ne peut plus dès lors parler de famine financière.

La première période de développement industriel est accompagnée d'un encadrement strict des ressources financières par l'Etat, précisément par la Banque de Grèce et la Commission monétaire qui assurent la régulation quantitative de la monnaie, la détermination par les taux du financement des activités prioritaires, et une surveillance étroite des banques. Il faut de plus ici mentionner les crédits de reconstruction accordés par les missions anglaise puis américaine, puis dans le cadre du plan Marshall.[172] L'Etat crée une banque industrielle publique (OVA, puis ETVA puis ETEVA)[173] qui prend des participations directes dans de grands projets d'équipement ou industriels comme Aluminium de Grèce, Verrerie Owens, cimenterie Titan. A partir de la Metapolitefsi, il nationalise les grandes banques, l'Emboriki dès 1975, les autres après 1981. Enfin, le contrôle étroit de la Bourse d'Athènes aboutit à limiter son activité et par voie de conséquence sa contribution au financement des entreprises.

Cela ne signifie pas pour autant que l'industrie n'a pas recouru à des financements privés. Une partie de la reconstruction de l'immédiat après-guerre repose sans doute sur les profits de guerre évoqués par K. Varvaressos dans son fameux rapport. Elle repose aussi sur le retour rapide des banques commerciales sur le marché du crédit : dès 1954, elles délivrent 22 % des crédits totaux et leur participation s'élève rapidement à 40 % en 1960. Leur part augmente encore un peu et plafonne à ce niveau jusqu'en 1993.

Une révolution se produit sous le gouvernement Mitsotakis de 1990 à 1993, dont les mesures sont reprises et amplifiées par le gouvernement Simitis de 1996 à 2000. Dans un premier temps, le système d'économie dirigée est démantelé, le système bancaire privatisé, la Bourse d'Athènes réorganisée et les comptes de l'Etat rééquilibrés. Dans un deuxième temps, la Grèce intègre l'Euro-zone. Sa Banque centrale, ayant acquis sa pleine indépendance, participe à la Banque Centrale Européenne[174]. Le pays, pour la première fois

---

[172] distribués sous la double égide de l'OXOA et de la Commission Monétaire

[173] ETEVA : Banque Nationale des Investissements pour le Développement Industriel. ETVA : Banque Nationale de Développement Industriel. OVA : Organisme de Développement Industriel. OXOA : Organisme de Financement du Développement Economique.

[174] Depuis la faillite de Lehmann Brothers en septembre 2008, l'Euro zone a réorganisé le système bancaire européen, plaçant les banques « systémiques " sous le contrôle étroit de la BCE. En Grèce ces banques sont l'Ethniki, la Banque du Pirée, la Banque Alpha et Eurobank.

de son histoire, accède ainsi à un vaste marché des capitaux, abondant et bon marché. Dans cet ensemble, les entreprises industrielles ont accès aux très importants crédits régionaux européens distribués sous le nom d'ESPA, pendant que le gouvernement met en place le dispositif de financement privilégié TEMPME (aujourd'hui ETEAN)[175] au profit des PME. Les plus importantes d'entre elles ont un accès direct au marché européen des obligations et des actions. Le développement rapide du PIB industriel a donc été « bien » financé (Mitsos, Iordanoglou, IOVE) et surtout par des banques commerciales privées, dont la part s'envole à 50 % dès 1993 pour atteindre 75 % en 2000 et 94 % en 2010.

Si la reconstruction, puis le décollage industriel, ont créé des besoins formidables, il est clair que le système d'encadrement du crédit mis en place les a satisfaits de manière assez efficace. Le niveau des en-cours de crédit accompagne le décollage du PIB. A partir de 1981, l'incertitude produite sur les marchés par la politique de rattrapage social et par l'inflation qui en résulte se traduit par un décrochage des en-cours dans les années 84 à 90 et par une rareté dont l'envolée des taux d'intérêt est le prix. La correction apportée à partir de 1996 non seulement rapproche les deux courbes, mais elle aboutit aussi à une abondance de crédits et de ce fait à une baisse drastique des taux d'intérêt.

L'industrie est dans la première phase la grande bénéficiaire de l'effort de financement qui se conforme ainsi aux intentions exprimées par de nombreux économistes avant et pendant la guerre. Il faut dire que le financement des ménages demeure limité, le crédit à la consommation étant inexistant et le crédit à l'habitat jusqu'en 1967 ne représentant qu'une part minime, inférieure au dixième de l'ensemble des crédits.[176] Il faut dire aussi que la part de l'agriculture ne cesse de décroître dès 1970 alors que s'élève celle de l'industrie. Services et entreprises publics à l'intérieur de ce secteur secondaire voient leur part quadrupler pendant la même période.[177] Le secteur des services suit seulement le mouvement et sa part dans les en-cours stagne jusqu'au milieu de années 80.

---

[175]ΕΣΠΑ : Accord d'association pour le Cadre de Développement). ETEAN :Caisse Nationale de l'Entreprise et du Développement, a succédé à ΤΕΜΠΜΕ : Caisse de Garantie des Petites et Très Petites Entreprises. Les statistiques de l'ETEAN ne sont malheureusement plus accessibles sur son site.

[176]A rapprocher de la part des investissements immobiliers dans l'investissement total : les particuliers les ont bien autofinancés (autostegasi et antiparochi).

[177]La part de l'Agriculture passe de30 % en 1954 à 16 % en 1981 et celle de l'Industrie de 43% à 50%, Dans l'Industrie la part des Services et entreprises publics augmente de 6 à 26 %

Dans une deuxième phase, de 1982 à 2000, des évolutions importantes se produisent qui correspondent à l'évolution générale de l'économie. La place des crédits à l'agriculture continue de se réduire. Le crédit à l'habitat se développe, surtout à partir de 1996.[178] Mais ce sont les crédits au secteur tertiaire (commerce, tourisme, transports, services à l'industrie) qui explosent et leur part atteint le tiers de l'ensemble en 1991 et un peu plus de la moitié en 2000. Corrélativement, celle de l'industrie décline, ce qui n'implique pas une diminution des montants, mais seulement leur croissance moins rapide. Rappelons aussi que bien des services correspondent à des fonctions jusqu'ici exercées au sein des entreprises. Au tournant du siècle, les données changent et les tendances se prolongent jusqu'en 2008, baisse des crédits à l'agriculture, montée des crédits aux services et de ceux à la construction, légère baisse de la part des crédits à l'industrie.

Graphique 4. Evolution des encours de crédit et du PIB entre 1984 et 2014

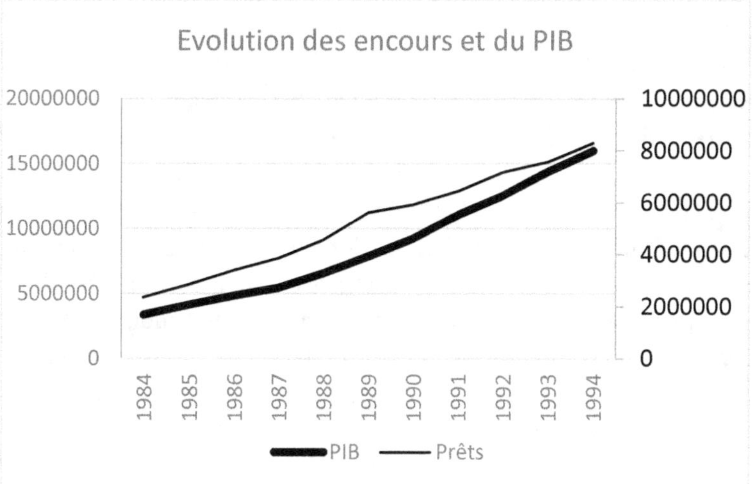

[178]La part de l'Agriculture passe de 15 à 6 %, celle des crédits à l'Habitat de 10 à 18 %

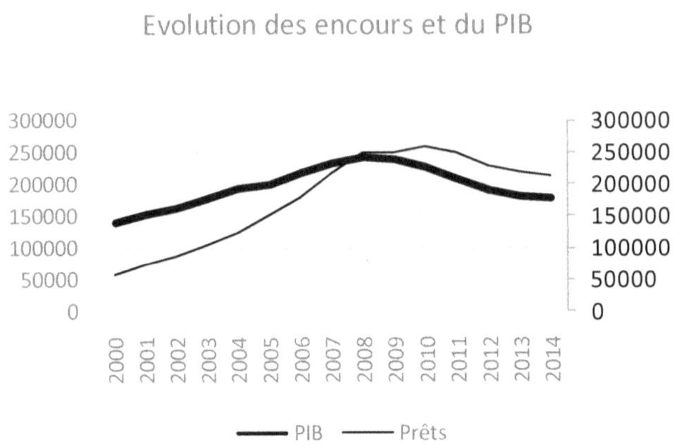

Sources : Banque de Grèce, Annuaires ELSTAT

La crise ouvre un nouveau chapitre dans cette évolution. Le pays connaît à partir de décembre 2009 une réduction forte et continue de la masse monétaire[179], due essentiellement à la crise de confiance des agents économiques envers leurs banques. Cette réduction est bien supérieure à celle des contreparties de la masse monétaire, crédits à l'économie pour l'essentiel.

Précisément dans le même temps, la baisse globale des crédits à l'économie reste limitée. Surtout, les crédits aux entreprises non financières (hors professions indépendantes), augmentent sensiblement dans l'industrie tandis qu'ils baissent fortement dans les services. Dans la construction, ils augmentent aussi, quoique dans une moindre mesure, et il s'agit probablement de travaux publics, l'activité de construction s'étant arrêtée. Le « credit crunch » n'a donc pas eu lieu dans l'industrie, pas plus que dans les travaux publics, ou dans le tourisme et le shipping. Il frappe dans le commerce, les transports et les autres services, notamment ceux à la personne et les administrations.

[179] de 242 milliards d'€ de dépôts à 167 milliards d'€ en 2014 et 131 milliards d'€ en juin 2015.

Graphique 5. Evolution sectorielle des encours de crédit 1954-2013

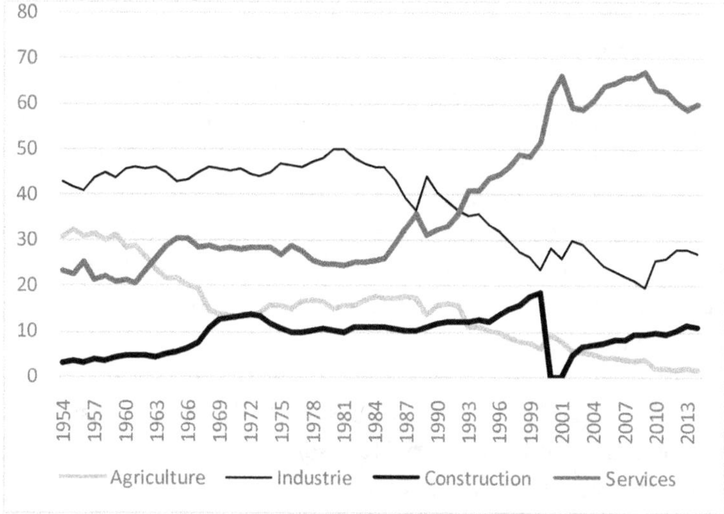

Source : Banque de Grèce, Annuaires ELSTAT

L'évolution des taux d'intérêts enfin reflète celle du marché des crédits. Dans la phase initiale de développement, dans un marché tendu par la forte demande et des ressources limitées, les taux d'intérêt ont contribué à hiérarchiser les besoins et à sélectionner les projets à rendement élevé. Très encadrés, ils varient faiblement. Mais dans une deuxième phase, chocs pétroliers et rattrapage social se traduisent par une envolée de l'inflation et des taux d'intérêts. La nationalisation des banques et de bon nombre d'entreprises assèche le marché du crédit. La croissance s'interrompt et les investissements diminuent. De 1978 à 1998 la moyenne des taux des prêts jusqu'à 1 an atteint 22 %. La décrue commence dès 1994 et s'accélère dès la perspective assurée de rentrée dans la zone Euro. De 2000 à 2014, le taux reste stable autour de 7 %. Le filet de sécurité mis en place par la zone Euro et la faiblesse de la demande expliquent cette stabilité et ce niveau bas. On est loin des évolutions explosives des OAT à 10 ans.[180]

Ainsi, globalement, le système bancaire a fourni les montants de crédits nécessaires à l'économie et en particulier à l'industrie. L'offre de crédit a suivi la demande, elle-même liée à l'activité et aux investissements des entreprises.

---

[180]Le taux des Obligations Assimilables du Trésor (OAT) culmine à 27.82 % en juin 2012, retombe à 6.03 % en septembre 2014, mais remonte encore à 11.46 % au 2è trimestre 2015

Traits de la Bureaucratie financière

La proximité des banques et de l'Etat, progressivement dégradée en un système de nature clientéliste, est la cause des difficultés de financement des entreprises. Le débat entre l'intervention de l'Etat et la liberté des banques qui court tout au long de la période paraît secondaire à côté de l'appareil bureaucratique qui les unit et qui a conduit à de graves dysfonctionnements du système de distribution des crédits. Cet appareil se caractérise par trois traits : l'aversion au risque inhérent aux crédits à moyen et long terme, l'accès limité des entreprises au crédit et la faible diffusion des techniques modernes de financement.

Si l'industrie se taille la part du lion dans l'ensemble des crédits distribués, les banques commerciales n'en ont pris le risque qu'avec précaution, le laissant aux organismes spécialisés, préférant financer des opérations hôtelières ou de travaux publics garantis, répugnant enfin à s'engager à moyen ou long terme. L'avance en compte courant indéfiniment renouvelable a constitué souvent un instrument de financement de projets d'investissement à long terme, comme l'ont relevé de nombreux auteurs. D'ailleurs, la répartition des en-cours de crédit à l'industrie selon leur durée montre la diminution de moitié de la part des durées supérieures à 1 an entre 1954 et 2000.

Le passage à l'Euro après 2000 et la dérèglementation bancaire ont toutefois complètement changé la donne. Entre 2001 et 2014, la part des crédits à court terme diminue de moitié. Celle des financements à moyen terme, qui concernent en principe des machines et des véhicules, double, alors que les crédits longs à l'habitat, négligeables jusqu'en 1985, sont multipliés par plus de 6 entre 2000 et 2014 et que leur part atteint le tiers des crédits au secteur privé. Dans le même sens le financement bancaire au secteur public (essentiellement sous la forme de bons du Trésor, les OAT) qui représentait la moitié des financements en 1998, n'en représente plus que le dixième en 2014. Les banques prenaient un risque « souverain » jugé longtemps négligeable, auquel l'Etat les poussait vigoureusement. Elles préfèrent désormais prendre plus de risques et peut-être les garanties qu'elles constituent (nantissement, leasing, hypothèques) sont-elles plus solides. Là encore les mentalités ont changé.

Le dysfonctionnement principal du système de distribution du crédit reste la limitation de l'accès au crédit des PME. Non seulement elles n'ont accès ni à la Bourse, ni aux marchés internationaux, mais encore elles sont confrontées

à la réticence des banques à leur prêter. Leurs principales sources de financement proviennent de l'UE et de l'Etat, mais les procédures d'octroi sont très bureaucratiques. Selon la BCE[181], 32 % des PME grecques considèrent que l'accès au crédit est leur préoccupation majeure, contre 17 % en Espagne et au Portugal et 9 % seulement en Allemagne. Elle indique aussi que 18 % seulement d'entre elles ont sollicité un prêt, alors que la moyenne de l'UE est de 30 %. Elles sont aussi celles qui ont le plus peur d'un rejet de leur demande. Et de fait, la BCE relève en Grèce le plus fort taux de rejet.[182]
Une amélioration semble se dessiner récemment : la part des en-cours de crédit aux PME employant jusqu'à 250 personnes a atteint en 2014 la moitié du total des encours aux entreprises non financières. On notera cependant que selon Eurostat leur part dans le chiffre d'affaires de l'ensemble de l'économie grecque représentait 71 % en 2012, ce qui indique l'importance de l'écart. Malheureusement, ces données ne sont pas disponibles par secteur et ne le sont donc pas pour l'industrie.

La troisième faiblesse du système de distribution du crédit est sa pauvreté technique. Si les techniques modernes de financement de l'équipement industriel sont connues, elles sont bien peu utilisées. Factoring et assurance-crédit permettent par exemple à la fois de mobiliser les crédits aux clients et d'indemniser correctement leurs factures impayées. Mais les deux entreprises du marché ne couvriraient que 20 % du marché potentiel et la troisième s'en est retirée en raison des pertes subies. De même, sont peu utilisées les techniques qui assurent la propriété du matériel ou de l'immeuble au loueur, ou facilitent son transfert rapide au prêteur, comme la location d'équipement avec ou sans option d'achat, ou le simple crédit avec nantissement de matériel, qui constituent pour les fournisseurs de biens d'équipement un instrument essentiel de financement de leurs ventes.[183] Le financement des exportations demeure enfin très insuffisant, le SEVE ayant récemment proposé de développer des préfinancements des exportations sous garantie de l'Etat et le KEPE de créer une Banque spécialisée sur le modèle de l'Exim Bank américaine ou de la Coface française.

---

[181]Rapport sur l'Accès des Entreprises au Crédit dans la Zone Euro « Survey on the access to finance of enterprises in the euro area (SAFE), April September 2014 ». European Central Bank, Francfort, Novembre 2014

[182] « Banks' extreme reluctance to lend to Greek firms because of tight funding constraints due to the sovereign debt crisis exacerbates the vicious cycle of economic recession and severely affects Greek SMEs' efforts to remain active. » SBA's Fact Sheet 2013 for Greece, p. 3. 29% des entreprises grecques redoutent un rejet contre 6 % en Allemagne.

[183]Seul le leasing automobile, poussé par les constructeurs, s'est largement répandu dans les entreprises.

Autofinancement normal et anormal

L'entreprise industrielle doit donc souvent s'en remettre à ses propres forces, et pour une part majeure de ses besoins. La survie ou la sortie de crise, faute de financement externe, dépend pour elle de la reconstitution à tout prix de son cash-flow. Elle recourt pour cela à deux moyens de valeur inégale, l'autofinancement et l'impayé. Les deux coexistent souvent. Le premier est normal, le second est un pis-aller, que l'ensemble des agents économiques tolère. L'affirmation est sans doute abrupte, en ce qu'elle met en cause l'utilité du financement bancaire ou public, mais elle correspond assez largement à la réalité récente du système financier grec.

Le moyen normal pour alimenter sa trésorerie, en dehors du recours au crédit, consiste à générer du cash-flow à partir de son exploitation ou à mobiliser des fonds propres. Dans ce dernier cas, l'appel à la famille et aux amis est difficile à tracer, mais l'émission de titres en Bourse est une donnée publique.

De 1995 à 2014, l'Excédent Brut d'Exploitation (ou autofinancement) dépasse de beaucoup la FBCF, qu'il s'agisse de l'économie dans son ensemble ou de l'industrie manufacturière. Constitution d'une épargne de précaution et différé de réalisation des projets d'investissement peuvent expliquer cet excédent financier : en l'absence de financements et dans un environnement financier si peu favorable aux affaires, les entreprises constituent des réserves. En période de crise, elles subissent en effet à la fois la réduction drastique des termes de paiement consentis par leurs fournisseurs et l'étirement des conditions que leur imposent leurs clients, l'alourdissement de la fiscalité et l'exigence des banques de remboursement des crédits dont elles ne renouvellent plus l'échéance.

Tableau 14. Evolution du cash-flow et de l'investissement dans l'industrie manufacturière entre 1995 et 2014

	1995	2000	2008	2014
FBCF	1817	3894	4476	3496
CF	5912	8863	13115	13369
Taux de financement	31	44	34	26

Sources : OCDE (Stan), ELSTAT (TER)

Mais il peut arriver inversement que le niveau de l'investissement dépasse la capacité d'autofinancement de l'entreprise : celle-ci doit alors rechercher un financement extérieur. Avant de s'adresser aux banques, sauf si leur taux d'intérêt est inférieur au coût de rémunération des fonds propres, elle mobilise ses associés et actionnaires. C'est là l'autre source de son autonomie.

Pour les moyennes et grandes entreprises, la Bourse est le principal pourvoyeur « visible » de fonds propres.

Si les sociétés industrielles cotées en Bourse d'Athènes ne représentent qu'une partie de l'économie industrielle, cette part est néanmoins importante : leur chiffre d'affaires représente près de la moitié de l'output industriel. Ces mêmes sociétés au 31.12.2014 valent en Bourse41 % du PIB industriel correspondant.

D'où l'importance économique des levées de fonds que permet la Bourse. Le produit des émissions d'actions effectuées à l'occasion de l'introduction d'une entreprise ou à l'occasion d'augmentations de capital d'une entreprise déjà cotée est destiné en général à des investissements ou à des acquisitions d'entreprises. Les montants en euros sont relativement faibles entre 1990 et 1996 car la Bourse restait secondaire dans un régime très encadré.[184] Mais en 1997, ils décollent : la moyenne annuelle des trois années 1998-2000 s'élève à 3.2 mds € dont 1.2 pour les banques et en 2000, le montant représente à peu près la moitié de la FBCF industrielle. Pendant la crise, entre 2008 et 2014, le montant des levées de fonds au profit d'entreprises industrielles s'effondre.[185] La recapitalisation des banques absorbe en effet l'essentiel des ressources et l'incertitude a gelé les projets d'investissement. Bien des entreprises quittent la Bourse pour éviter des frais ou s'inscrire, comme Viochalko, dans des Bourses européennes où elles ont accès à des ressources moins coûteuses.

Pour l'entreprise, le moyen anormal de financement, c'est le défaut de paiement de ses dettes. C'est parfois un mal nécessaire, mais avec la crise il s'est largement répandu. La faute est partagée entre personnes privées et puissance publique. Les premières se sont dérobées progressivement à leurs obligations de remboursement d'emprunts bancaires, de paiement d'impôts,

---

[184]Les levées de fonds ne sont que de 0.41 Mds€ par an dont 0.15 pour les banques

[185]Sur 52.4 mds €, elles ne représentent que 1.3 mds € en 7 ans, soit 5 % de la FBCF correspondante

de cotisations sociales ou de factures d'électricité et de fournisseurs. La seconde s'est dérobée aux obligations d'un l'Etat de droit censé garantir la régularité des paiements et l'exécution forcée des garanties. A leur décharge, les entreprises industrielles, confrontées au tarissement des crédits bancaires, à l'augmentation des impôts et cotisations sociales, au coût croissant de l'électricité, à l'allongement des paiements de leurs clients privés ou publics, ont répondu par un gel de leurs paiements. Elles ont pris le maquis.

C'est d'abord le cas du remboursement des crédits bancaires. Si en apparence les en-cours de crédit aux entreprises industrielles ont relativement bien résisté, c'est peut-être que ces crédits n'ont pas été amortis ou remboursés. La Grèce s'est distinguée dans ces pratiques.

Ce n'était pourtant pas une habitude. Jusqu'en 2008, la Banque de Grèce ne donnait pas beaucoup d'informations sur les impayés et les annuaires d'ELSTAT enregistraient seulement les dépôts de bilan et les détentions pour dettes. Ces faits n'avaient pas beaucoup d'importance. En 2008 encore, les Expositions au crédit non Performantes, càd les créances douteuses, ne représentaient qu'un pourcentage minime de l'ensemble des encours de crédit aux professionnels. Elles atteignent près de la moitié en 2014. Si l'Irlande, le Portugal et l'Italie enregistrent des pourcentages bien trop élevés, la Grèce en détient pourtant le record européen, très loin de la moyenne européenne.[186] De nombreux poids lourds de l'industrie sont « plombés » par les dettes.

Le problème, c'est le recouvrement de ces créances. Le système bancaire n'a pas entrepris les opérations de restructuration économique nécessaires et n'a pas traité l'insolvabilité de ses débiteurs.[187] L'allongement généralisé des délais de remboursement a simultanément largement répandu l'idée que ce remboursement pouvait attendre. A sa décharge, le système bancaire était absorbé par ses problèmes de reconstitution de fonds propres et de fusions, et l'Etat, lui-même absorbé par la remise en ordre de ses finances et par le souci d'alléger la peine des entreprises, a freiné toute mise en œuvre des garanties, notamment immobilières.

---

[186]Les Non Performing Exposures passent de 5 % en 2008 à 45 1% en 2014. Elles sont en Irlande de 18.5 %, au Portugal de 18.8 % et en Italie de 16.8 %. La moyenne Européenne est de 5,8%.

[187]Dans les années récentes, il l'a renvoyé carrément à des intervenants extérieurs, qui ont racheté les créances douteuses (sous garantie de l'Etat, système Héraclès) et procédé aux recouvrements.

Au cœur de la gestion de trésorerie d'une entreprise on trouve encore les délais de paiement qu'elle consent à ses clients ou ceux qu'elle obtient de ses fournisseurs. A lire en 2014 les rapports d'Atradius et d'Intrum Justicia sur les paiements fournisseurs et les données de Tiresias[188] sur les chèques sans provisions, traites impayées et dépôts de bilan, on comprend que les entreprises grecques connaissent un problème de liquidités plus grave qu'ailleurs en Europe : moins de règlements comptant, délais contractuels et délais réels de paiement plus élevés, retards supérieurs à 90 jours deux fois supérieurs à ceux de la moyenne européenne. La Grèce s'aligne, à travers ces pratiques, sur un profil « méditerranéen », qu'elle partage avec l'Espagne, l'Italie et la Turquie.

De plus, ce crédit repose sur des liens personnels non formalisés. Les chèques, que l'on conserve en couverture jusqu'à l'échéance convenue verbalement, sont préférés aux effets escomptables. Cela donne une grande souplesse, mais les risques sont importants, ce que la crise a mis en évidence. TPE et PME industrielles ont enregistré un défaut de liquidité à court terme : elles ont dû payer leurs fournisseurs « cash » et les banques n'ont pas financé le défaut de leurs clients. L'absence de formalisation des rapports a pour contrepartie le durcissement des règles en cas de défaillance. Question de confiance.

Enfin, les termes de paiement entre l'entreprise d'une part et l'Etat, les caisses de prévoyance et l'entreprise publique d'électricité d'autre part, se sont tendus. En tant que client, le secteur public impose à ses fournisseurs un allongement de ses délais de paiement. Les entreprises se défendent de ces charges en s'acquittant avec retard de leurs obligations fiscales et parafiscales.

Ces mauvaises pratiques maintiennent en vie des activités non rentables et détruisent la situation des banques. Elles concrétisent, en Grèce comme en Italie plus récemment, « un aléa moral », qui fausse la concurrence en

[188]Tiresias, banque de données interbancaires, est une société dont le capital est détenu par les principales banques grecques. Elle a été créée par l'Union Grecque des Banques. Elle assure le suivi des défauts de paiement. Elle enregistre chèques sans provision et effets commerciaux impayés, dépôts de bilan, commandements de payer et saisies, ventes aux enchères, affectations hypothécaires. 170 avocats collectent dans tous les tribunaux de commerce les données de procédures collectives. Les données portent sur 4 années et plus et sont accessibles aux professionnels qui signent un contrat avec Tirésias.

traitant sur le même pied d'égalité les bons et les mauvais débiteurs.[189] Elles résultent de l'incapacité des institutions à mettre en œuvre des procédures de recouvrement forcé, pourtant parfaitement fluides dans la plupart des pays du nord de l'Europe et de l'acceptation large par l'Etat d'un étalement des remboursements de dettes fiscales et parafiscales. Elles signalent la formation d'un nœud clientéliste, de nature moins économique que culturel.

Il faut observer encore qu'il s'agit là d'un événement récent, inconnu des décennies antérieures, du moins dans cette proportion. La formation d'une dette progressivement irrécouvrable est contemporaine de la période des nationalisations d'entreprises en difficulté dans le but de préserver l'emploi à tout prix. L'aléa moral est précisément cette généralisation de pratiques antiéconomiques, « justifiée » par le laxisme constaté autant que par les difficultés liées à la crise.

Mais ces pratiques, en ménageant la trésorerie des entreprises, ont souvent assuré leur survie. Celles-ci n'ont attendu aucune aide de la part des banques ou de l'Etat. Dans la difficulté, elles ont fait « le dos rond ». Dans l'incertitude, elles ont limité un endettement coûteux, étiré les délais de paiements, « explosé » leur taux d'autofinancement, constituant des réserves de précaution en attente de jours meilleurs. En l'absence de financement institutionnel de leur fonds de roulement, elles ont utilisé les échanges interentreprises sur la base dela « confiance » et, pour nombre d'entre elles, cessé de rembourser les dettes publiques ou bancaires. Elles ont assuré leur fonctionnement « hors banque » et préparé ainsi la reprise de 2014.

---

[189]Smith, Adam, "Richesse des Nations" op. cité.« Quand la loi n'oblige pas à la réalisation des contrats, comme cela se fait pas dans des pays mieux réglés, elle met tous les emprunteurs presque sur le même pied d'égalité que les faillis ou les personnes de crédit douteux,».

La Banque de Grèce

La Bourse d'Athènes

Tirésias système d'information et de gestion des crédits et des chèques et créances impayés

Chapitre 8

La restructuration de l'emploi industriel

Modernisation des liens de travail et persistance de valeurs familiales

DE MEME QUE L'EVOLUTION DU NOMBRE D'ENTREPRISES a moins de signification que les transformations de leurs structures et de leurs rendements, de même, l'adaptation instantanée aux besoins du marché du nombre d'emplois présente moins d'intérêt que l'évolution, sur longue durée, de ses caractéristiques (statuts professionnels, liens de subordination, genres, catégories socioprofessionnelles, niveau d'éducation).

Certes, l'entreprise industrielle grecque est d'abord un employeur qui ajuste la main d'œuvre aux capacités de son marché et il est naturel, de ce fait, que l'emploi industriel accompagne l'évolution de la production. On le constate d'abord dans son évolution relative par secteurs d'activité et par branches d'industrie, premier indice de ses transformations profondes.

Mais elle est aussi le lieu où s'organisent et se transforment les liens et les formes de travail. On passe ici des nombres et des coûts, composantes d'une valeur ajoutée, aux rapports qui structurent une société. L'évolution n'est plus seulement quantitative, mais qualitative et se réfère à une organisation particulière en Grèce de la société « au travail ». On le constate successivement dans les places relatives des différents statuts (travail indépendant, travail salarié), dans l'évolution contrastée du travail féminin et du travail familial, dans la montée de la précarisation (recours aux étrangers, au temps partiel, au travail « invisible » correspondant à un multi-emploi partiellement non déclaré), enfin dans l'élévation rapide de son niveau d'éducation.

L'industrie constitue à cet égard un champ d'observation particulièrement intéressant, parce qu'elle a été historiquement le vecteur de la grande transformation sociale. Les analyses habituelles de la modernisation des liens de travail qui en découlent trouvent cependant leurs limites dans la persistance d'une organisation originale, nettement distincte de celle d'autres pays européens. La crise est le moment révélateur, à la fois d'une accélération brutale de la « modernisation » et d'un repli sur les valeurs familières et sûres de la société grecque.

La transformation de l'emploi depuis 1951

Il n'est pas inutile de revisiter d'abord les statistiques quantitatives de l'emploi industriel depuis 1951. C'est en effet le moyen d'évaluer, dans la mesure du possible, la réalité du plein emploi ou inversement du sous-emploi au cours de la période et la contribution précise de l'industrie à ces évolutions. C'est aussi le moyen de vérifier la rationalisation des structures de l'entreprise marquée par l'évaporation vers les services industriels et la montée progressive du chômage. C'est enfin le moyen de mettre en valeur la transformation considérable de l'emploi par branches d'activité.

Le survol des données de l'emploi révèle déjà l'extraordinaire flexibilité des structures de production en Grèce, sur des durées en fin de compte relativement brèves : la population active s'est en effet accrue de près de deux millions de personnes entre 1951 et 2014. Pendant ce même temps, l'agriculture en a perdu près d'un million, et probablement le double si l'on tient compte d'un emploi féminin indéterminé dans les statistiques, et les services en ont gagné plus de deux millions. L'emploi industriel (transformation et construction) a suivi un cours variable, pour retrouver en fin de période son niveau initial.

Précisons les évolutions de l'emploi propres à chaque secteur, et celles du chômage.

En 1951, l'agriculture emploie encore un peu moins de la moitié de la population active, et travail indépendant et aides familiaux y sont dominants. L'industrie et les services ont absorbé la baisse relative de l'emploi agricole par rapport à l'avant-guerre et la construction n'a joué dans cette évolution qu'un rôle mineur.[190]Par ailleurs, si l'industrie manufacturière occupe un peu plus du tiers du total des patrons et un peu moins du tiers de celui des salariés, elle n'occupe, à l'inverse, qu'un faible pourcentage des travailleurs indépendants et très peu d'aides familiaux.

Ensuite, la transformation des structures de production est très rapide et elle entraîne celles de l'emploi. En 1981,[191] l'agriculture ne représente plus qu'un peu moins du tiers de la population active et l'emploi industriel a bondi à 29 %, notamment en raison de la place prise par la construction, qui triple. Les emplois dans les services ont doublé. Pendant ces trente années, le chômage, du moins officiellement, reste à un niveau très bas. L'excédent de l'emploi agricole se déverse largement dans l'emploi industriel y compris la construction. La population active s'étant accrue de 700.000 personnes environ, ce sont les services qui font la différence. Mais on est loin du plein

---

[190]L'industrie manufacturière emploie 475.259 personnes, soit 16.7 % t de la population active et la constructionseulement74.559 soit 2.7 %.
[191]Données ELSTAT 1981-2014

emploi et les années 1960 sont marquées par la thématique insistante du sous-emploi des campagnes et par un puissant mouvement migratoire, organisé vers l'Allemagne notamment.

De 1981 à 2008, l'emploi agricole poursuit son déclin et perd la moitié de ses effectifs. L'emploi industriel hors construction croît d'abord lentement jusqu'en 1990, évolution moins liée à la croissance du PIB industriel qu'à des politiques de maintien ou de recrutement dans les entreprises publiques. A partir de 1990, l'assainissement de l'économie et un plan de stabilisation drastique se traduisent par une brusque décroissance, de près d'1/5 è de ses effectifs, sans pour autant que la production s'en ressente vraiment. Puis il reste stable jusqu'en 2008 alors que le PIB a retrouvé des rythmes élevés de croissance. Il ne représente plus à cette date que 13 % de l'emploi total. L'emploi dans la construction connaît au contraire une vive croissance et représente 8 % de l'emploi total. Les services absorbent les excédents.

Le chômage double entre 1981 et 1990 où il atteint 7 % de la population active. Entre 1990 et 1993, puis entre 1997 et 1999, sous l'effet des plans de stabilisation, il double presque encore et atteint 12.1 %. La période 1999-2008 enregistre, croissance économique aidant, un recul sensible du nombre de chômeurs et le taux retombe à 8.4 %, ce qui témoigne d'un relatif retour au plein emploi. Dans l'industrie hors construction, les taux de chômage sont légèrement moins élevés et suivent la même courbe.[192] Dans la construction, ils sont encore plus bas.

Enfin, de 2008 à 2014,[193] l'industrie de transformation perd 40 % de ses effectifs et la construction 62 %, témoignage de l'intensité de la réaction à la crise. Les services sont bien moins touchés. Confirmant les hypothèses sur l'évolution du produit industriel, l'emploi dans les services à l'industrie qui s'était fortement accru entre 1995 et 2008, résiste à la crise mieux que toute autre branche.

Corollaire de ces évolutions, la brusque montée du chômage s'avère le principal mode d'adaptation de l'entreprise à la crise. Le maintien des cash-flows, on l'a vu, est passé par la réduction des coûts d'emploi, dont la réduction des effectifs est la forme la plus visible. Le taux pour l'ensemble

---

[192] de 2 % en 1981 et 3.8 % en 1990. Ils culminent à 11 % en 1999 avant de reculer à 6.7 % en 2008.

[193] L'Economie Grecque perd entre 2008 et 2014 893.000 emplois, dont 397.000 dans l'Industrie (dont 225.000 dans la Construction), 455.000 dans les Services et 41.000 dans l'Agriculture.

de l'économie atteint en 2013 le niveau inédit de 27.5 %, avant d'entamer une lente et difficile décrue.

L'évolution de l'emploi par branche illustre de façon plus précise encore l'impressionnante déformation de l'ensemble industriel entre 1951 et 2014.

Au début, en 1951, l'emploi industriel est concentré principalement sur le textile et les cuirs et secondairement sur l'agroalimentaire, les produits de base et les biens d'équipement, ces quatre branches représentant 85 % de l'ensemble. L'essor des trente années suivantes s'accompagne de la baisse de la part de l'agroalimentaire en raison du recul de l'emploi dans les manufactures de tabac et de celle du textile qui subit la baisse relative la plus forte, bien qu'en valeur absolue les nombres se maintiennent. Inversement, la part des produits de base et des biens d'équipement s'envole, les effectifs ayant plus que doublé. L'emploi dans la construction a plus que quadruplé.

De 1981 à 1990, l'emploi industriel croît de manière continue, notamment dans l'agro-alimentaire, le textile et les matériels de transport. Entre 1990 et 1993, il subit, on l'a vu, une dure saignée : le textile, les matériels électriques et les matériels de transport sont les trois branches les plus atteintes, résultat du choc de la concurrence étrangère mais aussi de l'assainissement d'entreprises soutenues par l'Etat (Piraïki). Au contraire, l'agro-alimentaire, l'édition, les produits métallurgiques et les machines, l'énergie et les services publics enregistrent une croissance en valeur absolue de leurs effectifs.

Les années 1996 à 2008 se caractérisent par une stabilité apparente de l'emploi. Mais modèles de consommation et innovation changent en profondeur les produits et par voie de conséquence leur répartition par branche, entraînant ainsi une profonde mutation de l'emploi. Le textile s'effondre, l'agro-alimentaire et l'industrie lourde (Mines, matériaux de construction et métallurgie) poursuivent leur développement. La chimie se transforme, avec l'essor des plastiques et de la chimie fine (pharmacie, cosmétiques). Energie et services publics des eaux et de la propreté voient leurs effectifs multipliés par 2.6 et leur part s'accroître. Equipements informatiques et services correspondants constituent des branches nouvelles de la nomenclature Stakod 91 à partir de 1990 (appliquée aux statistiques d'emploi à partir de 1993). L'informatique (hardware, mais surtout software) quadruple son emploi entre 1995 et 2008, confirmant la participation dynamique du pays à ces activités de pointe.

Enfin, la crise prolonge cette transformation de l'emploi. Tout en réduisant les effectifs, elle accélère leur spécialisation : agro-alimentaire, chimie, mines et métallurgie, services de traitement de l'eau et des déchets gagnent 16 points par rapport à 2008 au détriment des trois branches du textile, du bois et des matériaux de construction. Globalement, les activités industrielles « modernes » prennent le pas sur les activités traditionnelles. En 2014, après 5 années de compressions d'effectifs, une première reprise de l'emploi se manifestait dans l'agroalimentaire, la chimie de base et la pharmacie, les produits métalliques, électroniques et électriques, et les machines. L'emploi dans les télécommunications redémarre en 2013 et dépasse en 2014 son niveau de 2008. Les services informatiques (logiciels, conseil) poursuivent leur croissance à un rythme rapide.

Tableau 15. Evolution de la distribution de l'emploi par branche de l'industrie manufacturière entre 1981 et 2014.

	1981	2008	2014
Mines	3,2	2,7	3,0
Agroalimentaire	12,1	19,5	30,6
Textile, cuir	26,9	12,6	5,9
Bois meubles	10,1	10,2	6,3
Papier édition	4,2	8,2	5,9
Prod pétroliers	1,1	0,9	1,0
Chimie	5,9	7,1	8,6
Prod non métal	4,6	5,6	3,6
Prod métallurgiques	8,4	11,8	12,5
Machines	2,7	4,3	4,2
Mat électrique	4,1	3,0	1,9
mat trpts	11,1	2,5	1,3
prod divers	2,1	2,5	2,2
Utilities	3,6	10,4	13,3
Industrie	100	100	100

Source : ELSTAT, série emploi 1981-2014

Une telle transformation des produits n'est pas sans impliquer un grand changement dans les structures de l'emploi, ses statuts (indépendant, salarié, emploi familial), son genre (masculin, féminin), son intensité (emploi partiel, multi-emploi, sous-emploi, emploi au noir, recours à la main d'œuvre étrangère) ou ses niveaux de qualification et d'éducation.

L'exception grecque du travail indépendant

Et d'abord le travail indépendant.

A l'intersection de la relation de travail et de la relation d'affaires, il constitue une des variables de l'adaptation de l'industrie grecque à la recherche d'une organisation plus rationnelle. Il est une des originalités du système de production en Grèce et l'on reviendra plus loin sur son importance dans la société grecque.

Le concept de travail indépendant recouvre le chef d'entreprise, les personnes qui l'aident dans sa famille, et le travailleur isolé ou artisan. Il ne se limite pas à la petite propriété rurale, ou à la boutique du commerçant, mais il s'étend aussi à l'entreprise industrielle et aux services qui la soutiennent. Il s'oppose au travail salarié. Il constitue une des caractéristiques remarquables du pays par sa persistance sur la longue durée, mais par son évolution, il dénote également la longue adaptation du pays à la modernité.

Le recensement de population de 1928 nous informe que 62 % de la population active est constituée de travailleurs indépendants. Nicolas Svoronos, directeur de section à la Statistique Générale, écrit : « Il faut souligner que ceux qui constituent, pour ainsi dire, la classe moyenne, c'est-à-dire ceux qui emploient seulement les membres de leur famille, avec les travailleurs isolés et avec les membres de leur famille coactifs, forment en Grèce 62 % de la population productive ; et c'est pour cette raison que la question sociale ne s'est jamais manifestée chez nous sous une forme très aigue. ».[194] Si l'on ajoute les patrons qui occupent employés et ouvriers, le pourcentage s'élève même aux deux tiers de la population active. Les

[194] Recensement de 1928, fasc. 3 page 67 du fichier PDF. Svoronos note qu'une meilleure précision des données explique en partie l'augmentation des actifs et notamment pour le travail agricole féminin. Le recensement introduit deux positions sociales nouvelles. Il distingue entre patrons qui emploient des membres de leur famille et ceux qui n'emploient que des ouvriers et des employés, et il crée une catégorie travailleurs isolés que l'on pourrait traduire aussi par travailleur indépendant.

agriculteurs en représentent cependant la plus grande partie. Mais si l'on isole la population industrielle, le pourcentage d'indépendants y tient encore une place significative.[195]

Dans le recensement de population de 1951,[196] les travailleurs indépendants représentent le même pourcentage qu'en 1928 et trois quarts d'entre eux sont des agriculteurs. Leur part dans l'industrie, patrons compris, est retombée à 30 %. Les « Trente Glorieuses » qui suivent sont l'occasion de transformations considérables dans les nombres, mais l'exception grecque du travail indépendant n'en disparaît pas pour autant. Globalement, le taux de salariat a doublé dans la population active, d'un tiers en 1928 à près des deux tiers en 2014. Les causes en sont nombreuses. L'exode rural est sans doute la principale, le salariat étant marginal dans le monde rural. Mais ce n'est pas la seule. Dans l'industrie, on a assisté aussi à l'effacement des aides familiaux et du travail à façon notamment dans le textile ou le tabac et, de plus, le mouvement de concentration des entreprises y a été marqué par une forte régression des TPE. Dans l'immobilier, la faiblesse du salariat résulte de la mise en place entre 1971 et 1995 d'un autre modèle de production de logement, caractérisé par l'existence d'un grand nombre d'artisans promoteurs et par la technique de l'antiparochi. De plus, avec la crise, ce sont les salariés des entreprises du secteur qui sont les premiers touchés. Dans les services, la montée du salariat s'explique par la croissance de l'emploi dans les administrations où l'emploi indépendant est quasi inexistant, par celle du tourisme hôtelier organisé où le salariat prédomine, et inversement par le recul de l'emploi dans les deux secteurs où l'emploi indépendant dominait, le commerce et les services immobiliers.

La question qui se pose est celle de la réalité de la « modernisation »des relations de travail que caractériserait la montée de l'emploi salarié et la concentration des entreprises, et inversement la disparition des aides familiaux et des indépendants. L'histoire de l'industrie est d'ailleurs en partie liée à cette évolution. Et sans doute, la « grande industrie » emploie-t-

---

[195] 35 % des employés de l'industrie sont indépendants (selon la définition de Svoronos), 42 % si l'on inclut les patrons.

[196] Dans la bibliothèque informatique d'ELSTAT, le volume 3 du recensement de 1951 est consacré aux caractéristiques économiques. Il distingue aussi les salariés et précise que ce sont ceux qui reçoivent un salaire (mensuel) ou journalier, "même rémunérés à la pièce, à forfait ou bien en % sur le montant des ventes". Il ne parle plus de position sociale, mais de position dans la profession (statut professionnel). Il distingue de même les travailleurs pour leur propre compte, pour compte propre ou entrepreneurs indépendants. Enfin, il définit (p.193) la notion de ménage familial comme composée de ceux qui partagent son repas au moins une fois par jour, membre ou pas de la famille.

elle surtout des salariés (mines, papier, pétrole et chimie, travail des métaux, matériaux de base comme ciment et verre, mécanique lourde), et, confrontée à la crise, préserve-t-elle en priorité les emplois salariés qui constituent un noyau dur de compétences et qui sont mieux protégés par leurs syndicats et par le droit du travail. Elle préfère éliminer les petits sous-traitants. Dans des branches marquées par une forte dispersion des entreprises, la « modernisation » peut se faire aussi par disparition des artisans indépendants : c'est le cas des branches plus traditionnelles comme l'agro-alimentaire, le travail du bois et des métaux ou matériaux de base, le textile et l'habillement, l'impression, la réparation.

Graphique 6. Evolution sectorielle du taux de salariat entre 1928 et 2014

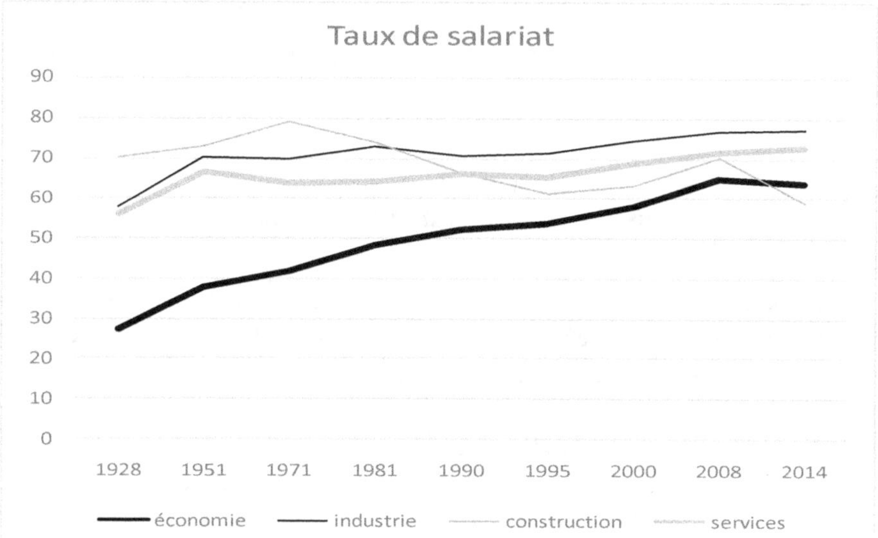

Sources : ELSTAT, recensements et enquêtes emploi

Mais inversement, l'emploi indépendant a pu s'accroître : la création d'entreprises unipersonnelles[197] est à la fois une réaction du salarié licencié pour créer son propre emploi et le résultat de la sous-traitance par les entreprises confiant à leurs anciens salariés des services jusqu'alors rendus en interne, de telle sorte qu'ils puissent se mettre à leur compte. Cette forme d'activité a été encouragée, ce que reflète le taux très bas de salariat dans les services aux entreprises. Dans les services publics, se sont aussi développés de nombreux petits parcs privés éoliens et photovoltaïques et des entreprises

[197] En France, les EURL (Entreprises Unipersonnelles à Responsabilité Limitée), en Grèce, les IKE sont des sociétés unipersonnelles à capitaux et responsabilité limitée

de recyclage, où les travailleurs indépendants sont aussi nombreux que les salariés. De manière plus générale, la flexibilité offerte par le travail indépendant ou le recours à la sous-traitance favorise les adaptations à la crise, comme elle permet de répondre à des croissances rapides.
Enfin, il faut admettre que chaque métier s'est construit dans un contexte technique, sociologique et historique particulier et doit faire en conséquence l'objet d'une étude particulière de ses modalités de réaction à la crise. Ainsi, dans les deux branches d'industrie dont le taux d'emploi indépendant est le plus élevé, la construction et l'ameublement[198], l'adaptation s'est faite principalement par licenciement des salariés, les artisans se refusant à disparaître même en l'absence de toute activité. La part de l'emploi indépendant entre 2008 et 2014 augmente dans la construction de 12 points, et dans l'ameublement de 4 points.

A de nombreux points de vue, le salariat n'est pas toujours le signe d'une modernité de l'emploi.

L'évolution du travail féminin et de l'emploi familial

L'évolution de l'emploi féminin, de l'emploi des mineurs et de l'emploi familial est un autre aspect de la modernisation de la société et une autre modalité d'adaptation aux variations de la demande.

En 1907 comme en 1920, les femmes se voyaient peu ou mal comme « employées ». Elles se déclaraient massivement sans profession : dans cette catégorie, elles étaient deux fois plus nombreuses que les hommes et elles appartenaient dans une large mesure au monde rural. Cela limite la valeur des conclusions que l'on peut en tirer. Mais c'est en soi significatif d'une certaine répartition des rôles dans la famille, de même que le choix des métiers ou les mots utilisés.

En 1907, l'emploi féminin apparaît de préférence dans certaines professions, industrielles ou de services. L'industrie utilise des compétences traditionnellement réservées aux femmes, comme celles du textile et de l'habillement, où elles sont d'ailleurs majoritaires. Elle les utilise aussi comme simples manœuvres.[199] Dans les services, elles sont d'abord

[198] 45 et 47 % respectivement en 2014
[199] Manœuvres sans trace de spécialisation

employées de maison. Depuis le dernier quart du XIXème siècle, on les trouve dans l'enseignement et la médecine, et elles font leur apparition dans les emplois de bureau.

En 1920, les branches d'industrie où leur présence est significative sont le textile et l'habillement où elles représentent 2/3 de l'emploi, secondairement les salines et eaux minérales, le tabac, le papier chiffon, les industries graphiques. Dans les services, elles occupent 3/4 des emplois de maison, et sont présentes dans l'éducation, la santé et les Beaux Arts. Dans tous les cas, il s'agit de métiers où les compétences féminines sont reconnues, soit dans le cadre d'une activité familiale traditionnelle, rurale ou industrielle, comme le textile, soit dans le cadre de conventions plus « bourgeoises » comme la santé, le ménage ou le théâtre. Leda Papastefanaki a montré que loin de dévaloriser le travail féminin, ces emplois sont le résultat d'une stratégie familiale de recherche de revenus complémentaires, à partir de compétences alors reconnues[200]. Cette stratégie ne s'oppose pas forcément à celle de l'entrepreneur, qui recherche le coût salarial le plus bas. Toujours en 1920 et dans le même cadre familial, les enfants mineurs représentent 23.8 % de l'emploi industriel et 42 % de l'emploi industriel féminin. Les jeunes filles sont employées notamment dans le textile et dans les industries agricoles.

En 1928, l'emploi féminin demeure encore sous-estimé, mais il prend une place plus visible dans de nombreux domaines. On est passé de 14 à 26 % de la force de travail totale et de 16 à 23 % de l'emploi industriel. Les taux d'emploi féminin sont élevés dans le textile, le tabac et le papier carton et non négligeables dans la chimie et les « autres industries ». On note leur quasi-inexistence dans la construction, les services publics et les métiers du feu. Les femmes sont exclues de toutes les tâches réputées dures, encore qu'il faille relativiser en considération des conditions de travail dans le textile par exemple (blanchisseuses, fileuses) ou les salines. Patrons et artisans, industriels ou pas, sont presque toujours des hommes, eux-mêmes chefs de famille et y exerçant l'autorité. Elles ne comptent pas dans le travail industriel indépendant, à l'exception du textile et de l'habillement où elles forment près de trois quarts des effectifs (mais ce sont surtout des travailleuses isolées, à façon). En revanche, elles représentent presque la

[200] Et de recherche, pour les jeunes filles, du revenu et de la compétence permettant de constituer une dot. L'ouvrage déjà cité de Leda Papastefanaki insiste aussi sur la découverte difficile de l'emploi industriel urbain. Comme l'a montré Zizi Salimba, l'entrepreneur participe au moins formellement à cette représentation sociale, se voulant protecteur des bonnes mœurs des jeunes filles (voir photographies de l'époque des ouvrières dans les usines).

moitié des aides familiaux. Enfin les mineurs représentent 27 % des effectifs de l'industrie, 38 % d'entre eux sont des jeunes filles, 83% d'entre eux sont employés dans le textile. Les clivages de genre sont particulièrement prononcés.
A partir de 1951, le taux d'emploi féminin dans l'industrie manufacturière, qui n'a guère varié depuis 1928, s'élève ensuite faiblement et se stabilise à ce niveau jusqu'en 1988. Mais le salariat y progresse rapidement pour atteindre 84 % en 1988.[201] La structure familiale est bien visible : aux hommes les responsabilités, l'indépendance et la stabilité, aux femmes la flexibilité de l'assistanat familial et de l'emploi journalier. Dans le même sens, le nombre des salariées au mois (par opposition aux journalières, plus précaires) a sextuplé, passant de 5.4 à 23.3 % de l'emploi féminin et c'est lui qui entraîne le taux d'emploi féminin salarié. Il en est de même du nombre des entrepreneuses qui a presque triplé (hors artisanes) entre 1958 et 1988. L'industrialisation rapide du pays produit des effets sur le statut du travail féminin et à travers lui, sur l'émancipation des femmes. Dans les services, on observe aussi une forte croissance de l'emploi féminin et, à l'intérieur de cet emploi, un glissement marqué des aides familiales vers le salariat.

Le taux d'emploi féminin croît ensuite régulièrement de 1995 à 2014, y compris pendant la crise, alors que celui des hommes, stable entre 2001 et 2008, se réduit ensuite fortement. Et l'on constate que si l'augmentation de l'emploi en Grèce, entre 1981 et 2008, est principalement due à celle de l'emploi féminin, l'adaptation à la crise en 2014, elle, se fait massivement par la sortie des hommes de l'emploi, par chômage, retraite ou décès.[202]

Par ailleurs, dans le cadre des ajustements économiques de temps de crise, on s'attend à un taux de chômage des femmes supérieur à celui des hommes. Et cela semble le cas, puisqu'en 2014 il atteint 30.2 % contre 23.6 % pour celui des hommes. Mais si l'on remonte un peu dans le temps, on voit que ce taux a été systématiquement plus élevé et que l'écart avec celui des hommes était encore plus important. Il s'agit donc là plutôt d'une volatilité plus grande de l'emploi féminin, liée aux fonctions que remplit la femme au sein

---

[201] Le recensement emploie le terme de « membres coactifs de la famille »

[202] Entre 1981 et 2008, 67 % des 1.323.000 emplois supplémentaires sont féminins, 68% des 1.074.600 emplois détruits sont masculins. Les hommes sortent de l'emploi par chômage (55 % de l'augmentation du chômage concerne des hommes), par retraite (246.000 hommes quittent toute activité, quand 59.000 femmes y font leur entrée), par décès (la population masculine perd 111.200 personnes contre seulement 67800 femmes et ainsi la proportion de femmes s'accroît régulièrement depuis 2000, pour représenter 51 % de la population totale en 2014.

du ménage, et à l'utilisation raisonnée des avantages offerts par l'indemnisation du chômage.

De plus, de secteur à secteur, l'emploi féminin glisse directement de la population rurale vers les services. Les administrations en absorbent le plus grand nombre. Dans l'industrie, après avoir décliné régulièrement de 1995 à 2010, il rebondit pendant la crise et la part du salariat y oscille faiblement autour de 80 %.[203] Le changement de mœurs se manifeste plutôt dans la baisse de la part des aides familiales et dans leur accession à des positions de chef d'entreprise.

Enfin, l'emploi des mineurs de moins de 19 ans disparaît progressivement, après avoir représenté en 1951 plus du cinquième de l'emploi total, et alors que les jeunes filles étaient bien plus nombreuses dans l'emploi féminin que les jeunes garçons dans l'emploi masculin. Cette disparition est liée évidemment à l'élévation de l'âge minimum pour travailler, mais aussi avec la fermeture d'un grand nombre d'entreprises du textile.[204]

Un modèle caractéristique de la première moitié du XXème siècle s'efface lentement, où l'emploi industriel féminin se concentrait dans le textile et le tabac, en lien étroit avec la structure familiale. Le boom industriel de l'après-guerre leur ouvre l'accès à des branches plus variées, où elles ne sont plus vraiment une variable d'ajustement. La montée de leur emploi - et de leur salariat- est caractéristique de l'industrie dans cette période. Mais si elles abandonnent l'agriculture, c'est souvent aussi pour passer directement au secteur tertiaire où sa croissance est le marqueur le plus clair de la « women's lib ». Les services leur font une large place -et, à travers elles, au salariat- et leur ouvrent la position de chef d'entreprise. Elles abandonnent à cet effet les positions de travailleuses pour leur propre compte et surtout d'aides familiales. Elles rendent ainsi compatibles leurs différentes fonctions, familiales et économiques, tandis que le législateur s'efforce de les y aider.

---

[203] En termes relatifs, dans l'industrie, la part de l'emploi féminin passe de 30 à 24 % entre 1995 et 2010 et à 29 % en 2014. Dans les services, sa part passe de 30 à 47 % entre 1995 et 2014.

[204] Le travail des mineurs est interdit en 1912 au-dessous de 12 ans et en 1973 au-dessous de 15 ans. L'âge légal de la majorité est ramené à 18 ans en 1982 (21 ans plus tôt). L'âge du service militaire est de 19 ans et il dure 9 mois (24 mois auparavant). Il faut relativiser cette disparition : bien des aides familiaux ou stagiaires, encore aujourd'hui, prennent un emploi pendant leurs congés, dans le tourisme par exemple.

La précarisation de l'emploi

La précarisation accrue de l'emploi est le mode le plus frappant de l'adaptation de l'économie industrielle aux conditions nouvelles des marchés. Les formes en sont nombreuses.

L'emploi partiel en est une. Il permet un ajustement souple des entreprises aux variations de la demande. Si de 1983 à 2001, le taux d'emploi partiel diminue, ce que la conjoncture économique et sociale peut expliquer, à partir de 2001, il commence à monter et représente en 2014 une fraction de plus en plus importante de l'emploi.[205] Il est notable que le taux est beaucoup plus élevé dans les entreprises de moins de 10 salariés et que l'écart avec les entreprises employant plus de 10 salariés s'est envolé avec la crise. De même, la précarité touche surtout les femmes : une sur trois est concernée en 2014 et même une sur deux dans les petites entreprises.

Par secteur en 2014, on remarque que l'agriculture connaît certes cette forme d'emploi, mais pour des nombres négligeables. L'industrie y recourt nettement plus, mais là encore pour des nombres limités, et, même si sa part y a doublé depuis 2005, elle reste très en deçà de la moyenne. La masse des emplois partiels se trouve dans les services - près du tiers de leurs emplois - et notamment le commerce, le tourisme et les administrations. Enfin, il a un caractère nettement genré, et touche les femmes plus que les hommes.

L'emploi des étrangers est certainement ce qui a permis à l'économie grecque de faire face à ses besoins de croissance ou même aux nécessités de sa survie[206]. C'est un fait récent et son développement fait suite à la chute du mur de Berlin fin 1989 et à l'ouverture de la frontière albanaise en 1991. Jusque-là négligeable, il entame cette année-là sa croissance pour atteindre 1 emploi sur 10 en 2009. Les gros bataillons sont ceux de la construction, de l'industrie, de l'hôtellerie restauration, et des services à la personne. Sa place varie en fonction du degré de dispersion des entreprises : elle est plus importante là où dominent les PME. Il supplée souvent dans les belles années à la demande de main d'œuvre et concurrence alors l'emploi masculin ou féminin, mais en temps de crise l'étranger est aussi le premier

---

[205]Selon ELSTAT, il décroît de 6,5 à 4,0% entre 1983 et 2001, atteint 5.7 % en 2008 et 9.5 % en 2014 ? Selon IKA, plus proche sans doute de la réalité, il est de 16.3 % en 2005, 18.6 en 2010 et 27.6 % en 2014.

[206] Voir l'étude de Chatzimichalis, Kostis et Baiou, Dina : « De la machine à coudre dans la cuisine aux Polonais dans les champs. Villes, Régions et travail atypique ». Editions Exantas, Athènes 1997

licencié : en 2014, la construction a licencié les 2/3 des étrangers et l'industrie plus de la moitié. Le chômage limite en effet leur utilité.[207]

Enfin, il y a la pratique des contrats à durée déterminée ou en alternance. Le recours à ce type de contrat est très répandu dans la construction en raison de la nature même des travaux, limités dans le temps. Il l'est beaucoup moins dans l'industrie et dans les services. Leur place diminue avec la crise et les pertes d'emploi qui en ont résulté.

Quelle qu'en soit la forme, la précarisation du travail est une donnée importante des économies modernes qui correspond à la flexibilité revendiquée par les entreprises pour faire face aux variations rapides de leurs marchés et à la globalisation des concurrences. Pourtant, au moins dans le champ du visible et du légal, le cumul du temps partiel et des contrats à durée déterminée (CDD) ne dépasse apparemment pas dans l'industrie 20 %. Il n'est pas anormal que cette précarité se développe en même temps que la croissance et se replie en période de montée du chômage. En même temps, ces données restent fragiles. Celles fournies par le système Ergani ou par IKA sont très différentes. En 2014, Ergani note que les contrats à temps partiel et en alternance représentent la moitié des recrutements. Les taux de temps partiel calculés par IKA sont de même nettement plus élevés que ceux d'ELSTAT. Dans tous les cas, une partie de l'emploi n'est pas déclarée, notamment dans l'agriculture et les services (à la personne, Hôtellerie-Restauration).

L'élévation du niveau des compétences

L'amélioration des compétences et l'élévation du niveau d'éducation ont répondu aux besoins nouveaux de qualification requis par la croissance de l'industrie grecque depuis la 2ème Guerre Mondiale.

L'évolution de la répartition des emplois dans l'industrie manufacturière, selon la Classification Internationale Type des Professions (nomenclature ISCO), entre 1961 et 1981, est caractérisée par la baisse importante des emplois d'ouvrier non qualifié au bénéfice des emplois de direction et techniciens spécialisés et des emplois intermédiaires (bureau, vente, service). A partir de 1995, des données plus précises confirment la montée des cadres

[207] 0.6 % de l'emploi total en 1990, 1.6% en 1995, 3.5 % en 2000, 9.6 %.en 2009, 7.6 % en 2014, 5.3% en 2018

supérieurs, des employés et des conducteurs de machines, mais aussi celle, plus mesurée, des ouvriers non qualifiés. Au contraire, l'artisanat plus traditionnel est en forte baisse. Les employés de la construction présentent un profil différent, où les artisans et dirigeants (plus que les experts) demeurent très largement majoritaires - plus de 80 % - et les employés très peu présents. Avec la crise, les artisans perdent 2/3 de leurs effectifs et les ouvriers non qualifiés 4/5è. Les dirigeants et ouvriers spécialisés résistent mieux.

Ces données confirment l'élévation du niveau de compétences de l'emploi industriel, requis par l'industrialisation et l'innovation technologique. Mais ils dénotent aussi un certain effacement de l'emploi indépendant (artisan) dans l'industrie manufacturière, et la montée lente d'un emploi non qualifié, sauf dans la construction.

Un niveau d'éducation plus élevé était nécessaire pour répondre à l'évolution des métiers. La Grèce de l'après-guerre investit dans l'enseignement, général ou technique, en particulier à compter de la Métapolitefsi. L'entreprise industrielle investit de son côté en élevant le niveau d'instruction des personnes qu'elle recrute. Ainsi, dans l'industrie, entre 1983 et 2014, la part des employés, qui n'ont jamais été inscrits à l'école ou qui ont fréquenté le seul primaire, s'effondre au bénéfice des employés ayant accompli leurs études secondaires et de ceux ayant fréquenté l'université.[208] La construction part de plus loin et en 1983 encore, les niveaux d'éducation sont plus faibles. C'est à partir de 2000 et alors que l'activité s'accroît notablement, que le rattrapage s'effectue et que les taux du secondaire rejoignent ceux de l'industrie.

Le poids des diplômés de l'enseignement supérieur dans le fonctionnement concurrentiel de l'industrie apparaît nettement entre 2008 et 2014 : les entreprises de l'industrie manufacturière non seulement protègent de préférence leurs diplômés, mais elles n'hésitent pas malgré la crise à accroître le nombre de leurs titulaires d'un doctorat ; celles des services à l'industrie accroissent le nombre de leurs diplômés. La riposte à la crise passe par la recherche et la compétence.
L'ensemble de ces observations converge dans un même sens : l'économie grecque présente une plasticité qui ne dépend pas seulement de la variation

[208]Le pourcentage des non scolarisés et scolarisés dans le primaire passe de 68.3 à 16%, celui des personnes ayant suivi des études dans le secondaire de 28 à 64.5 %, et celui des universitaires de 3.6 à 19.5 %, dont celui des titulaires d'un doctorat de 0 à 2.3 %

du nombre des emplois et de leur coût direct, mais d'autres variables comme le travail indépendant, la flexibilité des durées de travail, la féminisation, la précarisation. Il en est d'autres moins visibles, mais non moins importantes : le travail « au noir » (et pas seulement de la main d'œuvre étrangère), difficile cependant à chiffrer,[209] la multi-activité, dont tout laisse à penser qu'elle est très importante (importance de l'emploi agricole, deuxième emploi des enseignants, deuxième emploi des commerçants qui exploitent la saison touristique au moyen d'une location hôtelière ou d'un restaurant), le travail des retraités (l'entrepreneur retraité maintient son travail à l'exploitation et ajoute sa pension à la trésorerie). Le gonflement rapide des inactifs -hommes- dans une population stable et vieillissante, donne peut-être une indication de ces modalités.[210]

On comprend que les niveaux de qualification et d'éducation –étroitement liés - sont une des clés de cette souplesse d'adaptation, à la fois pour mieux organiser le travail, pour maîtriser l'évolution technologique et pour favoriser les glissements de branche à branche. Une étude plus fine du rapport métier-niveau d'études-technologie, branche par branche, serait probablement éclairante. Là encore, chaque entreprise, chaque branche, donne sa propre réponse aux problèmes économiques rencontrés, construisant la combinaison appropriée en fonction de ses structures particulières. Mais on entrevoit aussi que le choix d'adaptation dans une branche donnée ne relève pas seulement de calculs économiques, mais de critères sociaux, ou, plus précisément de stratégies sociales. Tantôt c'est le salarié qui est licencié, tantôt c'est l'artisan qui arrête son activité. L'emploi masculin résiste souvent moins bien que le féminin, ce dernier pouvant se voir substituer un immigré. Les variations de position sociale dans l'entreprise confirment cette dualité des choix.

La Grèce fonctionne en matière d'emploi à sa façon traditionnelle. On peut revoir cette tradition au prisme d'une vision plus moderne de « l'employabilité », privilégiant les capacités d'initiative entrepreneuriale. On peut le vérifier à la lumière des pratiques d'emploi de l'Union Européenne.

---

[209]La fermeture du ciseau entre les effectifs assurés à l'IKA et ceux de l'emploi recensés par ELSTAT est un bon indicateur de l'efficacité du résultat de la lutte contre le travail au noir. L'écart du ciseau donne une idée de son importance.

[210]Et invite à modérer les inquiétudes sur le faible taux d'emploi -population active- comparé à l'UE.

Deux images de l'emploi féminin en Grèce

Travail précaire, travail émigré

L'auto-emploi, le futur ?

Chapitre 9

L'entreprendre dans l'industrie

La position particulière de la Grèce dans l'Union Européenne

« Le facteur décisif de la croissance est une attitude des sujets économiques, c'est-à-dire une certaine manière d'être et de penser des hommes. »[211]

AU-DELA DE L'ACTIVITE QUOTIDIENNE,« L'ENTREPRENDRE » en économie est une pratique générale de création de richesses par un agent économique. Il faut ici dépasser l'opposition entrepreneur/travailleur et rechercher, avec Raymond Aron, une autre interprétation des formes, des pratiques, des comportements et des motivations que l'on rencontre dans le monde de l'entreprise. La problématique centrale de l'indépendance, si familière aux économistes libéraux du 19è siècle, aide à le saisir : patron, artisan, salarié participent à leur manière à cette activité.

Toute l'histoire de la révolution industrielle est habitée par cette problématique et par le processus qui conduit de l'atelier proto-industriel à l'usine moderne. On considère aujourd'hui que les modèles industriels ont été beaucoup plus variés, qu'ils ont coexisté bien plus longtemps qu'on ne l'a cru d'abord, et que les formes d'emploi y ont exactement correspondu et qu'ils se sont adaptés aux innovations technologiques successives. Dans les systèmes actuels de production, enfin, on n'a pas de mal à reconnaître l'infinie variété de ce qu'ils furent.

Il faut se départir du point de vue qui considérerait la structure de l'emploi en Grèce comme archaïque parce qu'elle laisse une place importante à des formes proto-industrielles. Ces formes correspondent à une histoire économique précise, dans laquelle la notion d'autonomie de l'agent est essentielle, un agent qui effectue des choix plus ou moins rationnels pour assurer à la fois sa survie et son développement.

Il nous semble utile, au XXIème siècle, de redéfinir le statut professionnel - on pourrait utiliser ici le terme d'employabilité - en n'opposant pas à l'excès le terme d'entrepreneur, qui regroupe logiquement chefs d'entreprise, travailleurs indépendants ou isolés ou auto-employés, et celui d'employé, qui regroupe employés et salariés rémunérés, journaliers ou mensuels et aides familiaux non rémunérés. A vrai dire, il n'y a pas de solution de continuité entre les deux, bien des indépendants dépendant de la commande ou du

---

211 Aron, Raymond. Dix-huit leçons sur la société industrielle (French Edition). Editions Gallimard.

contrat qu'ils ont reçu de l'entreprise qui les emploie et qui les inscrit dans une organisation plus large.

En effet, au-delà de la fluidité de ces catégories dans l'histoire, on retrouve la place centrale de la famille, source et arbitre de ces formes variées, et la place relative du salariat, qui évolue au fil de l'extension du processus d'industrialisation. Le désir d'indépendance sous-tend la structuration du marché de l'emploi comme celle de l'entreprise.

L'entreprendre ne produit pas seulement un champ d'activité et des comportements économiques qui diffèrent selon les secteurs ou branches d'activité, il produit une morphologie sociale particulière à la Grèce.[212] Cette idiosyncrasie nous intéresse particulièrement lorsqu'elle se manifeste dans l'industrie, qui dans l'histoire a été porteuse de modernité et de convergences entre agents ou pays, éliminant barrières et différences. Et c'est pourtant précisément dans ce secteur qu'on la relève, à plusieurs niveaux : le nombre et la structure des entreprises, la nature des emplois, les formes juridiques dont se revêt l'entreprise, les pratiques financières et les rapports entre clients et fournisseurs. La Grèce se distingue là d'autres pays européens, moins toutefois par des formes particulières que par leur intensité et leur persistance.

L'entreprendre en termes de nombres et de tailles

Si l'entreprendre se manifeste par le nombre d'entreprises industrielles, alors la Grèce en est bien le champion dans l'Union Européenne. Elle ne se distingue pas seulement en cela, mais aussi par le tissu de ses entreprises analysé en termes de taille.

Mais avant tout, combien d'entreprises ?

La création nette d'entreprises ne peut être assimilée directement à une propension à entreprendre. En revanche, la marque de l'entreprendre consiste bien en la densité des entreprises, que mesure le simple rapport de leur nombre à la population (active ou totale) pour un espace donné.

[212] Cf. les deux études sur la construction de Maloutas, Thomas, « Athènes, Maison, Famille. Analyse des pratiques de construction dans l'après-guerre", EKKE Exantas 1990. Et de Lambropoulou, Dimitra, "Gens du bâtiment. Les hommes qui ont construit Athènes. 1950-1967." Editions Bibliorama, Athènes, 2009.

Une première observation porte sur la relation entre l'entreprise et la population totale ou active. La Grèce dispose du nombre d'entreprises pour 100 habitants le plus élevé en Europe après le Portugal. Elle dispose aussi du nombre d'entreprises rapporté à la population active le plus élevé. L'Italie et, à un moindre degré l'Espagne, se rapprochent de la Grèce.

Une deuxième observation porte sur le rapport entre l'entreprise industrielle et la population active. On aurait pu s'attendre en Grèce à une densité d'entreprises industrielles faible. Il n'en est rien. Le pays présente le plus grand nombre d'entreprises industrielles pour sa population active (entreprises industrielles pour 100 actifs) comme pour sa population employée dans l'industrie (pour 100 actifs dans l'industrie).

Qu'il s'agisse de l'activité économique générale ou de l'activité plus spécifiquement industrielle, la Grèce affiche des densités très élevées. Elle partage d'ailleurs cette caractéristique avec d'autres pays méditerranéens. Très au-dessus de la moyenne de l'Union Européenne, elle témoigne par-là de la vigueur de sa propension à entreprendre, et à entreprendre « industriellement ». On entrevoit déjà derrière ces chiffres des phénomènes de taille et des comportements particuliers.

Quoi qu'il en soit, ce n'est pas l'esprit d'entreprise qui fait défaut, bien au contraire. La Grèce n'est ni un désert d'entreprises industrielles, ni un espace « en retard » d'initiative ou de développement. Au contraire, la vivacité de l'entrepreneuriat y est manifeste, qu'il s'agisse de l'histoire économique du pays, de grandes entreprises aujourd'hui cotées en Bourse ou du tissu industriel d'un département lointain comme la Messénie. En témoigne le célèbre groupe de Zürich à la fin du 19èsiècle et les noms d'André Hatzikyriakos, Nicolas Canellopoulos et Léon Ikonomidis, fondateurs de Titan, de Hiraklis, de Lipasmata et de Chropei.[213] En témoignent après-guerre, ceux de Prodromos Athanasiadis, dit Bodosakis, modèle grec du self-made-man autodidacte, d'Evangelos Mytilineos et de Nicolas Stasinopoulos dont les groupes ont fait de la métallurgie de l'aluminium, du cuivre et du plomb et de leurs produits dérivés, les plus compétitifs sur le marché européen.[214] En témoigne enfin en Messénie l'œnologue Jean Tsavolakis, qui renouvelle la production de vins de haute qualité, successivement dans la coopérative Nestor, comme œnologue, ensuite dans la joint-venture

---

[213]Deux cimentiers, un fabricant d'engrais et un fabricant de peintures.

[214]Bodosakis crée ou développe Pyrkal, Larko, Liptol, Lipasmata et bien d'autres. Mytilinaios crée le groupe du même nom et Stasinopoulos Viochalko.

Inomessiniakis comme associé et enfin dans sa propre affaire, Biovin, et bien d'autres.

Tableau 16. Rapport du nombre d'entreprises (et industrielles) à la population active en Europe, en 2011, en %

	NB Entreprises/100 Actifs	NB Entreprises industrielles/100 Actifs
Grèce	**16,6**	**3,8**
France	9,0	2,5
Portugal	16,8	3,6
Belgique	10,6	2,7
Allemagne	5,1	1,1
Espagne	10,7	2,5
Italie	15,9	4,3
Pays Bas	9,1	2,1
EE 27	9,3	2,4

Source : Eurostat, entreprises 2010, Population 2011

La taille de ses entreprises est l'élément qui distingue le plus visiblement le pays de ses grands partenaires européens. C'est celui auquel s'arrête l'historiographie économique grecque, imputant tous les défauts à la multiplicité des petites et moyennes entreprises industrielles. Elle est généralement associée négativement, y compris au niveau des représentations, à la lenteur de son industrialisation. Concentration en usine, concentrations et fusions d'entreprises, gigantisme, sont présumés non seulement apporter des économies d'échelle ou de transaction, profitables au consommateur, mais encore assurer à l'entrepreneur des positions concurrentielles avantageuses. Le pays qui dispose de telles concentrations, dispose aussi de la puissance (Allemagne, Etats Unis). Le pays dont les entreprises sont restées au stade de la PME artisanale n'est en mesure ni d'accomplir sa révolution ni de réaliser son décollage. Et on a vu plus haut que la distribution des entreprises par taille, exprimée en nombre de salariés, marque en Grèce une prévalence forte de la TPE.

Tout n'est pas faux dans ce point de vue. Mais il souffre de quelque excès.

L'histoire l'atteste. Patrick Verley[215] montre que les effets de taille dans l'histoire économique sont relatifs. D'abord, la grande transformation qu'opère la Révolution Industrielle laisse coexister des formes d'industrie variables, depuis la « proto industrialisation » (fabrication à domicile, atelier rural) jusqu'à l'industrie lourde (vastes usines plus ou moins automatisées). En outre, la coexistence de « modèles » est liée non seulement à l'activité économique (métallurgie, mécanique) mais encore aux conditions spatiales et culturelles où elle se développe. En ce sens, les analyses de la proto-industrialisation, de Franklin Mendels[216], ne renouvellent pas seulement l'approche historique de la Révolution Industrielle, elles nous incitent à réexaminer les espaces dans lesquels les organisations mettent en œuvre les processus de production et de commercialisation. Le décolletage de la vallée de l'Arve, organisé autour d'ateliers ruraux équipés de machines-outils, installés au sous-sol des chalets de la moyenne montagne savoyarde, fait écho aux tissages de Flandre chers à cet auteur. Il n'y a historiquement pas de modèle unique de production industrielle.

La théorie du libéralisme devrait aussi inciter à quelque prudence. La concentration des entreprises (et donc du pouvoir ?) procure sans doute des avantages concurrentiels, mais justement en tendant au monopole elle introduit des distorsions graves de concurrence à la fois dans le libre exercice des activités et dans l'égalité entre les acteurs. Les lois anti-trust ont précisément pour but de briser les monopoles et de rétablir la concurrence.

Par ailleurs, la réflexion sur les organisations industrielles s'est renouvelée. Les critères de définition de la taille sont variables (nombre de salariés, chiffre d'affaires, puissance en chevaux vapeur, valeur de l'investissement), de signification différente et relatifs à la branche d'activité ou à la région. On est plus sensible aujourd'hui à la pertinence de la valeur ajoutée ou du résultat dans la mesure de l'efficacité économique. Les analyses déjà citées sur les systèmes agro-alimentaires, sur les districts industriels, sur les clusters (ou réseaux en grappe), montrent que des formes alternatives à la taille peuvent exister. A partir du moment où l'entreprise dégage un profit « utile », son mode d'organisation n'est plus un a priori, mais dépend de la

---

[215] Op cit. « La Révolution Industrielle » Gallimard Folio 1997

[216] Franklin Mendels, « Proto industrialization, the First Phase of the Process of Industrialization ». Journal of Economic History Volume 32 1972. L'exemple cité est celui de l'économie duale de la Flandre, entre zone côtière et zone intérieure, la première dédiée à l'agriculture (grandes fermes céréalières), la seconde à l'industrie rurale (petites fermes d'élevage). « Toute l'organisation sociale, démographique, et agricole s'accorde à ce contraste…facteur d'échanges et de symbiose autant que source de contrastes. »

capacité de l'entrepreneur à s'adapter aux paramètres économico-financiers de sa production. Fabriquer feta et sfela[217] de qualité implique sans doute un optimum de taille. Simplement, ladite taille n'est pas l'a priori de cette qualité, qui dépend de paramètres biologiques et chimiques, de traditions gustatives...

La Grèce est donc un pays de petites et moyennes entreprises familiales. Ce trait structure toute la société. Ce trait précisément la distingue dans l'espace européen.[218]

La catégorie d'entreprises de l'industrie manufacturière qui emploient moins de 10 personnes représente en Grèce comme en Europe la majorité écrasante du total des entreprises. Mais sa part y dépasse nettement celles de l'Italie et du Portugal et elle est supérieure de 12 points à la moyenne de l'UE 27. Si l'on dispose, comme en 2005, du nombre des entreprises employant moins de 5 personnes, l'écart est encore plus fort. La TPE est bien un constituant structurel de la Grèce.

D'autres éléments caractérisent encore mieux ces TPE grecques. La place des entreprises qui emploient moins de 20 personnes dans les effectifs, le chiffre d'affaires et la valeur ajoutée de l'ensemble des entreprises industrielles est ainsi largement supérieure à celle qu'elles occupent en France ou dans l'UE 27.[219] L'Italie, Portugal et l'Espagne sont les pays qui « ressemblent » le plus à la Grèce. Dans les entreprises qui emploient plus de 50 personnes, c'est exactement l'inverse. Sous ces angles différents, la structure par taille des entreprises industrielles semble bien offrir à nouveau un modèle méditerranéen.

Cette structure évolue entre 2003 et 2014, période pour laquelle on dispose de données. Si la part des TPE diminue sous tous les rapports examinés en Grèce, dans l'UE, l'évolution est inverse, même si elle reste modérée. En

---

[217] La Sfela est une feta mûrie un peu plus longtemps, à goût plus fruité.

[218] Le Small Business Act adopté en juin 2008 par l'UE définit la SME, Small and Medium Enterprise, comme celle qui emploie moins de 250 personnes, la Grande comme celle qui en emploie plus de 250. La moyenne est celle qui emploie entre 50 et 249 personnes, la petite celle qui emploie entre 10 et 49 personnes, la très petite ou TPE comme celle qui emploie moins de 10 personnes. Ce découpage a été retenu par ELSTAT pour reconstituer des statistiques d'entreprises communiquées à Eurostat, depuis 2008, incluant des données d'emploi, de chiffre d'affaires, de valeur ajoutée (au coût de facteurs)

[219]Elles emploient 47 % des effectifs, contre 22 % en France et dans la moyenne de l'UE 27. Elles concentrent 16.5 % des chiffres d'affaires et 27.3 % des valeurs ajoutées, contre 9 et 12 % respectivement dans l'UE 27.

France, pays pourtant très caractéristique par son taux de salariat, leur part dans le nombre d'entreprises et dans l'emploi augmente nettement. En revanche la part des entreprises de plus de 250 salariés montre une grande stabilité en Grèce comme dans l'UE. Leur part dans le chiffre d'affaires augmente nettement en Grèce (10 points) plus que dans aucun des pays cités ci-dessus. Leur part dans la valeur ajoutée s'améliore un peu alors qu'elle diminue en Italie, au Portugal, en Hollande et en France, effet des compressions plus fortes de personnel en Grèce.

Les données rassemblées pour chaque pays caractérisent des niveaux de dispersion -ou de concentration- qui correspondent à des types différents d'organisation, de capitalisation, de production. Dans le cas des pays méditerranéens on pourrait parler d'organisations duales, de grandes entreprises à forte capitalisation coexistant avec des myriades de TPE artisanales. Dans le cas de la Grèce, on peut dire ainsi qu'il y a bien une partie de l'industrie grecque qui tend à s'assimiler à celle de l'Union Européenne et une partie qui « tient » à sa tradition méditerranéenne.

Tableau 17. Distribution des entreprises manufacturières, de leur emploi, chiffre d'affaires et valeur ajoutée, par classe d'emploi, en 2014, en %

Entreprise	1-9 p	10-19 p	20-50 p	> 50 p	Chif.d'affaires	< 10	10 à 20	20 à 50	>50
Grèce	**95,3**	**1,9**	**1,6**	**1,2**	**Grèce**	**14,3**	**2,2**	**6,5**	**77,0**
Allemagne	65,1	17,4	7,7	9,8	Allemagne	2,1	2,8	4,0	91,1
France	87,6	5,4	4,1	2,9	France	6,3	3,8	8,1	81,9
Italie	82,9	9,9	4,8	2,4	Italie	9,5	9,7	14,2	66,6
Espagne	84,1	7,4	5,5	2,9	Espagne	6,7	5,1	11,3	76,9
Portugal	82,2	8,3	6,0	3,5	Portugal	8,8	5,8	12,8	72,6
UE 28	82,8	8,0	5,1	4,1	UE 28	5,0	4,1	7,4	83,5
Emploi					Valeur ajoutée				
Grèce	**42,2**	**5,0**	**10,2**	**42,6**	**Grèce**	**24,0**	**3,3**	**9,0**	**63,6**
Allemagne	7,0	7,3	7,7	78,0	Allemagne	3,4	4,4	5,2	87,0
France	15,3	6,7	11,0	67,0	France	8,3	5,0	9,2	77,6
Italie	24,2	14,4	15,6	45,7	Italie	11,9	11,5	15,6	61,0
Espagne	20,2	9,6	16,1	54,0	Espagne	9,6	7,0	13,9	69,5
Portugal	18,8	11,5	18,5	51,2	Portugal	11,5	7,9	15,9	64,8
UE 28	13,7	7,9	11,4	67,0	UE 28	6,7	5,5	8,8	79,0

Sources : Eurostat, statistiques SBS

Mais à vrai dire, que signifie la notion de taille dans l'industrie actuelle ? La comparaison des gros et des petits, des forts et des faibles, des exploiteurs et des exploités, fait appel à des représentations quelque peu codées. Dans l'industrie moderne réelle, les rapports de travail, en vue de favoriser la créativité, font place à une large autonomie des parties, ou mieux encore à la formation de réseaux. La recherche d'une productivité individuelle sous-tend une telle évolution où le "petit" est souvent aussi le plus agile.

La permanence de TPE à caractère familial ne signifie pas que l'industrie grecque peine à entrer dans le XXème, ou même le XXIème siècle. Une plongée rapide dans certaines branches montre qu'elle s'est adaptée aux technologies de pointe et à leur évolution rapide. Qu'il s'agisse des marbriers, des fournisseurs de bois et meubles, des fournisseurs de produits métalliques, de l'agro-alimentaire,[220] ces entreprises ont su s'équiper de machines modernes. En Messénie, l'entreprise Zygouris découpe au laser à commande numérique les supports de semi-remorques ; les entreprises Mathiopoulos et Sikalias découpent les planches, et les préparent, à l'aide de scieuses et de planeuses à commande électronique ; la fromagerie des frères Petropouli, à Messine, utilise les techniques de pasteurisation et de séparation les plus récentes ; les chais visités en Messénie (Inomessiniaki, Biovin, Panayotopoulos, Nestor) se comparent, pour leur équipement de vinification et d'embouteillage, aux chais les plus modernes du Languedoc ou des Corbières ; l'essor de l'huile d'olive vierge -1ère pression à froid- a été permis par l'équipement des huileries en matériels italiens, suédois ou allemands de broyage, de triturage et de centrifugation. A vrai dire, la proto-industrie de Mendels a su depuis toujours coller aux évolutions technologiques.

On a observé déjà l'articulation étroite entre les entreprises de taille nationale ou internationale qui fabriquent les semi-produits de base, métalliques ou non, et la multitude de distributeurs qui, pour les vendre, doivent les transformer en produits finis. Dans ces réseaux de transformation-commercialisation, les entreprises grecques avec leurs structures familiales se sont trouvées à l'aise. Elles ont suivi l'évolution du marché de la construction, ou plus précisément de l'équipement de la maison, et de l'automobile. Elles ont certes subi dans un premier temps les effets de l'ouverture au Grand Marché européen (irruption des grandes chaînes de distribution). Elles ont ensuite été affectées tantôt par la saturation du marché du logement à partir de 2006, tantôt par le coût croissant des contraintes environnementales. Elles ont enregistré les baisses

[220]En 2008, on compte dans ces TPE employant moins de 10 personnes 1.326 marbriers, 12.513 menuisiers du bois, 13.086 menuisiers métalliques et 14.744 artisans de l'agro-alimentaire.

les plus fortes en nombre, en chiffre d'affaires et en employés. L'ouverture au Grand Marché, et la crise, les ont contraintes à un grand effort de rationalisation, ou à disparaître.

Mais une analyse plus fine des branches d'activité montre que ces entreprises sont peut-être plus aptes que les grandes à moderniser leurs équipements, à sentir les évolutions des marchés, à s'adapter à leur transformation. La Troisième Italie, cette Italie moyenne des industries du cuir, du bois, de l'ameublement, des instruments de musique, du textile, constitue une référence solide de l'efficacité obtenue par une articulation intelligente entre un artisanat très formé et quelques PME exportatrices et donneuses d'ordre. La France dispose de même de tels districts adaptés, non à une industrie lourde, mais à des productions très spécialisées, dans la mécanique (décolletage de la vallée de l'Arve, vissage du Vimeux,) ou dans le luxe. Le dynamisme de bien des entreprises grecques de 50 à 250 employés, issues de ce terreau de TPE, vaut bien ces districts moins nombreux et moins visibles en Grèce.

L'entreprendre en termes de travail indépendant et familial

On ne peut comprendre la particularité de l'entreprendre en Grèce si l'on ne se réfère pas à la place qu'y occupent l'emploi indépendant et la division familiale du travail. Le premier démontre la force de l'esprit d'entreprise. La seconde permet de localiser la division familiale du travail au sein de l'entreprise.

Dès 1951, la part de l'emploi indépendant dans l'économie grecque s'avérait très supérieure à ce que l'on rencontrait en France, en Italie, en Espagne et au Portugal. Et elle l'est encore à la moyenne européenne en 2014. La Grèce se rapproche ici encore d'un groupe de pays méditerranéens, comme l'Italie, l'Espagne et le Portugal, qui se distinguent eux-mêmes de pays plus septentrionaux, comme la France et l'Allemagne, les Pays Bas et la Belgique. Le déversement du secteur primaire, où domine l'emploi indépendant dans le monde méditerranéen, pendant ces quelques 60 ans d'exode rural et de révolution industrielle, ne s'est pas traduit, comme on aurait pu s'y attendre, par son effacement. Il en a plutôt diffusé l'esprit dans les autres secteurs d'activité.

Et même dans l'industrie manufacturière, la part du travail indépendant confirme le particularisme grec : elle y est cette fois triple de la moyenne européenne et s'accroît même pendant la crise. Le tropisme méditerranéen distingue nettement Allemagne, Belgique, Pays Bas et France d'un côté, d'Italie, Grèce, Portugal et Espagne de l'autre. Il en va de même dans la construction, lieu d'élection du travail indépendant, dont la part dans l'emploi total dépasse en Grèce de 12 points celle de l'UE en 2014, et croît vivement pendant la crise.[221] Il est remarquable que dans les services immobiliers et les services à l'industrie, sa place atteint des records - respectivement 75 % et 55 % - très au-dessus de la moyenne européenne.

D'un côté la modernité : la résistance de l'emploi indépendant en Grèce et sa reprise, même timide, dans les régions du Nord de l'Europe, nous paraissent signaler le progrès d'une forme d'emploi bien adaptée aux contraintes de flexibilité de l'économie moderne. D'un autre côté la tradition : sa prévalence dans le monde méditerranéen repose sans doute sur des structures moins économiques qu'anthropologiques.

La division familiale du travail définit d'une autre façon le particularisme de la Grèce. Famille et entreprise s'interpénètrent en ce sens que les activités sont « genrées » et que les statuts professionnels au sein de l'entreprise sont prédéterminés au sein des familles.

En 2014, la place des femmes dans l'ensemble de l'économie grecque est la plus faible de tous les pays analysés et inférieure à la moyenne de l'UE.[222] C'était déjà le cas en 1951 pour les pays documentés. Mais par secteur d'activité on a quelques surprises. Si la place de l'emploi féminin est au-dessus de la moyenne en Grèce dans le seul secteur de l'agriculture -et l'écart s'accroît-, dans l'industrie manufacturière en revanche, elle est dans la moyenne de l'UE et au-dessus des pays les plus industrialisés.[223]Ce sont les services, dont a vu que les femmes en Grèce les privilégiaient dans leur choix d'emploi, qui expliquent l'écart entre la Grèce et l'UE dans l'ensemble de l'économie. Enfin, le modèle méditerranéen n'est ici guère visible et ne semble subsister que dans la construction.

---

[221] En 2014, il atteignait dans l'Industrie 19 % en Grèce et 5.4 % dans l'UE, dans la Construction 39 % en Grèce et 27 % dans l'UE, dans les Services 24 % en Grèce et 13 % dans l'UE

[222]42 % en Grèce, 46 % dans l'UE

[223]La place des femmes en Grèce est supérieure à l'UE en ce qui concerne le bois, la chimie, les produits de base métalliques ou non et les services publics.

L'emploi féminin se distingue encore dans l'UE par sa répartition entre les statuts professionnels. En 1951, par rapport à la France, l'Espagne, le Portugal et l'Italie, les femmes optent nettement plus pour le salariat. En 2014, alors que dans l'ensemble de l'UE leur profil professionnel diffère relativement peu de celui des hommes, en Grèce les écarts sont considérables : 7 femmes contre 6 hommes sur 10 choisissent le salariat. Moins d'un quart choisissent d'être indépendantes - plus d'un tiers les hommes. 7 % sont aides familiales contre 3 % chez les hommes. Par rapport au profil féminin de l'UE, elles sont nettement moins salariées, trois fois plus indépendantes et quatre fois plus utilisées comme aides familiales.

Il est certain qu'entre 1951 et 2014, la transformation des activités économiques a bouleversé les pratiques d'emploi en Grèce comme dans toute l'Europe. Le travail féminin s'est« modernisé », en devenant plus visible dans tous les secteurs d'activité et particulièrement dans l'industrie et en devenant de plus en plus salarié. Les aides familiales ont tendu à disparaître avec l'exode rural et le développement des systèmes de Sécurité Sociale. Les jeunes filles sont allées à l'école et à l'université. Le système d'emploi s'est bien rapproché de celui de l'UE.

Pourtant, la féminisation de l'emploi demeure en Grèce encore inférieure à la moyenne de l'UE, sauf dans l'agriculture. Les femmes demeurent quasi absentes de la construction. Elles ont massivement opté pour les services, mais dans les services, les emplois non qualifiés leur sont souvent réservés. Les aides familiales y restent une composante non négligeable de l'emploi.

Ce n'est pas seulement en Grèce que l'on observe ces phénomènes : une enquête récente de l'Insee en France[224] montre que si les femmes sont à l'origine de 40 % des créations d'entreprises en 2015 et 2016, elles sont absentes de la construction et du transport, moins présentes dans la communication, et massivement présentes dans les secteurs de la santé, de l'action sociale et des services aux ménages.

Avec prudence, on peut dire que l'emploi en Grèce se différencie encore assez nettement de l'Union Européenne, et se rapproche d'un modèle familial méditerranéen persistant dans les pays du Sud. Les choix effectués perpétuent des stratégies familiales (salariat, services), qui utilisent les caractères évolutifs du système d'emploi.

---

[224]Bonnetête, Félix et Bignon, Nicolas : « Les créations d'entreprise en 2016 » Insee 1ère n°1631, Paris, 2017.

Certains, comme Georges Prévélakis, pensent que cette résistance des familles méditerranéennes témoigne de leur capacité à gérer les moments de crise, et qu'elles fonctionnent comme un refuge et un amortisseur.[225] Mais elle témoigne aussi de leur capacité à s'adapter au monde moderne et à générer des relations de travail plus ouvertes et plus dynamiques.

L'entreprendre en termes de formes juridiques

La forme juridique que revêt l'entreprise est un autre indice de l'originalité grecque. Mais avant de mettre en relief son particularisme dans l'ensemble européen, il importe d'éclairer les raisons pour lesquelles un entrepreneur choisit une forme juridique.

Le choix de la forme juridique obéit pour lui aux soucis multiples de réunir des capitaux en associant plusieurs apporteurs, de définir les niveaux de responsabilités et la rémunération des apports, d'assurer l'efficacité de l'exploitation en liant l'intérêt de tous.[226] Pour l'Etat, il obéit à des objectifs différents, assurer la fluidité du marché des capitaux pour muscler la croissance, et établir la transparence des opérations pour protéger les actionnaires et les tiers. Pour le moraliste du XIXème siècle, le choix relève d'une réflexion sur la dépendance au travail : l'affaire personnelle présente ainsi pour lui l'avantage de la liberté et de l'indépendance, mais l'inconvénient de l'isolement du reste de la société.

Dans le cas d'une affaire personnelle, la responsabilité du propriétaire est illimitée et porte sur l'ensemble de ses biens propres, son pouvoir est sans partage et la rémunération lui est attribuée intégralement. Pour l'équilibre de la société et la performance de l'économie, ce n'est pas sans intérêt. L'entrepreneur est indépendant et exclusivement responsable de ses résultats dont il profite directement. C'est aussi la forme la plus simple et la moins

[225] Interview dans Kathimerini du 30.08.2016: « Elle (la crise) nous montre que fonctionnent, invisibles, d'autres institutions. Ce sont des institutions opprimées par la construction de l'Etat. Elles n'ont pas disparu. Elles sont liées à la famille, au culte, à l'identité locale… »
[226] Adam Smith, op. cité, livre V chapitre 1er : "Une société anonyme, composée d'un petit nombre de propriétaires et dotée d'un faible capital, se rapproche beaucoup d'un partenariat privé et peut être capable du même degré de vigilance et d'attention"

bureaucratique. Mais, comme le fait remarquer Stuart Mill,[227] elle ne présente pas de garantie de publicité des comptes et des opérations et ne protège que médiocrement les tiers contre les fraudes éventuelles de l'entrepreneur. Indépendance, mais inconvénients du secret du domaine privé.

Dans le cas des Sociétés en Nom Collectif[228], la responsabilité des associés est illimitée et porte sur l'ensemble de leurs biens propres. Pouvoir et rémunérations sont également répartis : cette forme convient bien à l'association de membres d'une famille élargie, à des « coups » commerciaux limités dans le temps, à des répartitions simples de compétences. De plus, elle dispense de toute publicité des comptes. Cette forme rustique d'association est, de très loin, la plus répandue en Grèce. En 1920, 70 % des associations industrielles sont des SNC et encore 68 % en 1958. Elle a aussi été utilisée massivement à l'origine des révolutions industrielles en Europe au XIXème siècle. Patrick Verley note que 77 % des actes de fondation d'entreprise en France, entre 1840 et 1859, relèvent de SNC, et 83 % entre 1860 et 1879 et Denis Woronoff souligne que« les SNC fournissent les gros bataillons, probablement les trois quarts des effectifs. »[229] Mais la SNC, par le nombre forcément limité de ses associés convient à la seule petite entreprise. J.S. Mill note en outre que le caractère illimité de la responsabilité y est un obstacle à la participation des employés, qui trouvent dans les coopératives agricoles, les mutuelles ou les Sociétés Coopératives Ouvrières de Production (SCOP) des instruments mieux adaptés. Enfin, la transparence des opérations, comme pour l'affaire personnelle est faible ou inexistante.

La recherche de capitaux est le motif qui justifie la mise au point de formes plus élaborées. Dans les commandites, simples ou par actions[230], le commandité est responsable sur l'ensemble de ses biens propres et exerce seul le pouvoir de décision ; le commanditaire n'est responsable que sur ses apports. Cette forme permet d'associer capitalistes et techniciens et elle continue à bénéficier, en Europe, d'une préférence notable des grandes familles industrielles (Lagardère, Michelin, Bolloré, en France), le

[227] John Stuart Mill, op cit. Livre V, chapitre 9. Dans le cas d'un individu, le niveau de sécurité est celui qui repose sur sa responsabilité illimitée, mais pas sur la publicité des transactions ou le montant connu et élevé du capital versé

[228] SNC en français, OE en grec, partnership en anglais

[229] Denis Woronoff. « Histoire de l'industrie en France du XVIème siècle à nos jours ». Le Seuil 1994

[230]EE en grec, SARL en français, en anglais, limited partnership

commanditaire n'étant soumis qu'à des obligations limitées de publicité. Elle reste relativement rare, aussi en Grèce. Mais c'est un premier pas vers l'élargissement des associations.

La Société Anonyme est la forme la plus aboutie, la plus structurée et en même temps la plus réglementée, qui réponde à l'objectif de recherche de capitaux. La responsabilité y est limitée au montant des apports. Dans la SA, les parts sociales sont cessibles librement. La nécessité de protéger les petits actionnaires et les tiers contre les dirigeants a justifié leur régulation par l'Etat, qui a soumis longtemps leur création à une autorisation préalable, leur a imposé une tenue, une publicité et une vérification rigoureuses de leurs comptes, et un capital minimum.[231] Les SA ont en effet longtemps suscité la méfiance, et à juste titre, après la crise spéculative de 1873 née autour des mines de plomb argentifère du Laurion, qui avait ruiné les épargnants. La Bourse des Valeurs est créée dès 1876, mais elle ne traitera longtemps qu'un nombre limité de titres, emprunts d'Etat, titres de compagnies de navigation, de banques, d'assurances et de sociétés de chemins de fer.

Dans l'histoire économique, les SA sont considérées comme une des innovations majeures qui ont accompagné la Révolution industrielle, en en permettant le financement abondant et fluide. Pourtant, cette forme juridique est restée marginale dans tous les pays de l'Europe, la limitation de responsabilité et l'anonymat inspirant de la méfiance aux épargnants. On la rencontre dans des activités « sûres » comme les transports et les communications, le système financier (banques et assurances), les monopoles d'équipement urbain (eau, gaz), dans lesquelles la garantie de l'Etat n'est jamais loin. Dans l'industrie, on la rencontre surtout dans l'industrie lourde (mines, métallurgie, mécanique) en raison des besoins en capitaux. J.S. Mill considérait que les SA, comme les commandites, présentaient un risque moindre que les autres formes en raison des obligations légales de publicité et de versement des capitaux et, de ce fait, devaient être dispensées d'autorisation préalable et de toute autre formalité.

En réalité, elles ne se sont développées que lorsque leur création, suivant ce conseil, a été libérée des contraintes administratives. En France, la loi de 1867 supprime l'autorisation préalable du Conseil d'Etat. En Grèce, il faudra attendre la loi de 1920 pour qu'elles soient dispensées d'autorisation préalable et c'est bien à partir de cette date que commence leur essor. Mais,

[231] En Grèce, le Code de Commerce français de 1807 sert de modèle au cadre de fonctionnement des sociétés commerciales.

comme le notent Patrick Verley et Denis Woronoff, il y a une autre raison : les propriétaires d'entreprises familiales ont aussi compris qu'ils pouvaient en conserver le contrôle pour eux et leur famille.

La comparaison de la Grèce à l'Union Européenne montre qu'elle n'est pas un cas complètement original. Mais lui correspondent parfaitement la prégnance de la structure familiale autonome et, dans une moindre mesure, la propension aux associations.[232]

Et en effet, elle se distingue ici du reste de l'Europe, dans l'industrie manufacturière, hors construction, par le petit nombre relatif de sociétés anonymes et de commandites et par le grand nombre relatif d'affaires personnelles. De plus, par rapport à sa population totale, elle compte le plus grand nombre d'habitants par SA et commandites et inversement le plus petit nombre d'habitants par affaire personnelle. Les profils les plus proches sont ceux de l'Allemagne, de l'Italie et des Pays-Bas, les plus éloignés ceux de l'Espagne, de la France, du Portugal et de la Belgique.

Ces traits se renforcent dans le secteur de la construction, la Grèce se rapprochant de l'Allemagne, de l'Italie et des Pays Bas en ce qui concerne les entreprises individuelles. La nature de la construction en Grèce –et sans doute en Hollande- explique le recours à des structures individuelles et temporaires.

En 2015, l'emploi dans l'industrie manufacturière est concentré dans les entreprises à responsabilité limitée en Belgique, en France, en Hollande et en Espagne et à un moindre degré en Italie et en Allemagne. En Grèce au contraire, il est concentré dans les entreprises individuelles et l'écart est grand avec l'UE. La situation est identique dans la Construction.

Entre 2004 et 2015 enfin, les entreprises individuelles perdent dans toute l'Europe de l'importance au profit des sociétés anonymes ou des partenariats. La crise n'est pas étrangère à cette évolution.

Les différences de forme juridique entre pays sont grandes. C'est d'autant plus surprenant que le plus grand nombre d'habitants par entreprise industrielle rassemble bien tous les pays du Nord, ce qui les distingue

---

232 Les données sont celles fournies par Eurostat (statistiques SBS), mais les dates ne sont pas homogènes pour tous les pays et la Grèce ne donne pas de chiffres au-delà de 2007. Ceci nous a conduit à retenir 2007 comme date commune.

nettement des pays du Sud. A ce niveau, chaque pays et chaque branche d'activité se structure en fonction de données propres, dont l'analyse détaillée reste sans doute à faire. On a déjà examiné quelques explications de nature économique.

Il faut nous arrêter maintenant à celles qui sont liées aux mœurs, aux pratiques et aux comportements.

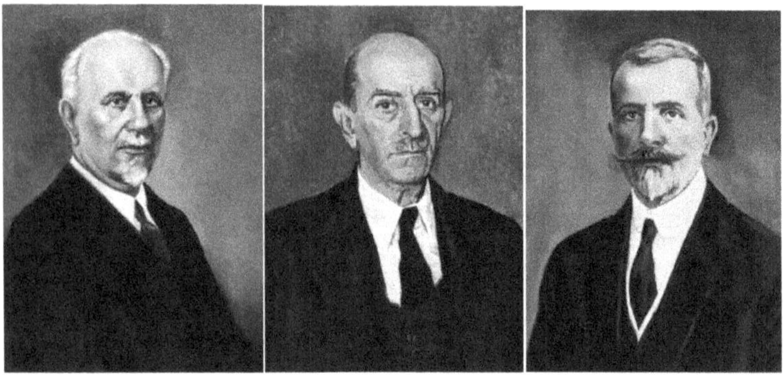

Le Cercle de Zürich. De gauche à droite, Nicolas Canellopoulos, (TITAN), André Hatzikyriakos (Héraclès) et Léon Iconomidis(Lipasmata)

De gauche à droite, Prodrome Athanasiadis Bodosakis (Pyrkal, Lipasmata, Larko) Vardis Vardinoyannis (MotorOil), Evangelos Mytilineos (fondateur du groupe Mytilinaios en 1937), Michel Stasinopoulos (fondateur de Viochalko en 1908)

Jean Tsavolakis (Biovin)

Chapitre 10

L'entreprendre dans l'Industrie

Essai sur ses fondements anthropologiques

L'ENTREPRISE, COMME LIEU OU SE CONCENTRENT les capitaux et où s'organise le travail en vue de produire des biens et des services, est au centre non seulement de l'activité économique mais aussi de l'organisation sociale. Elle n'est pas un lieu abstrait : elle rassemble des hommes impliqués dans différents processus historiques et dans des espaces concrets. Elle reflète l'organisation particulière de différentes sociétés « au travail ». Ce n'est d'ailleurs pas un hasard si la Grèce a constitué au lendemain de la 2è Guerre Mondiale le terrain privilégié d'observation et le centre de l'anthropologie méditerranéenne.

L'esprit d'entreprise industriel en Grèce repose sur un ensemble de pratiques clairement distinctes de celles constatées dans l'Union Européenne et profondément ancrées dans le passé. Les traits principaux qui caractérisent ces pratiques sont l'indépendance, la petite taille, le statut personnel et familial et les spécialisations de genre. Je pense que ces pratiques expriment des structures culturelles qui ont été bien décrites dans les études réalisées dans les années 60 à 80 par des anthropologues grecs ou étrangers dans des villes ou villages grecs et plus récemment à l'occasion d'études de genre effectuées principalement dans l'industrie. Ces textes aident à percevoir dans la forme de l'entreprendre, le rôle organisationnel de la famille et, dans le goût de l'indépendance, l'âme de l'esprit d'entreprise.

Sociologie de l'entreprendre : La famille, lieu privilégié de la décision économique

La famille échappe à la statistique. Si elle existe comme « ménage », lieu de consommation, objet de prestations sociales, foyer démographique, elle n'existe pas en tant que producteur. Le lien entre elle et l'activité économique n'est en effet ni direct ni systématique. Un entrepreneur est souvent son propre employeur et se salarie en tant que dirigeant. Les membres de sa famille, enfants, épouse, parents, ne sont pas forcément employés par lui et leurs choix d'activité ne résultent pas toujours d'une stratégie familiale. Inversement, les formes juridiques qui ne sont pas celles de l'affaire personnelle dissimulent souvent, une famille consciente de son unité. La taille de l'entreprise, même si la TPE recouvre bien souvent une structure familiale, n'est pas un critère et de très grands groupes sont détenus par des familles.

Et pourtant, elle est très souvent le lieu de la décision économique. Famille et formes d'entreprise (forme juridique, taille), famille et formes d'emploi (indépendance, genre) sont évidemment liées. Le choix économique résulte de stratégies familiales qui valorisent l'indépendance comme moyen de protection, de reproduction, mais aussi d'expansion. La transformation sociale de l'après-guerre est loin d'avoir effacé les valeurs qui structurent la famille en tant qu'agent de production. La structure entrepreneuriale en Grèce -et sans doute dans l'ensemble méditerranéen- demeure bien dessinée et son évolution, de la petite propriété foncière à la petite entreprise industrielle, ne présente pas de véritable solution de continuité. Derrière les tableaux dressés plus haut qui tentent de décrire l'entreprise, il est difficile d'ignorer la présence entêtante et la permanence de la cellule familiale. Ce fait, anthropologues et historiens l'ont repéré. Ils ont mis l'accent sur ses dynamiques économiques, sur certains des traits de son organisation interne et de son comportement, que l'on peut observer encore aujourd'hui dans l'industrie moderne.

La société rurale grecque est adossée à la petite propriété foncière (en particulier celle de la montagne du Péloponnèse). Elle s'appuie probablement sur un « fonds » culturel plus ancien, celui d'une entité familiale, patriarcale et autarcique, telle que l'a décrite Germaine Tillon dans la montagne des Aurès, une entité contrainte par la rareté de la terre, étranglée par l'émiettement dû à la pression démographique. Pour perpétuer l'intégrité des exploitations et assurer la survie de ses membres, elle a organisé des mécanismes d'héritage, de dot et de migration plus ou moins coercitifs selon les pays du pourtour de la Méditerranée. Pour soulager la pression démographique, l'exploitation familiale recourt au mariage pour les filles et à l'émigration interne ou externe (facilitée par l'éducation) pour les garçons.[233]

Le passage de la campagne à la ville et de la petite propriété foncière à l'affaire commerciale, à la profession libérale ou à l'emploi de bureau, mais aussi à l'activité artisanale et industrielle, témoigne de la souplesse du modèle. Dans le cadre du développement économique, s'exprime une mobilité sociale dont le temps est celui de l'industrialisation, et dont le lieu est l'entreprise familiale. L'unité familiale, sous la forme de la TPE, du travailleur indépendant et souvent de l'emploi féminin non rémunéré est le

[233]Voir Germaine Tillon, « le Harem et les cousins » Le Seuil, Paris 1966. Résultat de ses observations dans les Aurès, en Algérie.

support de cette grande transformation. En son sein, s'opère au quotidien la division des risques et du travail qui permet d'exploiter le plus efficacement possible les opportunités, les avantages, les innovations, dans tous les domaines de l'activité économique.

Cette mobilité a été précoce en Grèce. Elle a conduit les commerçants épirotes vers l'Italie et l'Europe centrale, les armateurs Chiotes vers le Pirée puis Londres, les tisserands-teinturiers d'Ambelakia dans le Pilion vers l'Autriche, puis l'Egypte, les Anafiotes ouvriers du bâtiment vers Athènes.

Pierre Bourdieu et Abdelmalek Sayyad, à propos de la montagne Kabyle,[234] ont montré les capacités de transformation et d'adaptation de la cellule familiale à des environnements différents. « Réinterprétés, nombre de préceptes de la tradition religieuse et sociale reçoivent une signification et une fonction nouvelles dans le monde de l'économie moderne ». L'entraide se convertit en entente, en commandite. L'organisation familiale de l'entreprise, parents, voisins, compatriotes, permet d'obtenir des prix compétitifs. Sans renoncer entièrement à la relation personnelle, elle réalise le passage de l'échange précapitaliste (échange en nature ou troc) à l'échange capitaliste (monétaire).

Ernestine Friedl[235] décrit de même, à propos de la Grèce rurale d'après-guerre, une cellule économique familiale strictement organisée, genrée et perçue par ses membres comme une entreprise. « Les hommes de Vassilika pensaient leurs fermes comme des entreprises commerciales et appliquaient à leurs opérations, quoique sans y penser, les principes de la comptabilité moderne, où, dans une entreprise familiale, le travail des membres de la famille est une charge imputable aux profits…ils pensent leur activité agricole comme celle d'une entreprise ».

---

[234] Bourdieu, Pierre et Sayad, Abdelmalek : « Le déracinement : la crise de l'agriculture traditionnelle en Algérie », Editions de Minuit Château Gontier 1964. Bourdieu, Pierre : « Sociologie de l'Algérie » (Paris : Que sais-je PUF, 1958) et « La domination masculine », Editions du Seuil, Paris 1998. Et c'est particulièrement à propos du Mzab qu'il décrit cette capacité d'adaptation, dans "Sociologie de l'Algérie". Isolés au milieu du désert le plus hostile, les Mozabites ont pu perpétuer leur mode de vie grâce à l'émigration des hommes dans les grandes villes du littoral. Ceci n'est pas sans rappeler l'émigration réfléchie des petits propriétaires du Péloponnèse montagneux. Les mêmes fidélités familiales les caractérisent.

[235] Ernestine Friedl, "Vassilika, un village dans la Grèce moderne" (Stanford : Spindler, Stanford University, 1962).

La famille épouse à l'origine le modèle patriarcal où s'exprime la prévalence des valeurs masculines. Mais comme le montre John K. Campbell[236], le système est dyadique, chacun des sexes jouant un rôle relativement équilibré et chaque membre de la famille bénéficiant, à l'abri des murs de son habitat, d'une grande liberté de parole. De même, Campbell a insisté sur le fait que, dès son mariage, le jeune homme se sépare de sa famille d'origine, échappant ainsi à l'autorité du patriarche, pour fonder sa propre "entreprise". La division familiale du travail est une pratique ancienne, définie par les codes sociaux précis. Elle permet une répartition efficace des rôles dans l'entreprise industrielle, favorise sa reproduction sur plusieurs générations en employant simultanément parents et enfants et permet aux femmes de participer activement aux opérations, comme épouses ou sœurs.

Les données analysées plus haut suggèrent que ce modèle continue d'animer l'entreprise grecque. Après deux ou trois générations, la propriété de nombre d'entreprises demeure entre les mains de la famille d'origine. L'entreprise est d'ailleurs fière de cette continuité générationnelle et l'explique sur son site. Elle prouve leur capacité à maîtriser l'évolution des techniques et des marchés et à tirer parti des avantages de leur environnement : armement naval, traitement du raisin sec, travail des métaux et matériaux de construction, régime méditerranéen, génériques et cosmétiques, en sont de grands exemples.

La famille a aussi une expression spatiale. Le rapport intérieur/extérieur, noté par Renée Hirshon en Grèce et par Germaine Tillon[237] et Pierre Bourdieu en Algérie, est caractérisé par la notion spatiale de la maison (hram arabe, hutte Sarakatsane, oikos grec) comme un lieu protégé du regard des autres. C'est un espace d'abord féminin, dont l'honneur des occupants est protégé par le secret qui recouvre l'activité intérieure, vis-à-vis de l'extérieur. Cette réserve diffuse dans toute la société et aujourd'hui la protection des données personnelles est particulièrement sévère : le secret couvre ainsi les données personnelles de l'entrepreneur et les données comptables de l'entreprise, que l'on ne communique d'ailleurs qu'avec répugnance à l'Etat. Les valeurs objectives des biens immeubles ne sont pas les valeurs d'échange, mais celles que l'on déclare, de même que diffèrent le

---

236 John K Campbell, "Honneur, Famille et Parrainage, Etude des institutions et valeurs morales dans une communauté grecque de la montagne" (Oxford : Clarendon, 1964).

237 Renée Hirschon, "Les héritiers de la Grande Catastrophe. La vie sociale des réfugiés d'Asie Mineure au Pirée" (Oxford : Berghahn books, 1998). Germaine Tillion, op. cité

montant des revenus réels et déclarés, les uns et des autres étant souvent dissimulés et leur valeur systématiquement minorée.

La relation de travail en Grèce est elle aussi régie par les codes familiaux. Comme l'observe Bourdieu en Kabylie et après lui bien des historiens de la classe ouvrière en Grèce, l'absence de conflits de classe est « caractéristique de cette civilisation, où les relations économiques sont toujours personnelles et directes : le pacte qui les unit (patron et ouvrier) s'interprète dans la logique de l'honneur, en sorte que le conflit majeur est moins entre salariés et patrons qu'entre emprunteurs et usuriers. » On peut ajouter, avec Efi Avdela, que le syndicalisme grec est resté une affaire d'hommes, même dans des métiers féminins comme le textile ou le tabac.[238]

Enfin, les stratégies familiales commandent l'emploi dans un grand nombre d'activités industrielles sur la longue durée. Ce n'est pas seulement l'intérêt économique qui régit la distribution des emplois entre les membres de la famille, hommes, femmes et enfants. Le choix du type d'activité est déterminé encore par des modèles (patterns), des comportements (habitus) bien distincts qui font par exemple de la production textile le terrain privilégié des femmes (et des jeunes filles) et de la construction celui des hommes. Si l'emploi féminin est souvent déterminé par un choix économique rationnel, son caractère « genré » reste bien visible et ces comportements peuvent logiquement être reliés à des représentations traditionnelles dont les codes sont soigneusement reproduits au sein des unités familiales. Le processus d'industrialisation dans la période de l'après-guerre a été déterminé dans une large mesure par les préférences familiales : les trois branches principales qui ont porté le développement ont été l'agro-alimentaire, le textile-habillement-cuir, la construction-ameublement. En 1950, ces activités représentent trois quarts du PIB industriel, deux tiers en 1960 et encore plus de la moitié en 1970. Et ces activités en 2014 sont toujours clairement genrées. Mais plus que tout autre, la construction.

La construction, principal soutien du développement industriel de 1950 à 2010, est un milieu profondément imprégné par les valeurs familiales. Le travail y est presqu'exclusivement masculin et, dans cet environnement,

[238]Efi Avdela, "Le genre entre classe et nation : essai d'historiographie grecque". Syllepse, Paris 2006

prévalent les valeurs de la force physique, du travail bien fait et de l'indépendance.[239]
Aux marges d'Athènes, la famille mobilise proches et voisins dans l'auto-construction de la maison familiale dans un très ancien mode caractéristique lui aussi du monde rural. Son financement est assuré par la constitution des dots sous la forme de l'achat d'appartements et par la transformation d'une épargne foncière en appartements par le biais de la dation en paiement, pratique non monétaire habituelle dans les sociétés rurales. Les grands promoteurs y sont rares et spécialisés plutôt dans l'immobilier commercial.

La propriété foncière est le socle de la société grecque. Dans la Grèce indépendante comme dans la France révolutionnaire, elle est d'abord rurale et c'est d'abord sur elle que se sont appuyées les unités familiales de production pour répondre aux évolutions formidables des deux derniers siècles. Les réformes agraires successives confirment ce caractère fondamental. Il s'exprime aujourd'hui par le fait que trois quarts des Grecs sont propriétaires de leur résidence principale. Ce taux, le plus élevé de l'UE après l'Espagne, divise clairement l'Europe du Nord et celle du Sud.[240] Le rôle de la propriété foncière s'exprime aussi par la transformation d'Athènes pendant les « 30 Glorieuses ». L'initiative privée a en vérité seule aidé à faire face aux nécessités de la reconstruction et du logement des immigrants résultant de l'exode rural massif vers Athènes. Elle a mobilisé l'épargne populaire et une main d'œuvre bon marché et modifié ainsi, radicalement, le paysage urbain. Les sols ont été fournis à la fois par l'occupation illégale et par la dation en paiement.[241]

En revanche, l'attachement obsessionnel à la propriété foncière peut bloquer le développement économique et l'équipement collectif.

---

[239] Voir Lambropoulou, Dimitra, opus cité. Le corps (Soma) est le concept qui organise les revendications sur la pénibilité du travail dans le bâtiment. N'est-il pas aussi significatif que l'on emploie le terme de somatio plutôt que de syndicalimos, terme qui renvoie à des organisations corporatistes ou proto-industrielles. Voir aussi Maloutas, Thomas « Athènes : Habitat et Famille. Analyse des pratiques de logement de l'après-guerre », EKKE Exantas, Athènes 1990

[240] Voir Claudie Louvot Runavot, "Le logement dans l'UE : la propriété prend le pas sur la location". Economie et Statistique N°243, 2001

[241] Antiparochi : La "dation en paiement" est une opération juridique par laquelle, en paiement de tout ou partie du montant de sa dette, un débiteur cède la propriété d'un bien ou d'un ensemble de biens lui appartenant. Ainsi le débiteur de droits de succession s'en acquitte en remettant à l'Etat des œuvres d'art ; le débiteur du prix d'un terrain vendu par son propriétaire s'en acquitte en remettant à ce dernier un appartement de l'immeuble qu'il a construit sur ce terrain. Le promoteur acquiert ainsi un terrain sans en décaisser le prix.

Ainsi, le morcellement excessif de la propriété foncière pèse indubitablement sur la productivité de l'agriculture.

Plus encore, la protection du droit de propriété devient "abusive" quand elle conduit à paralyser les expropriations pour cause d'utilité publique, nécessaires à la réalisation de nombreux travaux d'intérêt général (communications par route ou par rail, urbanisme, grands investissements industriels). Les expropriations en Grèce sont en effet subordonnées non seulement à la détermination définitive par le juge du montant de l'indemnisation, c'est à dire de la valeur du bien exproprié -souvent excessive- mais encore au versement effectif de son montant, sans lequel les travaux ne peuvent démarrer. Par prudence, les contrats de grands travaux prévoient donc les retards, les intérêts de retard et les indemnités compensatoires liés à ces délais connus. Dès que le retard dû aux expropriations génère des intérêts et des indemnités supérieurs au montant des intérêts sur avances sur travaux, l'entreprise adjudicataire et ses banques arrêtent les travaux et négocient avec l'Etat de nouvelles conditions.[242]

De même les saisies de biens immobiliers de débiteurs insolvables, dont les acquisitions ont été financées par les banques sous garantie hypothécaire, ont été bloquées jusque récemment par les gouvernements de crise successifs au nom de la protection des familles occupantes. La saisie immobilière, action quotidienne réalisée dans tous les pays européens par les banques, dans le cadre strict et protecteur de la loi et des tribunaux, est en Grèce détournée en débat de société. En dépouillant les banques de leurs garanties hypothécaires les plus sures, l'Etat exclue ainsi la possibilité même de prêts pour l'acquisition de résidence principale.

La passion de l'indépendance

La passion de l'indépendance est ancrée dans la culture méditerranéenne de l'honneur.[243] Il me semble que la place remarquable de l'emploi indépendant et la vivacité de l'esprit d'entreprise en Grèce puisent à cette source.

---

242 Une réforme recommandée par les Mémorandums a permis de démarrer les travaux dès le moment où, le tribunal ayant fixé les valeurs d'indemnisation, l'Etat verse sur un compte ad hoc la somme correspondante, définitive s'il n'y a pas de contestation.

243 Peristiany, John G: « L'Honneur et la Honte », University of Chicago Press, Chicago 1966

L'esprit d'entreprise est en effet l'expression dans le domaine économique de « l'andréité » du système familial, ou si l'on veut dépasser l'opposition de genre, du désir de maintien et de reproduction -organisé- de la cellule familiale. La compétition qui oppose les « égaux » requiert l'autonomie de la base économique de chacun. Indépendance, autonomie, autarcie sont les termes qui expriment la force du rapport de la cellule de base au monde extérieur. Toute sujétion -le lien salarial- remet en cause la frontière et par conséquent la cohésion de l'ensemble familial. Aussi la culture traditionnelle valorise-t-elle l'auto-emploi, la sous-traitance (en famille), l'habileté de l'artisan, qui garantissent cette autonomie. L'entreprise en Grèce n'est pas tant un instrument d'exploitation économique qu'un moyen d'accès à l'indépendance. En ce sens, les anthropologues retrouvent les moralistes du XVIIIème siècle, comme John S. Mill.

La vertu masculine par excellence est la « philotimia », mélange de noble ambition de vaincre, dont sont dotés les "égaux" et d'honneur qu'ils doivent défendre. La compétition des égaux est une affaire d'honneur, par laquelle peut s'affirmer la supériorité des uns par rapport aux autres. Elle est le « fighting spirit » évoqué par Friedl, le moteur de l'action du chef d'entreprise pour inventer ses produits et conquérir ses marchés et pour assurer sa supériorité économique et sociale. Bourdieu note que « le domaine économique n'est jamais constitué comme autonome, et par suite se trouve régi, au moins idéalement, par le même système de valeurs (à savoir le code de l'honneur) que les autres rapports interpersonnels. »[244]

Les bénéfices de cette vision de l'entreprendre sont évidents dans l'entreprise moderne. En vue de favoriser la créativité et la productivité individuelle, les relations de travail laissent aux employés ou contractants une plus grande place à l'initiative et à l'autonomie. La volatilité des marchés d'une part, la nécessité de se démarquer des concurrents par de nouveaux produits d'autre part, contraignent l'entreprise à une adaptation constante. Or, l'indépendant, le petit, est dans cet environnement souvent le plus agile.

La contrepartie est la faiblesse des organisations interentreprises, la difficulté à s'associer pour conquérir des marchés, un rapport clientéliste avec l'Etat et l'incapacité résultante de ce dernier à créer et gérer un cadre utile à l'activité économique. On retrouve l'opposition entre des unités indépendantes mais éparpillées et limitées dans leurs ambitions et des ensembles collectifs aptes

---

[244]Bourdieu, Sociologie de l'Algérie, op cité

à réaliser des objectifs plus ambitieux, mais aliénants. Entre ces deux pôles opposés, les formes d'organisation varient, exprimant sans doute des fonds culturels anciens dont l'efficacité économique est relative au temps et à l'espace considérés.

La culture de l'indépendance s'exprime aussi par le « parrainage ». L'opposition radicale entre familles égales, non reliées par le sang, nécessite des médiations, pour permettre une vie en société qui ne soit pas un état de guerre permanente. La première s'opère avec le mariage des filles, qui oblige à une alliance entre familles. La seconde consiste à transformer le rapport contractuel abstrait entre fournisseur et client, entre patron et ouvrier, entre sujet et pouvoir (village, province, état central) en un rapport personnel et concret « patron/client ». Le patronage ou clientélisme, relevé par les auteurs, constitue le lien indispensable entre une société fermée sur ses familles, mais économiquement particulièrement active, et une administration, de type occidental, inventée au début du XIXème siècle pour assurer l'indépendance du jeune Etat.

La famille, au moyen du « parrainage » des époux (koumbari) et de leurs enfants (nonoi), cherche à se rapprocher de son fournisseur, de son banquier, du fonctionnaire, pour accéder à de bons réseaux et pour neutraliser en partie l'effet de domination subi. Cette personnalisation des rapports économiques règle les termes de paiement, leurs modalités (chèques de couverture), leurs délais (de règlement des factures), les facilités bancaires (interventions pour lettres de garantie ou autorisations de crédit), tous instruments dans lesquels la Grèce occupe une place très distincte dans l'UE, comme d'ailleurs l'Italie et l'Espagne. Dans la vie publique, la personnalisation règle le rapport entre l'Etat et l'entreprise, autorisations d'exercice, accès au crédit bancaire, avantages fiscaux (contrôles allégés, transactions honorables, classements avantageux), bienveillance des juges. Dans une société éclatée socialement, linguistiquement et géographiquement, le clientélisme présentait de nombreux avantages et le code d'honneur qui le régit évitait les abus.

Mais dans une société issue des transformations profondes de l'après-guerre, désormais unifiée par un réseau de communications rapides, par une langue commune, par un mode de vie homogène, le parrainage se corrompt en clientélisme. L'Etat néglige les fonctions qui facilitent la croissance (équilibre budgétaire, service de la dette publique, équipements collectifs, neutralité fiscale, fluidité du marché des capitaux), le système de distribution des crédits fonctionnant comme son simple prolongement. Les particuliers adoptent en contrepartie un comportement de “give and take”[245] et de guérilla institutionnelle, en refusant les remboursements de crédit, le paiement des impôts et cotisations sociales, des factures des services publics (transports collectifs, électricité) et en retirant leurs dépôts de banques en qui ils n’ont plus aucune confiance. La crise révèle, à travers le gonflement de la dette privée, la résistance d’une société à ce qui touche au nœud social.

[245] « donnant, donnant » : je contribue, mais à mesure de ce que je reçois.

Ouvriers du bâtiment

Vasilika, le village d'Ernestine Friedl

Les Sarakatsanes de Campbell

Conclusion

« Que partout les hommes soient libres, que chaque pays jouisse des avantages que lui a données la nature ». Condorcet, « Vie de Voltaire »

La Grèce est un petit pays et son industrie, même repeinte de belles couleurs, peut sembler mineure. Mais jamais elle ne nous a paru insignifiante.

Contrairement à bien des points de vue très largement répandus.

En effet les préjugés euro-centrés déniaient aux pays de la périphérie la possibilité même d'une industrie, ou en décrivaient l'inexorable destruction. Symétriquement, bien des historiens et économistes grecs estimaient la Grèce incapable de résister aux concurrences écrasantes qui s'exercent dans un monde ouvert. Ils étaient habités d'un sentiment de retard, d'imperfection, de corruption de leurs idéaux de développement industriel.

Et pourtant rien n'est plus évident que l'existence de l'industrie grecque et ses réussites remarquables. "Encore que la Grèce soit, industriellement et financièrement parlant un pays très jeune, on y trouve cependant des organisations capables de mener des opérations de très grande envergure et présentant, au point de vue commercial, industriel et financier, des difficultés qui, à première vue, paraissaient insurmontables", écrit Andréadis.[246] Toutes les données examinées plus haut confirment la validité de ce jugement et la réalité d'un monde industriel vivant, ambitieux, réactif et flexible. Elles démontrent aussi la construction historique et géographique particulière de son produit et dénotent les riches différences de son organisation humaine.

L'histoire du produit et de ceux qui le fabriquent revêt un sens particulier en Grèce en raison de son passé très ancien. L'archéologie industrielle a beaucoup contribué aux réflexions sur la culturalité du produit et de ses processus de fabrication, parce qu'elle cherche les hommes derrière les artefacts. Les processus de production et de consommation des produits construisent en effet un rapport libre entre les hommes et leur environnement. Chaque peuple s'investit dans ses propres produits. A l'époque néolithique comme aux temps modernes, la culture est le produit. L'Industrie est son génie propre.

---

[246] In Michaïl Psallidopoulos : "Andreas Andréadis, le patriarche des Finances Publiques" p.249.

L'histoire économique moderne s'intéresse aussi aux changements dans le contenu de la demande. Pour satisfaire des besoins plus raffinés, plus culturels et plus hédonistes, le système de production incorpore aujourd'hui dans ses produits une part sans cesse accrue de valeur immatérielle, « créative », ludique, plus élastique à l'évolution du revenu. Elle s'intéresse aussi aux transitions, de la satisfaction de besoins alimentaires à celle de plaisirs diététiques ou cosmétiques, de la satisfaction de besoins d'équipement fonctionnel des ménages à celle de désirs ludiques et esthétiques, en bref, d'une économie des besoins à une économie des loisirs. Les pratiques industrielles débordent alors le cadre des nomenclatures traditionnelles, à la fois au sens des activités (agro-industrie, services à l'industrie, logiciels et activités de réparation et d'entretien, économie créative) et au sens de l'organisation des fonctions qui constituent le processus de production, externalisées en même temps que contractualisées. L'économie industrielle d'un pays intègre la culture à la configuration de ses produits. Ce n'est pas seulement une question de climat ou de circonstances : de même précisément qu'une machine est de plus en plus commandée par un logiciel, un produit est de plus en plus chargé de l'expérience, du savoir-faire, de l'art et de la culture de ceux qui le produisent. Le producteur comme le consommateur habillent leurs produits des éléments de leur culture.

Le rapport de l'homme à l'espace qu'il occupe est une dimension tout aussi essentielle de la construction du produit. Ce rapport s'exprime par un habitat, un système de culture du sol, évidemment une industrie. Plus que la simple distribution spatiale, c'est la combinaison particulière entre le produit et ses agents qui intéresse, qui s'exprime au niveau de leurs territoires, et au niveau de leurs marchés extérieurs.

Le processus d'industrialisation comporte *nécessairement* un processus de diffusion dans tout le pays. Les raisons économiques en sont multiples : prix des terrains et coûts de communication qui poussent les unités à s'installer le long des routes et sur les rivages de la mer, localisation des matières premières et avantages liés au climat ou à la nature des sols, attraction des marchés locaux en développement, spécialisations locales liées à la constitution de grands marchés concurrentiels, processus de destruction créatrice qui détruit des industries concentrées comme le textile et renouvelle des industries plus diffuses comme la construction et l'agro-alimentaire.

Mais le rapport de l'homme à ses territoires définit aussi une culture. C'est un rapport d'interaction. D'une part, l'industrie utilise un environnement plus ou moins riche en matières premières, extraites du sous-sol, ou propres à un sol, à un ensoleillement, à des précipitations, qui définit un produit. D'autre part, l'homme exploite ces ressources et invente des techniques qui favorisent tantôt le travail en unités concentrées (plomb argentifère du Laurion, industrie lourde, filatures), tantôt un artisanat indépendant et dispersé (transformation des matières premières, construction, technologies de l'informatique et de la communication). L'évolution du produit, et des hommes qui le produisent et le consomment, contribue à un remodelage incessant des paysages, à des agglomérations spatiales nouvelles, à la construction d'espaces originaux et culturalisés.

Le même rapport de l'homme à sa terre fonde le phénomène ancien de la diaspora dont la Grèce constitue le paradigme. La diaspora est à l'origine la soupape de sécurité d'une population dont le nombre excède les ressources disponibles. Elle permet ensuite la constitution d'une épargne qu'elle réinvestit dans l'industrie, pour laquelle elle est aussi un marché extérieur de consommation de ses produits. Elle assure la connexion des « petites patries » à la modernité des pays d'accueil où elle nourrit une recherche de haut niveau. En période de crise, l'industrie grecque, qui souffre en réalité d'un manque de moyens de commercialisation et de communication modernes dans son propre pays, puise dans la diaspora un savoir de pointe et retrouve aussi les voies anciennes et familières des Balkans et de la Méditerranée.[247]

Dans le monde économique, et l'expérience grecque est exemplaire, derrière les différences de produits et de pays, la problématique de l'indépendance du producteur est essentielle.

D'abord, les entreprises se soucient du juste équilibre entre leur simple autonomie financière et la préservation de leurs valeurs et structures sociales de base. La version de cet équilibre au 19 è siècle avait été délivrée par John S. Mill : le résultat social légitime du progrès industriel réside-t-il dans l'indépendance de l'ouvrier au sein d'une petite structure autonome et isolée ou bien dans sa collaboration à de grandes structures concentrées, au sein desquelles il perd son indépendance sous l'autorité d'un patron ?

[247]Voir Prévélakis, Georges, op cité.

Au 20 è siècle, le mode d'emploi, au sein ou en dehors de l'entreprise a changé avec le recours à des formes plus souples et plus indépendantes. Le patron devient employé, l'employé se met à son compte. L'exercice d'une activité industrielle revêt des formes différentes analogues au degré d'indépendance requis (aides familiaux, artisans, travail à façon ou sous-traitance, économie coopérative). Cet exercice ne lie plus désormais les modes d'emploi à la capitalisation nécessaire à la fabrication du produit : qu'il s'agisse de la fabrication de feta ou de la construction d'un avion, le contrat qui lie les hommes à cet effet prend toutes sortes de formes. Dans le cas de la Grèce, comme de l'Italie, a été préservé le modèle méditerranéen de la TPE indépendante, fluide, mobile, créative, qui ne se plie pas aux modèles septentrionaux d'organisation qui ont caractérisé la Révolution industrielle. Forme juridique, taille, productivité, emplois, révèlent la prégnance de cet autre modèle.

La grande entreprise décentralise ses unités et valorise ses artisans (les Compagnons du Minorange de Bouygues, le Kaizen de l'industrie automobile japonaise). Elle externalise les compétences, qu'elle articule à sa fonction centrale par un nœud complexe de sous-traitances et de collaborations interentreprises. Elle retrouve les vertus de l'apprentissage, de l'artisanat, de la recherche, et reconstruit des équilibres nouveaux entre ambition collective et responsabilité individuelle. On a vu que l'industriel grec indépendant s'ajuste avec bonheur aux chaines mondiales de production. Ce que Mill recherchait, des formes de production (coopératives, ateliers nationaux) qui pussent au 19 è siècle concilier ambition collective et morale individuelle, l'économie moderne les réinvente, autour des concepts de créativité et d'initiative.

Les données récentes sur l'entreprise et l'emploi (entrepreneurialité et employabilité) montrent la force et la permanence des habitus. Et avant tout, le souci pointilleux de l'indépendance, à la fois égoïsme anarchique de la masculinité et lutte honorable pour la distinction, provocation batailleuse et goût de la performance, bref, esprit d'entreprise. Un lien fort s'établit entre les structures anthropologiques et l'activité industrielle, tant dans la construction du produit que dans celle des relations de travail, tant dans le champ de l'archéologie que dans celui de l'histoire moderne, tant dans l'espace grec que celui plus large de la Méditerranée. Voilà le récit grec, aux sources de l'univers méditerranéen.

Le thème de l'indépendance est, aussi, indissociable de celui du rapport entre l'Etat et le marché. Au cours de l'étude de l'industrie grecque, on est en effet passé du couple économique Etat/Marché au couple anthropologique entreprise familiale/organisme public. Le premier a été étudié par d'excellents auteurs. Pour le second, il m'a paru plus important de souligner la construction historique du lien clientéliste entre des familles autonomes, mais isolées et des collectivités publiques à plusieurs niveaux.

Le rapport entre l'Etat et le Marché est en Grèce un débat institutionnel ancien, ouvert dès l'Indépendance. Mais le choix de la Grèce a toujours été, en fin de compte, celui d'une économie ouverte, dans laquelle le marché impose ses contraintes (compétitivité, rentabilité), que les entreprises pour exister doivent intégrer à peine de disparaître et que l'Etat finit non sans réticences par respecter. D'ailleurs, historiquement, l'Etat a peu contribué à la transformation du monde opérée par le développement industriel, absorbé qu'il était dans la construction d'une nation (unification ethnique, linguistique et religieuse) et le tracé de ses frontières.

Le néo-libéralisme a ravivé ce débat, qui a trouvé de puissants échos ces dernières années, en Grèce et dans le monde. Dans un monde ouvert, la compétition sans limites paraît accroître les inégalités et désarmer les faibles, les périphériques, les petits, que les Etats, désarmés progressivement de leurs pouvoirs de régulation et de contrôle, ne protègent plus contre une aliénation croissante. C'est une version du libéralisme. Pourtant, le libéralisme classique n'a jamais exclu l'Etat du marché, ne fût-ce que pour en faciliter l'expansion, en réguler le fonctionnement, en suppléer les carences. Si le conseil de Mentor à Télémaque[248] pour régler le commerce vaut sans doute encore pour la Grèce (« Il faut que le prince ne s'en mêle point »), le désarmement de l'Etat qu'il conseille est relatif et les efforts actuels de coopération internationale (contrôle des banques, des multinationales, de l'économie souterraine) sont loin d'être négligeables, précisément parce que les inégalités ont à voir avec la transparence et l'ouverture insuffisante des marchés.

Le second couple paraît plus intéressant. Le rapport entre l'Etat et le marché est en effet depuis longtemps subverti par le mélange de défi et de séduction qui caractérise sa construction en Grèce, comme dans de nombreux pays méditerranéens. Ce mélange articule les identités aux différents niveaux de

[248] « Télémaque », op.cit.

la société, l'individu s'insérant successivement dans la famille, le village, la province, l'Etat.

Il faut donc analyser le fonctionnement concret du rapport entre l'entreprise industrielle et la collectivité concernée, dans chacune des institutions, celles qui garantissent la liberté d'entreprendre (autorisations d'exercice et d'investissement industriel, flux et reflux des privatisations et nationalisations), celles qui permettent un environnement favorable aux affaires (système de communications moderne, orientation des crédits européens et bancaires, attraction des investissements étrangers, système universitaire), celles qui répartissent l'impôt entre le citoyen et l'entreprise (fiscalité directe ou indirecte, fiscalité des revenus ou des biens, fiscalité de la personne ou de l'outil de travail).

La faiblesse institutionnelle de l'Etat Grec est impressionnante : autoroutes et voies ferrées inachevées, épuisement du système bancaire, fiscalité d'urgence et d'opportunité et non de raison, contrôle bureaucratique de l'initiative privée. Mais il n'est pas exclu que les choses aient changé depuis la fin de la 2è Guerre Mondiale.[249] Comme le montre Jean Boulgaris, l'histoire politique de la Grèce est une longue route au cours de laquelle se construit un certain rapport entre l'Etat et la Société, de manière régulière et obstinée, avec des progrès et des reculs, mais dans la conscience claire d'appartenir à un ensemble commun. La faiblesse relative de l'Etat (et en réaction ses bouffées d'autarcie) est le corollaire de la vigueur de la société. Cet équilibre changeant, en Grèce, est un modèle plein d'intérêt du point de vue de la place réservée à la sphère privée.

La liberté d'entreprendre s'exprime ainsi différemment selon les cultures. Sa vigueur intéresse plus que ses défauts ou ses excès. Le lien qui s'établit à ce niveau entre l'Etat et la famille, loin de la transparence qui qualifie l'idéal démocratique du 18è siècle, assure une protection personnalisée contre les excès de l'Etat et de ses représentants. Et la faiblesse de l'Etat intéresse sous cet angle plus que la critique simpliste (et quelque peu condescendante) du clientélisme. Paradoxalement, le libéralisme des Mémorandum demande le renforcement de l'autonomie créatrice de l'entrepreneur à un pays que sa culture profonde a toujours privilégié et insiste sur le désarmement d'un Etat que les agents économiques ont depuis longtemps subverti.

---

[249]Voir Jean Boulgaris, « La Grèce : un pays paradoxalement moderne » Polis, Athènes 2019

J'ai voulu montrer que l'économie peut s'appuyer utilement sur l'anthropologie pour éclairer de nombreux champs : modalités de construction du marché, de combinaison des facteurs de production, d'occupation des espaces, de définition des produits et bien sûr des processus de production. Le ressort essentiel de l'activité économique est le souffle combatif de l'indépendance, particulièrement à l'œuvre en Grèce. Il est l'expression localisée de l'énergie créatrice qui transcende les organisations collectives et dont le récit est un des objets de l'Histoire. La Grèce nous éclaire en ce sens sur notre propre histoire économique et sociale. Elle nous rappelle l'importance du socle rural, proto-industriel, jaloux de l'indépendance de ses agents économiques. Elle nous rappelle, à l'aube du XXIème siècle, que l'acquisition du bien-être se fonde sur l'autonomie de la volonté, libérée des empiétements d'un Etat étouffant, sur les libertés locales, les autorités régulatrices indépendantes, une propriété privée contrôlée, les privatisations, et sur la recherche d'équilibres nouveaux valorisant responsabilité et créativité.

Kainourgio Chorio,
12 décembre 2022

Sources

Statistiques
ELSTAT
Annuaires statistiques depuis 1930
Bulletin statistique mensuel
L'économie Grecque
Recensements de population 1907-1921 et en particulier les enquêtes sur la population active
Enquêtes sur l'Emploi
Recensements industriels 1920-1988
Comptes Nationaux 1947-2014
Comptes régionaux 1970-2014
Eurostat (https/ec.europa.eu/eurostat)
Produits industriels PRODCOM
Commerce International
Statistiques SBS
OCDE Statistiques STAN
Banque de Grèce
Bulletin de conjoncture économique
Rapport de Politique Monétaire
Evolution des prêts et impayés
Classifications
ELSTAT STAKOD 8
Classifications ISIC et CPC (United Nations, Statistic Division).
Eurostat Naceet CPA 2
INSEE :voir insee.fr, Définitions et méthodes : nomenclatures.

Organisation du Système Statistique Grec
Règlement (EK) n°223/2009 de l'Assemblée Européenne, Loi 3832/2010 instituant Eurostat 11.3.2009.
Création de l'Autorité Statistique Indépendante ELSTATJO 38A/9.3.2010.
Décision n° 2168/A1–1403, Création du Conseil du Système Statistique Grec, JO 29.4.2011.
ELSTAT, cadre institutionnel : Engagement de la République Grecque sur la fiabilité des statistiques, JO 40/29.2.2012 (signé par LoukasPapadimos.
Rapport sur les données statistiques du déficit et de la dette publics de la Grèce. Commission Européenne, Bruxelles, 8 janvier 2010.
Rapport annuel d'évaluation du Programme Statistique d'ELSTAT en 2010, Le Pirée 2011.
Kostas Simitis: «La Grèce n'a pas triché !» *Le Monde*, 7 novembre 2011.
Bases de données d'entreprises
ICAP Group: Business leaders in Greece 2012.
ICAP Group : « Les 40 branches les plus importantes de l'économie grecque 2014» Editions de Ta Nea, Athènes 2014.
ICAP Group : « Guide des entreprises des régions de Grèce occidentale et du Péloponnèse 2010-2011», Editions d'ICAP, Athènes 2012.
Stat bank: «Export Leaders 2011», Editions Travel Times, Athènes 2012.
Stat bank: «Diamonds of the Greek Economy 2013», Editions Travel Times, Athènes 2013.
Statbank: « L'Economie grecque et le Tourisme » (Comptes 2009 et 2010 de sa base d'entreprises), EditionsTravel Times, Αθήνα 2012.
Statbank : « Santé, Medicaments 2012», Editions Travel Times, Αθήνα 2012.
Commerce Extérieur
ELSTAT Bulletin mensuel.
Banque de Grèce Bulletin Statistique de conjoncture économique.
KEEM/PSE Syndicat des Exportateurs, Centre d'Etudes et de Recherche sur les Exportations : « Le commerce de la Grèce par classes à un chiffre et synthèse (Statistiques par produit et par pays) ».
Organisation Grecque du Commerce Extérieur (aujourd'hui Société Grecque pour les Investissements et le Commerce Extérieur-OPE (Organisation de Promotion des Exportations) : « Les produits exportés les plus importants »
Petites et Moyennes Entreprises
Baromètre Atradius.
Index Européen des paiements IntrumJusticia2004-1014.
Rapport Reichenbach : les PME en Grèce en 2013 et Rapport sur la performance des PME (SME in Greece 2013
Banque Centrale Européenne :"Rapport sur l'accès des entreprises au crédit dans l'espace Européen» avril-septembre 2014.

Développement

Rapport McKinsey : « La Grèce dans dix ans : définition d'un nouveau modèle de développement. » Μάρτιος 2012.

Rapport du KEPE : « Image du développement de la Grèce en 2020 » janvier 2015.

Rapport du IOVE : « Le rôle des réformes structurelles et les perspectives de l'économie grecque. », Μάιος 2014.

Price Waterhouse Cooper : « Etoiles et Fantômes : les entreprises grecques à l'issue de la crise, Μάιος 2014.

Rapport Ernst & Young : « Parés pour le jour d'après », 2014

Balance énergétique du ministère de l'Environnement, Direction de la politique énergétique et de la productivité, https://ypen.gov.gr/

ΣΕΕΠΕ, Syndicat des sociétés de vente de produits pétroliers de Grèce : données statistiques sur les carburants.

Banque Centrale Européenne : « Rapport sur l'accès des PME au crédit dans l'espace européen », April Septembre 2014 », Francfort, Novembre 2014.

Commission Européenne : Données pour les PME 2013 de la Grèce p. 3.

Bourse d'Athènes : les données utilisées proviennent de Helex (Hellenic Exchanges, gestionnaire de la Bourse d'Athènes), de la Commission des Marchés, d'études récentes issues de Beta Securities et de Merit, sociétés d'analyse du marché boursier, mais aussi des archives de la Bourse.

Tiresias : banque de données bancaires sur les chèques impayés, les transactions commercialesσυναλλάγματα, les dépôts de bilan, les paiementset les saisies, les ventes aux enchères, les prises d'hypothèques.

Emploi

IKA-ETAM : données mensuelles sur l'Emploi.

ELSTAT : Enquêtes sur la force de travail par branche et région

Presse

En Messénie : Eleftheria de Kalamata 1995-2010, Messiniaka Néa 1955-1977, Tharros1991-2010.

Presse nationale : Kathimerini, Ta Néa, To Vima de janvier 2010 à décembre 2014

Kathimerini Sept Jours : éditions spéciales sur Kalamata, Patras, Le Pirée, la rue du Pirée, Thessalonique, le Laurion, l'archéologie industrielle.

Bibliographie

Histoire industrielle de la Grèce

Agriantoni, Christina, « Marchés, produits, innovation », Joëlle Dalègre και Vincent Gouzi (dir), « L'Industrie en Méditerranée. Des Produits et des Hommes », Cahiers Balkaniques45 (2017), INALCO Presses, p. 57-68.

Beaujour, Félix de, « Tableau du commerce de la Grèce formé d'après une année moyenne depuis 1787 jusqu'en 1797 », τ. 1, Paris, Antoine Auguste Renouard 1800.

Dalègre, Joëlle, « La Grèce depuis 1940 », L'Harmattan 2006.

Dalègre, Joëlle, « La Grèce inconnue d'aujourd'hui, de l'autre côté du miroir », L'Harmattan 2011.

Mazower, Mark, "La Grèce et l'économie de crise de l'Entre-deux-Guerres", Clarendon Press, Oxford 1991.

Pepelasis, Ioanna Sapho, "Les créations de Sociétés Anonymes en Grèce 1830-1909" (1830–1909) ; " Géographie et Espace économique public", Entreprises et histoire, 63/2 (2011), p. 26-39.

Polanyi, Karl, "La Grande Transformation. Aux origines politiques et économiques de notre temps », New York 1944.

Porter, Paul A., « On demande un miracle pour la Grèce. Journal d'un envoyé présidentiel, 20 janvier-27 février, dir. Michel Psalidopoulos, Editions Metamesonychties, Athènes2006.

Rapport sur l'Exposition Universelle de 1855, Rouen 1856 (https://gallica.bnf.fr).

Verley, Patrick, « La révolution industrielle », Gallimard Folio, Paris 1997.

Charitakis, Georges : « L'Industrie grecque. Industrie, Mines, Travail », Imprimerie Hestia 1927.

Woronoff, Denis, « *Histoire de l'industrie en France du XVIème siècle à nos jours.* » Le Seuil 1994.

Angelopoulos Angelos : « Rapport sur la stabilisation et le développement de l'Economie Grecque », ETBA, Athènes Avril 1990.

Agriantoni, Christina et Belavilas, Nikos, « Histoire des équipements industriels en Grèce », ΕΜΠ-ΕΙΕ, Editions Odysseas, Athènes 1998.

Agriantoni, Christina et Hadziioannou, Maria Christina, « Le quartier du Métaxourgio à Athènes », KNE/EIE, Athènes 1997.

Agriantoni, Christina, « Les débuts de l'industrialisation de la Grèce au 19è siècle, Banque Commerciale de Grèce,Athènes 1986).

Anastassopoulos, Georges : « Histoire de l'Industrie grecque » tome 1 1840-1940 et tome 2 1885-1922, Société Grecque d'Edition, Athènes 1947.

Andréadis, André : « Les Emprunts grecs et les finances publiques du pays », in A. Andreadou, Œuvres, éditées par l'Ecole de Droit de l'Université d'Athènes, τ. II, Αθήνα 1940, p. 297-649.

Varvaressos, Kyriakos : « Rapport sur le problème économique de la Grèce » 1952, Editions Savvalas, Athènes 2002
Vousvounis, Alexandre : « ETEVA, La Banque Nationale d'investissements pour le Développement Industriel *1963-2002 »*, MIET, Athènes 2010.
Giannitsis, Tassos : « La Grèce en crise », Editions Polis, Athènes 2013.
Giannitsis, Tassos : « L'Industrie grecque, développement et crise », Editions Gutenberg, Athènes1983.
Dermatis, Georges : « L'industrie minière et métallurgique du Laurion 1865-1990 : la lumière noire. Laureotika 1869-1873 : Le premier vol de la richesse minière, le naufrage de l'Eldorado boursier, Athènes 2011.
Dertilis, Georges : « L'économie grecque et la Révolution Industrielle *1830-1910 »* Editions Sakkoulas, Athènes 1984.
Dritsa, Margarita : « Les entreprises grecques du 20è au 21 è siècles. Personnalités et activités », Editions Kerkyra, Athènes 2008.
Dritsa, Margarita : " Industries et banques dans la Grèce de l'Entre-deux-guerres, MIET, Athènes 1990.
Dritsa, Margarita : « Les couleurs du succès : L'industrie grecque des couleurs*1830-1990 »*, Editions Trochalia, Athènes 1995.
Zolotas, Xénophon : « La Grèce au stade de l'industrialisation », Librairie Elefthedourakis, Athènes 1926.
Inglesis, Nicolas : « Guide de la Grèce de l'année 1920 », Athènes 1920.
Iordanoglou, Chrysaphis et Bellas, Christos, "Le parcours du capital social grec 1963-2000. Aspects du développement économique de l'après-guerre, à partir des données d'ICAP », Editions Paratiritis, Thessalonique 2003.
Kazakos, Panos : « Entre l'Etat et le Marché. Economie et politique économique dans la Grèce de l'Après-guerre, 1944-2000 », Editions Patakis, Athènes2001.
Kouvelis, Pierre : " Potentiel industriel et politique énergétique en Grèce », Editions Aetos, Athènes 1945.
Kostelenos, Georges et autres : « Le Produit Intérieur Brut 1830-1939 » MIET, Athènes 2007.
Kostelenos, Georges : « Evaluation historique des agrégats de la Comptabilité Nationale 1830-1938 » Revue Spoudai, 53/1, Université du Pirée 2003
Kostis, Kostas etPetmezas, Socrate :« La croissance de l'économie grecque au 19è siècle », Editions Alexandria, Athènes 2006.
Kostis, Kostas : "L'Etat et les entreprises en Grèce : histoire d'Aluminium de Grèce », Editions Polis, Athènes 2013.
Mansolas, Alexandre : « Informations issues du recensement des établissements industriels équipés de machines à vapeur en Grèce » Athènes 1876
Mansolas, Alexandre ; « Informations sur l'Etat de la Grèce », Athènes 1867.

Mitsos, Achilléas : « L'industrie grecque sur le marché international », Editions Themelio, Athènes 1985.

Batsis, Dimitris : « l'Industrie lourde en Grèce », Editions Kedros, Athènes 1947.

Bitros, Georges et Karagiannis, Anastasios : « Les origines socialistes du libéralisme en Grèce », Science et Société : Revue de politique et de Théorie morale, 28 (2011), p. 167-206.

Pantelakis, Nicolas : « L'électrification de la Grèce. De l'initiative privée au monopole d'Etat 1889-1956 », MIET, Athènes 1991.

Papagiannakis, Lefteris : « Les chemins de fer grecs *1882-1910* », MIET, Athènes 1990.

Papantoniou, Giannos : « Distribution des revenus et accumulation du capital. L'industrialisation de la Grèce *1958-1973 » Editions Papazisis*, Athènes 1979.

Papastafanaki, Lida : « Le plomb implacable : éléments de la condition ouvrière dans les mines et la métallurgie du Laurion au 19è siècle et au début du 20 è », in « Lavreotika *1869-1873.* Le premier vol de la richesse publique. Le naufrage de l'Eldorado boursier », Eleftherotypia, Athènes 2011.

Papastafanaki, Lida : « Le travail dans les entreprises minières : le cas de l'Egée 1860-1960 », in " Histoire des mines de l'Egée 19ος-20όςαιώνας », Actes du Congrès Scientifique de Milos du 3 au 5.10.2003, PIOP, Athènes 2005, p. 27-47.

Papastafanaki, Lida : « Travail, technologie et genre dans l'Industrie grecque. L'Industrie textile au Pirée1870-1940 », Editions Universitaires de Crète, Iraklio 2009.

Pepelasi-Minoglou, Ioanna : « Créations de sociétés anonymes en Grèce, 1830-1909. Démographie et attentes croissantes", Documents de travail, Université d'Economie d'Athènes, Département des Affaires Economiques, juin 2011.

Petmezas, Socrate : « L'économie agricole grecque au 19 è siècle », Editions universitaires de Crète,Iraklio 2003.

Pisanias, Pierre et Mitrophanis, Georges : « Le mouvement des prix en Grèce au début du 19 è siècle », MIET, Athènes 1991.

Pisanias, Pierre : « Salaires et Revenus en Grèce 1841-1923 », MIET, Athènes 1985.

Pisanias, Pierre : « Histoire économique du raisin sec grec 1851-1912 », Fondation pour la Recherche et l'Education de la Banque Commerciale de Grèce, Athènes 1988.

Riginos, Michel : « Structures de production et salaires journaliers en Grèce. Industrie et artisanat 1909-1936 », Fondation pour la Recherche et l'Education de la Banque Commerciale de Grèce, Athènes 1987.

Simitis, Kostas : « Politique pour une Grèce créative, 1996-2004 », Editions Polis, Athènes 2005.

Sideris, Nicolas : « L'industrie grecque. La production industrielle et sa valeur en 1953 et 1954, comparée à celle de 1939 et 1949 », Athènes 1955.
Synarelli, Maria : « Routes et ports dans la Grèce de 1830-1880 », PTI ETVA, Athènes 1989.
Cheston, Charles : « La Grèce de 1887 », Editions Acropolis, Athènes 1887.
Tsokopoulos, Vassia : « Le Pirée 1835-1870 : Introduction à l'histoire du Manchester grec », Editions Kastaniotis, Athènes 1984.
Tsotsoros, Efstathios : « La création du capital grec en Grèce 1898-1939 », τ. 1-2, MIETAthènes 1993.
Ministère de la Politique gouvernementale, Direction des relations publiques : 5 années de progrès économique 1967-1972, Athènes 1972.
Hatziioannou, Maria Christina : « Le destin des premières soieries italiennes dans l'Etat grec » Revue Mnimon13 (1990), p. 121-138.
Hatziiossif, Christos : « Une vieille lune : l'industrie dans l'économie grecque 1830-1940 », Editions Themelio, Athènes 1993.
Chouliarakis, Michel : « Evolution historique de la statistique d'Etat en Grèce, 1821-1971 », Revue Etudes Statistiques, Athènes, EKKE 1972.
Psalidopoulos, Michel : « André Andréadis, le patriarche des finances publiques », Journée à la mémoire de l'académicien et du professeur, Editions Metamesonyktes, Athènes 2008.
Psalidopoulos, Michel : « Xénophon Zolotas, le libéralisme en pratique », Editions Metamesonyktes, Athènes 2009.
Psalidopoulos, Michel : « Histoire de la Banque de Grèce 1928-2008 », Banque de Grèce, Centre de Culture, de Recherches et de Documentation, Athènes 2014.
Psalidopoulos, Michel : « Angelos Angelopoulos : à la recherche du développement social », Editions Metamesonyktes, Athènes 2008.

Géographie : les espaces industriels de la Grèce

Bouneau, Christophe, « Entre David et Goliath. La dynamique des réseaux régionaux. Réseaux ferroviaires, réseaux électriques et régionalisation économique en France du milieu du 19è siècle au milieu du 20e siècle », Maison des Sciences de l'Homme d'Aquitaine, Pessac 2008.
Burgel, Guy etDemathas, Zacharias, « La Grèce face au 3è millénaire », Département du développement économique régional de l'université Pandeio, laboratoire de Géographie urbaine Paris X 2006.
Burgel, Guy, Croissance urbaine et économie capitaliste, le miracle Athénien, Editions de CNRS 1981.
Chastagnaret, Gérard, « L'industrie en Méditerranée : une histoire en construction», *Méditerranée* 87 (1997).
Dalègre, Joëlle, « La Thrace Grecque. Population et territoires », L'Harmattan, Paris 1997.

Darques, Régis, Deslondes, Olivier και Lory, Bernard, « La nouvelle frontière gréco-bulgare », in R.Darqueset O. Deslondes (éd.), « Bulgarie-Roumanie, les nouveaux horizons de l'Union méditerranéenne. » Méditerranée, 110 (2008), p. 37-43.

Darques, Régis, « Salonique au XX è siècle », CNRS Editions 1986.

Davezies, Laurent, « La République et ses territoires :la circulation invisible des richesses », Seuil, 10 janvier 2008.

Deslondes, Olivier, Les fourreurs de Kastoria, entre la Macédoine et l'Occident, CNRS Éditions, collection « Méditerranée », Paris 1998.

Faugères, Louis, « Entre ressources et risques : le développement de la Macédoine occidentale grecque », Annales de géographie536 (1987), p. 401-422.

Gabrielatos. E. et Malezieux, Jacques, « L'espace industriel et le devenir urbain d'une métropole régionale à vocation internationale : le cas de Salonique », Annales de Géographie 532 (1986), p. 694-708.

Gravier, Jean François, « Paris et le désert français », Flammarion 1947.

Kayser, Bernard, Thompson, Kenneth, Vaternelle, Roger et Koukis, Basil, « Atlas économique et social de la Grèce » ΕΣΥΕ-ΕΚΚΕ, Athènes 1964.

Kourtessi-Philippakis, Georgia et Treuil, René (dir.), « Archéologie du territoire, de l'Egée au Sahara », Publications de la Sorbonne Paris 2011.

Péchoux, Pierre Yves, « Les problèmes du travail et de l'emploi dans une ville de province en Grèce, l'exemple de Kavala », Revue de Géographie de Lyon, 4(1966), σελ. 339-365.

Prevelakis, Georges, « Athènes. Urbanisme, culture et politique », L'Harmattan, Paris 2000.

Prevelakis, Georges, « Géopolitique de la Grèce », Complexe, Paris, 1997.

Schräder, Franz, Prudent, Ferdinand et Anthoine, Edouard, « *Atlas de géographie moderne* », Librairie Hachette et Cie, Paris 1891.

Sivignon, Michel, « La Thessalie, analyse géographique d'une province grecque », Institut d'études rhodaniennes, Université de Lyon 1975.

Sivignon, Michel, Goussios, Dimitris et Maloutas, Thomas, « Atlas de la Grèce », CNRS Libergeo-La Documentation Française 2003.

Agriantoni, Christina : « Les adaptations du monde entrepreneurial d'Hermoupolis », in Christina Agriantoni et Dimitris Dimitropoulos :« Syros et Hermoupolis, contributions à l'histoire de l'île 15è-20è siècles » INE/EIE, Athènes 2008, p. 143-153.

Voiatzoglou, Klimis et Tsekeris, Théodore : « Agglomération spatiale dans l'Industrie en Grèce », ΚΕΠΕ, Αθήνα 2011.

Doxiadis, Constantin : « Les sacrifices de la Grèce pendant la 2è guerre mondiale », τ. 1-2, Ministère de la Reconstruction, 1946. Réédition par Kathimerini Athènes 2014.

Maloutas, Thomas : « Athènes, habitat, famille. Analyse des pratiques d'habitat de l'après-guerre », EKKE-Editions Exantas, Athènes 1990.

Maloutas, Thomas : « Volos. Recherche d'une identité sociale », Editions Paratiritis, Thessalonique 1995.
Maloutas, Thomas : « Atlas économique et social de la Grèce. Tome 1 Les Villes, Athènes, Volos », EKKE – Editions Universitaires de Thessalie 2000.
Militsi-Nika, Anastasia et Theophilou-Stefanouri, Christina, « Guide de Kalamata à travers rues et places, 1830-1940 », Ville de Kalamata 2010.
Belavila, Nikos et Vatavali, Feneriki : « La rue du Pirée : le nouveau caractère de la rue au début du 21è siècle » in « La fin des Géants : patrimoine industriel et transformation des villes », Actes de la 5è Rencontre Scientifique Pan-Grecque, TICCIH, Volos, 22 novembre 2007.
Hatzimichalis, Kostis et Vaiou, Dina : « De la machine à coudre dans la cuisine aux Polonais dans les champs. Villes, régions et travail informel », Editions Exantas, Athènes 1997.
Hatzimichalis, Kostis :« Paysages grecs contemporains », Editions Melissa, Athènes 2011.
Chemikoglou, Evangelos et Roupa, Euphrosyne : « L'économie du Nord de la Grèce à travers les pages de la Revue Industrielle 1955-1984 », Editions Kerkyra, Athènes 2003-2004.

Industrie, régions et réseaux

Barjolle, Dominique etThevenod Mottet, Erik : « Ancrage territorial des systèmes de production : le cas des AOC », in « Les systèmes agroalimentaires localisés : produits, entreprises et dynamiques locales », Colloque SYAL 2002, Montpellier.
Beccattini, Giacomo : « Du secteur industriel au district industriel. Considérations sur l'unité d'enquête de l'économie industrielle », Revue d'économie et de politique industrielle,1 (1979), p. 7-21.
Benko, Georges, Dunford, Mick etLipietz, Alain : « Les districts industriels revisités », in B. Pecqueur (éd.), Dynamiques territoriales et mutations économiques, L'Harmattan, 1996.
Champagne de Labriolle, Caroline : « Une analyse marshallienne des districts industriels italiens », 14e Colloque national de la recherche dans les IUT, Lyon 2008.
Corinne Bagoulla : « Localisation industrielle et spécialisation », Revue économique57/4 (2006), σ. 705-726.
Daumas, Jean Claude : « Districts industriels : le concept et l'histoire », 14e Congrès international d'Histoire Economique, Helsinki 2006.
Jacquemin, Alexis etRainelli, Michel : « Filières de la Nation et filières de l'entreprise », Revue économique35/2 (1984). p. 379-392.
Lanciano, Emilie : « La compétitivité des districts industriels. Une approche par les ressources spécifiques », Prépublication, Document de travail 2005, in CCSD Archives ouvertes Hal.

Lescure Michel : « Entre ville et campagne : l'organisation bancaire des districts industriels. L'exemple du Choletais », in Jean-François Eck, Michel Lescure :« Villes et districts industriels en Europe occidentale (XVIIe-XXe siècle) », Presses Universitaires François Rabelais, 2002.
Lipietz, Alain etBenko, Georges : « Les régions qui gagnent. Districts et réseaux », PUF, Paris, 1992.
Pitoska, Elektra : « Réseau et coopération dans les PME frontalières », ouvrage non publié, TEI de Kozanis.
Stoffaes, Christian : « Politique industrielle et filières », Revue d'économie industrielle13 (1980). P. 86-99.
Toledano, Joëlle : « A propos des filières industrielles» , Revue d'économie industrielle6 (1978), p. 149-158.
Tremblay, Diane Gabrielle : « Réseaux, Clusters et développement local, Innovation, société et territoire », Presses Universitaires de Caen2012, prépublication (fascicule n° 1).
Vasenhoven, Ludovic : « Localisation des installations industrielles dans les régions de Grèce », in « Politiques nationales et locales et programmes de développement des centres urbains » in K. Λάσκαρις (επιμ.), E.M.Π. - European Social Fund, Αθήνα, 1994, p. 107-121.
Daskalakis, Jean : « Bilan de l'institution des Zones Industrielles », diplôme de fin d'études, Université Charokopio, Athènes 2006.
Tsekeris, Théodore : « Analyse réticulaire des relations intersectorielles et des secteurs économiques de base », ΚΕΠΕ novembre 2014.

Economie politique

Acemoglou, Daron et Robinson, James :« Pourquoi les nations échouent-elles ? Origines du Pouvoir, de la Prospérité et de la Pauvreté », Crown Business 2012
Bonnetête, Félix et Bignon, Nicolas :« Les créations d'entreprise en 2016 », INSEE 1ère n°1631, Paris, 2017.
Caron, François :« Les deux révolutions industrielles du XXème siècle », Albin Michel, 1997.
Chandler, Alfred Jr :« La main visible des managers : la révolution manageriale dans le monde américain des affaires » Cambridge 1977.
Chavance, Bernard :« L'économie institutionnelle », La Découverte, Paris 2007.
Clark, Colin : " Les conditions du Progrès et de la Sécurité " Mc Millan, London 1940.
Coase, Ronald : « La nature de la firme » Economica, novembre 1937, p. 386-405.
Dufy, Caroline et Weber, Florence :« L'ethnographie économique », La Découverte, Paris 2007.
Florida, Richard :"L'essor de la classe créative et comment elle transforme le travail, les loisirs et la vie quotidienne », Basic Books, New York 2002.

Fourastié, Jean :« Le Grand Espoir du XXe siècle. Progrès technique, progrès économique, progrès social », Presses Universitaires de France, Paris 1949.
Friedman, Milton : " Capitalisme et liberté ", Flammarion, Paris 2016.
Gadrey, Jean :« L'économie des services », La Découverte 1992.
Galbraith, John Kenneth : " La société d'opulence ", Calmant Lévy 1961.
Gershunny, Jonathan :« L'Après de la société industrielle. L'émergence d'une auto-économie », Macmillan, London 1978.
Hayek, Friedrich : " La route de la servitude ", PUF, Paris 1985
Lafay, Gérard : « Avantage comparatif et Compétitivité », Economie prospective internationale17/1 (1987), CEPII.
Landes, David S. : "L'Europe technicienne ou Le Prométhée libéré - Révolution technique et libre essor industriel en Europe occidentale de 1750 à nos jours », Press Syndicate de l'Université de Cambridge 1969.
Montesquieu : « De l'esprit des lois », Classiques Garnier 1962, τ. 1.
North, Douglas : « Comprendre le processus du changement économique », Princeton University Press 2004.
Perroux, François :« L'Économie du XXe siècle », Presses Universitaires de Grenoble 1961.
Ricardo, David : "Les Principes de la politique économique et de l'impôt », 1817.
Rosanvallon, Pierre :« Le libéralisme économique. Histoire de l'idée de marché », Le Seuil, Paris 1979.
Schumpeter, Joseph Alois : "Capitalisme, Socialisme et Démocratie ", Harper & Brothers, New York, London 1942.
Smith, Adam : "Enquête sur la nature et les causes de la Richesse des Nations", 1776. (Adam Smith,)
Sombart, Werner :« Le Bourgeois, contribution à l'histoire morale et intellectuelle de l'homme économique moderne », Dunker, Leipzig 1913.
Tissot, Laurent :« Naissance d'une industrie touristique. Les Anglais et la Suisse au XIXe siècle », Payot, Lausanne 2000.
Torrens, Robert : "Essai sur la création de richesse », Longman, Londres 1821.
Veblen, Thorstein : "Théorie de la classe de loisir. Etude économique des institutions", Macmillan 1899.
Von Mises, Ludwig: "La Bureaucratie ", Yale University Press, New Haven 1944.
Weber, Max : "l'Ethique protestante et l'esprit du Capitalisme », Archive pour les sciences sociales et la politique sociale 1905.
Williamson, Oliver : "Les institutions économiques du Capitalisme », Free Press 1985.

Sociologie générale et sociologie des entreprises

Agriantoni, Christina, « Portrait de groupe de l'industriel grec », *Entreprises et histoire* 63 (2011), p. 15-25.

Anastassiadis, Anastasios, « Les pérégrinations de l'évergétisme en Méditerranée orientale du XVIIIe au XXI siècle: éthique chrétienne, technologie de gouvernement et concept historiographique », Le Mouvement Social234 (janvier-mars 2011), p. 45-62.

Aron, Raymond :« Dix-huit leçons sur la société industrielle », Gallimard, Paris 1962

Avdela, Efi :« Le genre entre classe et nation : essai d'historiographie grecque », Syllepse, Paris 2006.

Bourdieu, Pierre et Sayad, Abdelmalek :« Le déracinement : la crise de l'agriculture traditionnelle en Algérie », Editions de Minuit, Château Gontier 1964.

Bourdieu, Pierre :« La domination masculine », Seuil, Paris 1998.

Bourdieu, Pierre :« Sociologie de l'Algérie », Que-sais-je PUF, Paris 1958.

Campbell, John K : "Honneur, Famille et Parrainage, étude des institutions et des valeurs morales dans une communauté montagnarde de Grèce », Clarendon Press, Oxford 1964.

Condorcet, Nicolas de : « Vie de Voltaire », Payot (Rivages Poche), Paris 2022.

Eck, Jean François et Chélini, Michel Pierre :« PME et grandes entreprises en Europe du Nord- Ouest XIXe-XXe siècles. Activités, stratégies, performances », Presses Universitaires du Septentrion, Villeneuve d'Ascq 2012.

Fénelon (La Mothe-Fénelon), François de :« *Les aventures de Télémaque* », Paris 1699.

Friedl, Ernestine :« Vassilika : « Un village de la Grèce moderne », Stanford Spindler, Université de Stanford 1962.

Hirschon, Renée et Gold, John : « Territorialité et Environnement domestique dans une communauté urbaine de la Grèce », Anthropological Quarterly55/ 2 (1982), p. 63-73.

Hirschon, Renée : « Présents, Promesses et Ponctualité : Responsabilité et Obligation dans la vie en société en Grèce », in Marc Mazower : « Réseaux de pouvoir dans la Grèce moderne : Essais en l'honneur de J. Campbell », Hurst & Co 2008, p. 189-207.

Hirschon, Renée : « Propriété, Pouvoir et Relations de genre », in R. Hirschon : « Les Femmes et la Propriété, Les Femmes comme propriété », CroomHelm, London, St Martin's Press, NY, 1984, p. 1-22.

Hirschon, Renée :"Les Héritiers de la Grande Catastrophe. La vie sociale des réfugiés d'Asie Mineure au Pirée », Berghahn books, Oxford 1998.

Kaiser, Wolfgang : « Pratiques du secret», Rives Nord Méditerranéennes, 17 (2004), p. 7-10.

Levi Strauss, Claude :« Race et Histoire », UNESCO (collection Folio Essais) Paris 1952.
Louvot Runavot, Claudie, « Le logement dans l'UE: la propriété prend le pas sur la location », Économie et Statistique243 (2001).
Mauss, Marcel :« Essai sur le don. Forme et raison de l'échange dans les sociétés archaïques », L'Année Sociologique, Paris 1925.
Mendels, Franklin :« La proto-industrialisation, première étape du processus d'industrialisation », Journal of Economic HistoryV32 (1972), p. 241-261.
Peristiany, John: "L'Honneur et la Honte", University of Chicago Press, Chicago 1966.
Thoreau, Henry David : " La désobéissance civile " (https://en.wikisource.org/wiki/Aesthetic_Papers/Resistance_to_Civil_ Government).
Tillion, Germaine :« Le harem et les cousins », Seuil 1966 (collection L'histoire immédiate).
Veyne, Paul : « Comment on écrit l'histoire », Seuil (collection Points Histoire), Paris 1971.
Veyne, Paul :« Le pain et le cirque. Sociologie historique d'un pluralisme politique », Seuil (coll. Points Histoire) 1976.
Anthopoulou, Theodosia : « Considérations sur la dynamique entrepreneuriale des femmes de la campagne dans la production alimentaire », Editions Gutenberg, Athènes 2008.
Arvanitakis, Dimitris : « Le phénomène de l'évergétisme dans la Grèce moderne », ΜουσείοΜπενάκη 2006.
Vaxevanoglou, Alice : « Les Capitalistes Grecs 1900-1940. Approche économique et sociale », Editions Themelio, Athènes 1994.)
Voulgaris, Jean : "La Grèce : un pays paradoxalement moderne », Editions Polis, Athènes 2019.
Ioannidis, Stavros et Hatzichristou, Stelina : « L'entrepreneurialité en Grèce 2010-2011 : la petite entrepreneurialité en période de crise », IOVE, Athènes 2012.
Ioannidis, Stavros, Tsakanikas, Angelos et Hatzichristou, Stelina : « L'entrepreneurialité aux marges de la crise, enquête du GEM 2008-2009 ». IOVE/GEM (Global Entrepreneurship Monitor), Athènes 2010. (Stavros Ioannidis, Stelina Hatzichristou,
Centre d'études et de recherches de la Chambre de commerce et d'industrie d'Athènes : "L'entrepreneurialité en Attique ». Chambre de Commerce et d'Industrie d'Athènes, 2009-2011 (https://acci.gr/wp-content/uploads/2022/01/). (,)
Lambropoulou, Dimitra : « Les bâtisseurs. Les hommes qui ont construit Athènes 1950-1967 ». Editions Bibliorama, Athènes 2009.

Iconomou, Constantin : « Les bases de données d'entreprises en Grèce, dans le cadre de l'enquête sur l'entrepreneurialité : problèmes et perspectives ». Revue Spoudai56/4 (2006), p. 38-57, Université du Pirée

Salimba, Zizi : « Les travailleuses de l'industrie et de l'artisanat grecs 1870-1922 », Institut de Recherches Néo helléniques, Athènes 2004.

Stuart Mill, John : « Principes de Politique économique avec certaines de leurs applications à la Philosophie sociale ». Londres 1848.

Tsoukalas, Constantin : « Dépendance et Reproduction. Le rôle social des mécanismes d'éducation en Grèce 1830-1922 ». Editions Themelio, Athènes 1977.

Index

Table des matières

Structures éditoriales du groupe L'Harmattan

L'Harmattan Italie
Via degli Artisti, 15
10124 Torino
harmattan.italia@gmail.com

L'Harmattan Hongrie
Kossuth l. u. 14-16.
1053 Budapest
harmattan@harmattan.hu

L'Harmattan Sénégal
10 VDN SICAP AMITIE 3
BP 45034 Dakar-Fann
direction@senharmattan.com

L'Harmattan Cameroun
Tsinga/Derrière polyclinique FECAFOOT
BP 11486 Yaoundé
Jacques.koukam@harmattan.fr

L'Harmattan Burkina Faso
Villa 281, secteur 23 623, rue 14.32
Ouagadougou
zagbie@outlook.fr

L'Harmattan Guinée
Almamya, rue KA 028 OKB Agency
BP 3470 Conakry
harmattanguinee@yahoo.fr

L'Harmattan RDC
185, avenue Nyangwe
Commune de Lingwala – Kinshasa
matangilamusadila@yahoo.fr

L'Harmattan Congo
219, avenue Nelson Mandela
BP 2874 Brazzaville
deunovmikhael@gmail.com

L'Harmattan Mali
Immeuble Mgr Jean Marie Cissé
Aci Hamadallaye
BP 145 Bamako
syllaka@yahoo.fr

L'Harmattan Togo
Djidjole – Maison Amela
face EPP BATOME
02 BP 20680 Lomé
didieramela11@gmail.com

L'Harmattan Côte d'Ivoire
Résidence Karl – Cité des Arts
Abidjan-Cocody
03 BP 1588 Abidjan
harmattan.ivoire@gmail.com

L'Harmattan Bénin
Rue 604, (Immeuble à l'entrée
de la rue UCAO- Cite de Saint-Jean)
Cotonou
stepcorpus@gmail.com

Nos librairies en France

Librairie internationale
16, rue des Écoles
75005 Paris
librairie.internationale@harmattan.fr
01 40 46 79 11
www.librairieharmattan.com

Librairie des savoirs
21, rue des Écoles
75005 Paris
librairie.sh@harmattan.fr
01 46 34 13 71
www.librairieharmattansh.com

www.ingramcontent.com/pod-product-compliance
Lightning Source LLC
LaVergne TN
LVHW011258061026
849535LV00005B/1300